Gemütliche Genusstouren

Wanderungen für Senioren Südtirol

Entspannte Touren mit Aussicht und Kulturgenuss

J. BERG

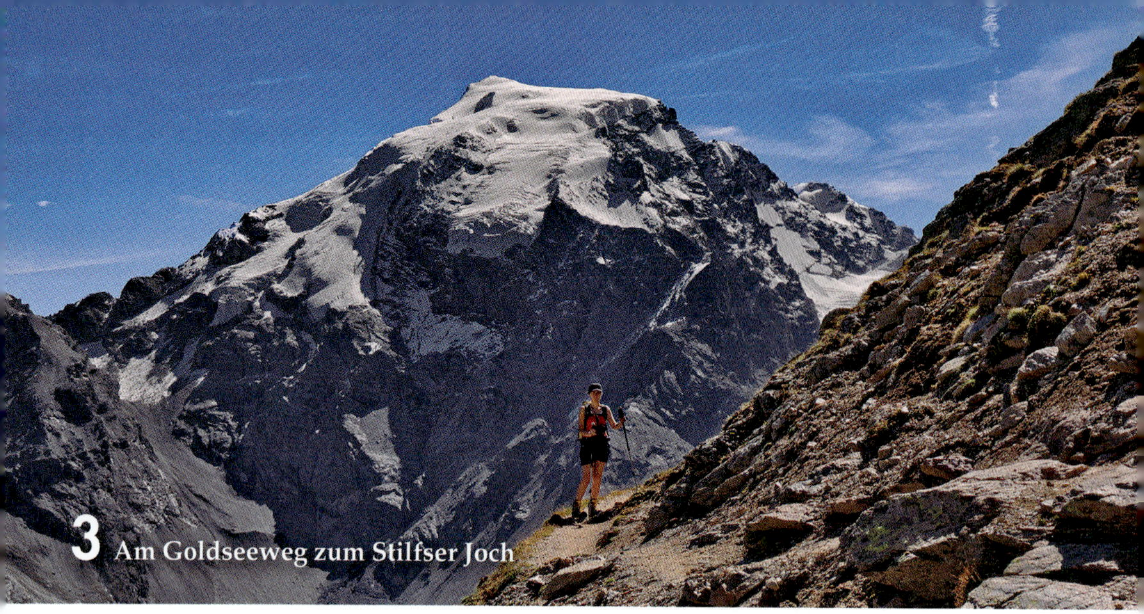

3 Am Goldseeweg zum Stilfser Joch

Inhalt

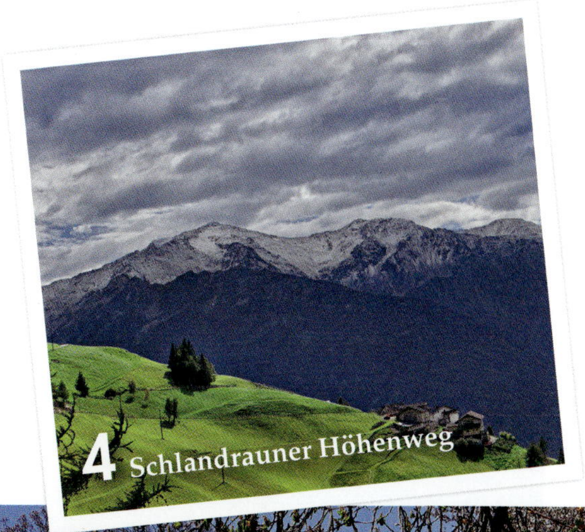
4 Schlandrauner Höhenweg

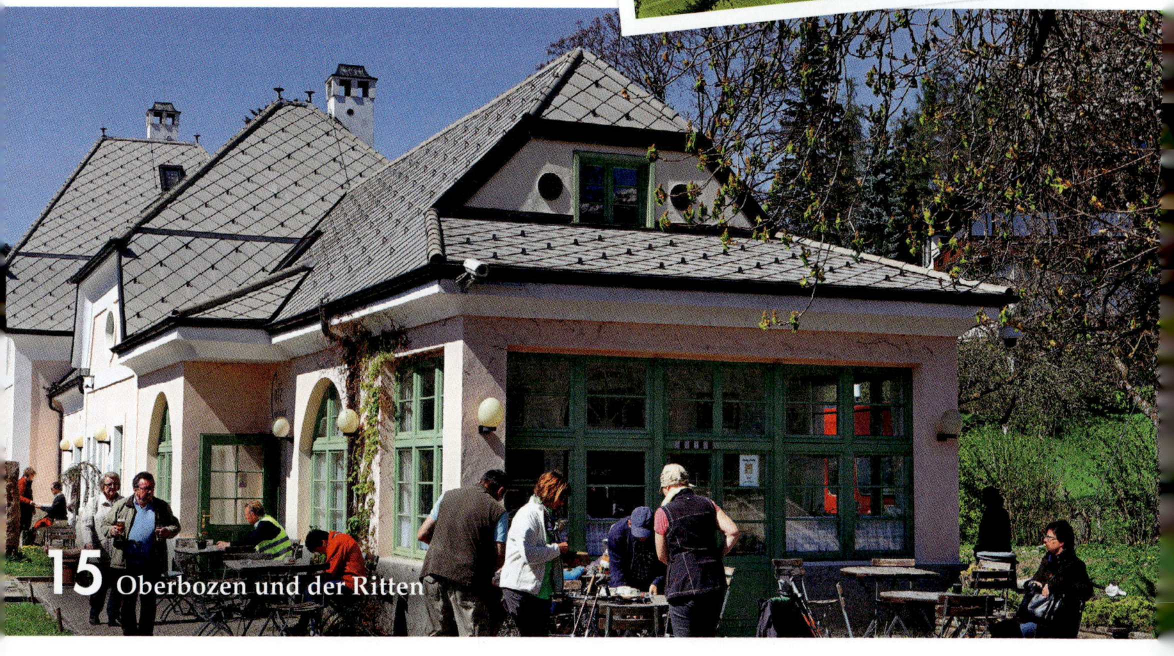
15 Oberbozen und der Ritten

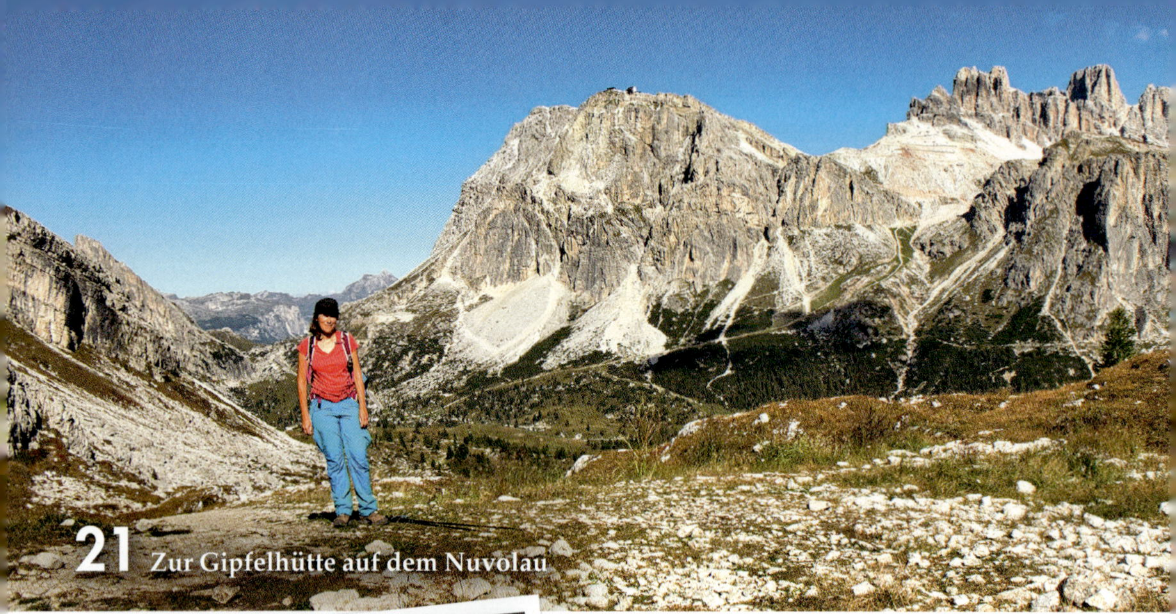
21 Zur Gipfelhütte auf dem Nuvolau

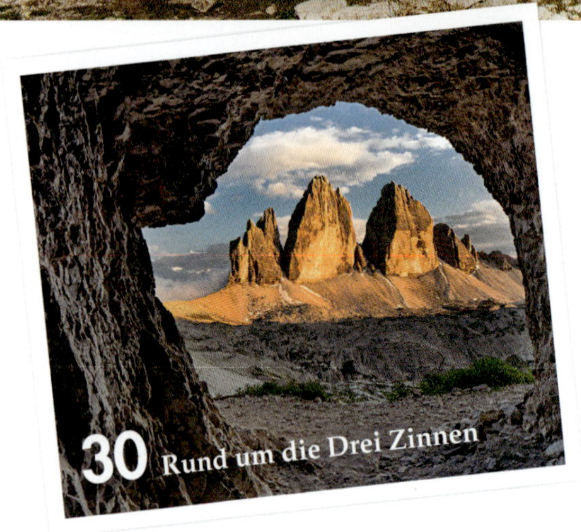
30 Rund um die Drei Zinnen

Tourenüberblick

Tour												
1 ● Schöneben-Höhenweg	4.30 Std.	225/190 Hm	5,9 km	●	●		●		●		●
2 ● Tartscher Bühel	1.45 Std.	150 Hm	5,5 km	●	●	●	●			●	●
3 ● Goldseeweg zum Stilfser Joch	2.45 Std.	710/110 Hm	8,2 km	●			●		●		●
4 ● Schlandrauner Höhenweg	5.00 Std.	1125/125 Hm	11,7 km	●			●		●		●
5 ● Rund um Morter	2.15 Std.	250 Hm	5 km	●	●	●	●			●	●
6 ● Plima-Schluchtenweg	2.00 Std.	220 Hm	4,1 km	●	●	●	●				●
7 ● Langsee	4.00 Std.	620 Hm	10,2 km	●			●				●
8 ● Ultner Höfeweg	2.00 Std.	100/250 Hm	6 km	●	●	●		●			●
9 ● Zum Seeber See	2.45 Std.	330 Hm	7,8 km	●	●		●				●
10 ● Panoramaweg über Pfelders	2.45 Std.	100/400 Hm	7,5 km	●	●		●		●		●
11 ● Maiser Waalweg	3.00 Std.	100/250 Hm	9 km	●	●						●
12 ● Algunder Waal – Schloss Tirol	4.30 Std.	300 Hm	12 km	●	●		●			●	●
13 ● Tschermser Waalweg	2.30 Std.	300 Hm	7 km	●	●	●	●				●
14 ● Langfenn und Salten	4.00 Std.	350 Hm	12 km	●	●	●	●			●	●
15 ● Oberbozen und Ritten	3.00 Std.	200 Hm	8 km	●	●	●	●			●	●
16 ● Rundweg Maria Weißenstein	2.15 Std.	250 Hm	6,5 km	●	●	●				●	●
17 ● Themenweg Latemar.Panorama	3.00 Std.	400 Hm	8 km	●	●		●		●		●
18 ● Hirzelweg	3.30 Std.	330 Hm	10,3 km	●			●		●		●
19 ● Seiser Alm	2.00 Std.	140 Hm	4,5 km	●	●		●		●		●
20 ● Friedrich-August-Weg	4.30 Std.	450 Hm	12,3 km	●			●				●
21 ● Am Nuvolau	3.30 Std.	500 Hm	8,4 km	●			●				●
22 ● Kolfuschger Höhenweg	3.30 Std.	690/190 Hm	7,0 km	●	●		●				●
23 ● Feldthurns – Säben	3.30 Std.	550 Hm	12 km	●	●	●	●			●	●
24 ● Lüsner Alm	3.00 Std.	350 Hm	10 km	●	●	●	●			●	●
25 ● Kreuzwiesenalm	5.00 Std.	710 Hm	12,4 km	●			●				
26 ● Fane-Alm – Brixner Hütte	3.15 Std.	570 Hm	8,6 km	●	●		●				●
27 ● Speikboden und Sonnenklar Nock	3.15 Std.	250/700 Hm	7 km	●	●		●		●		●
28 ● Erdpyramiden Percha	2.00 Std.	250 Hm	5,5 km	●	●	●		●		●	●
29 ● Auf dem Kronplatz	2.00 Std.	220 Hm	6 km	●	●	●	●		●		●
30 ● Rundtour Drei Zinnen	3.30 Std.	415 Hm	9,2 km	●		●	●				●

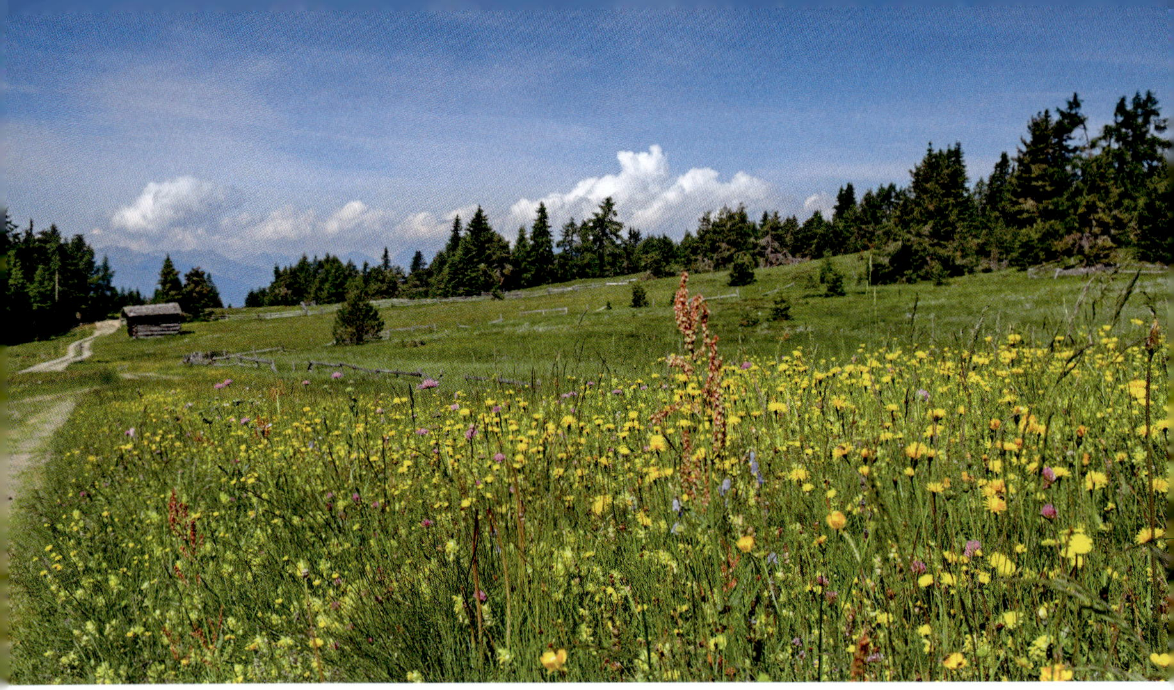

Üppig blühende Almwiesen warten in Lüsen auf Wanderer (Tour 24).

Vorwort

Südtirol ist das gesamte Jahr über ein beliebtes Wanderziel, von Frühjahr bis Herbst, denn die Region hat viel zu bieten, von der einfachen Waalwanderung bis zur anspruchsvollen Hochtour, sprich: von den Weinreben bis zum ewigen Eis der Gletscher.

Seit Jahren lieben wir es, diese Region zu erkunden und zu erwandern. In diesem Buch haben wir den Fokus auf einfache und gemütliche, aber nicht weniger erlebnisreiche Touren gelegt, denn bei Senioren geht es oft nicht um ehrgeizige Bergziele – das Vergnügen beim Wandern und das Erleben von schönen Landschaftserlebnissen rücken hingegen in den Vordergrund. Daran orientierten wir uns bei der Auswahl der Touren, und so finden Sie in diesem Buch vor allem genussreiche Wanderungen mit schönen Erlebnismöglichkeiten.

Die Höhenunterschiede sind oft überschaubar, und wenn es doch einmal etwas mehr wird, dann gibt es Abkürzungsmöglichkeiten oder die Höhenmeter sind vorwiegend im Aufstieg. So mancher Abstieg wird dann auch kniescho-

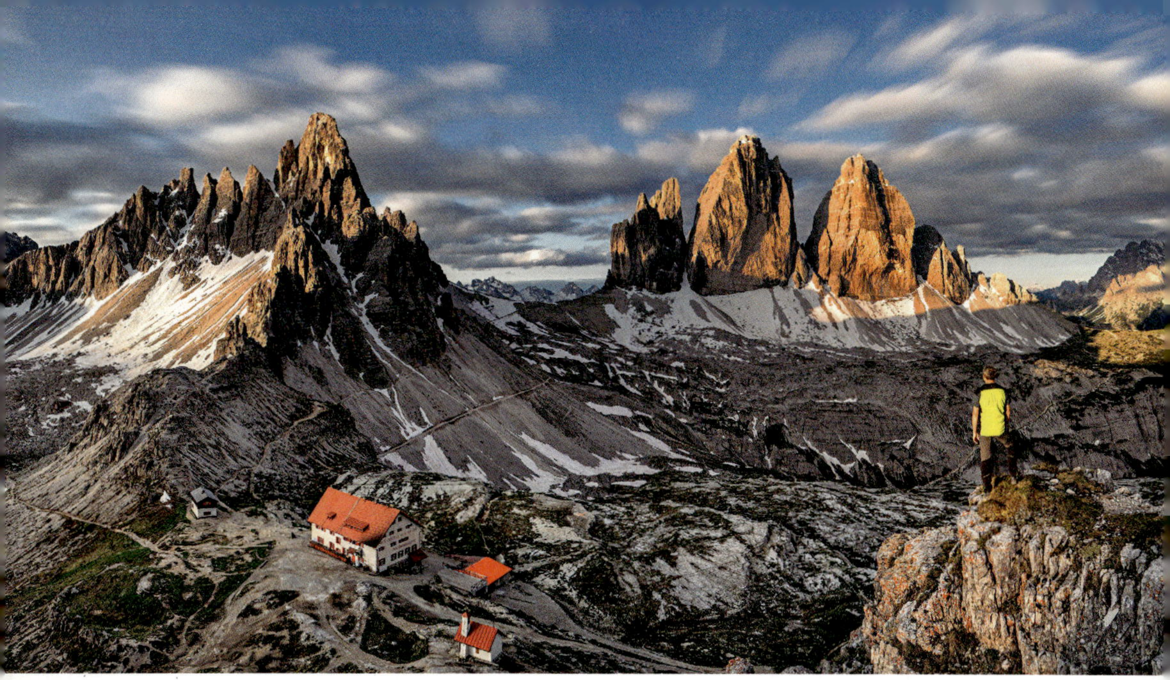

Die Drei-Zinnen-Hütte mit den berühmten Gipfeln (Tour 30)

nend mit der Seilbahn bewältigt. Bei der Tourenauswahl war uns wichtig, dass wir nicht nur kurze Touren vorstellen, sondern auch längere Wanderungen beschreiben – es gibt schließlich nicht selten einige sehr fitte Senioren. Vielfach haben wir bei den längeren Touren zusätzlich kürzere Varianten erwähnt, sodass hoffentlich für jeden Wanderer etwas dabei ist.

Südtirol ist eine große Wanderregion, die im Westen im Vinschgau beginnt und im Osten in den Dolomiten endet. Genau diese beiden Regionen nehmen den größten Teil dieses Buchs ein. Aber auch dazwischen gibt es noch die eine oder andere Wanderung. Gipfel stehen nicht zwingend im Vordergrund, werden aber besucht, wenn es sich anbietet. Wichtiger war uns für die Auswahl der Touren immer eine schöne Einkehrmöglichkeit wie eine gemütliche Hütte oder malerische Alm.

Wir wünschen Ihnen viel Freude bei diesen aussichtsreichen Wanderungen in Südtirol – genießen Sie die schöne Natur und die kulinarischen Versuchungen der Südtiroler Küche!

Lisa und Wilfried Bahnmüller, Markus Meier

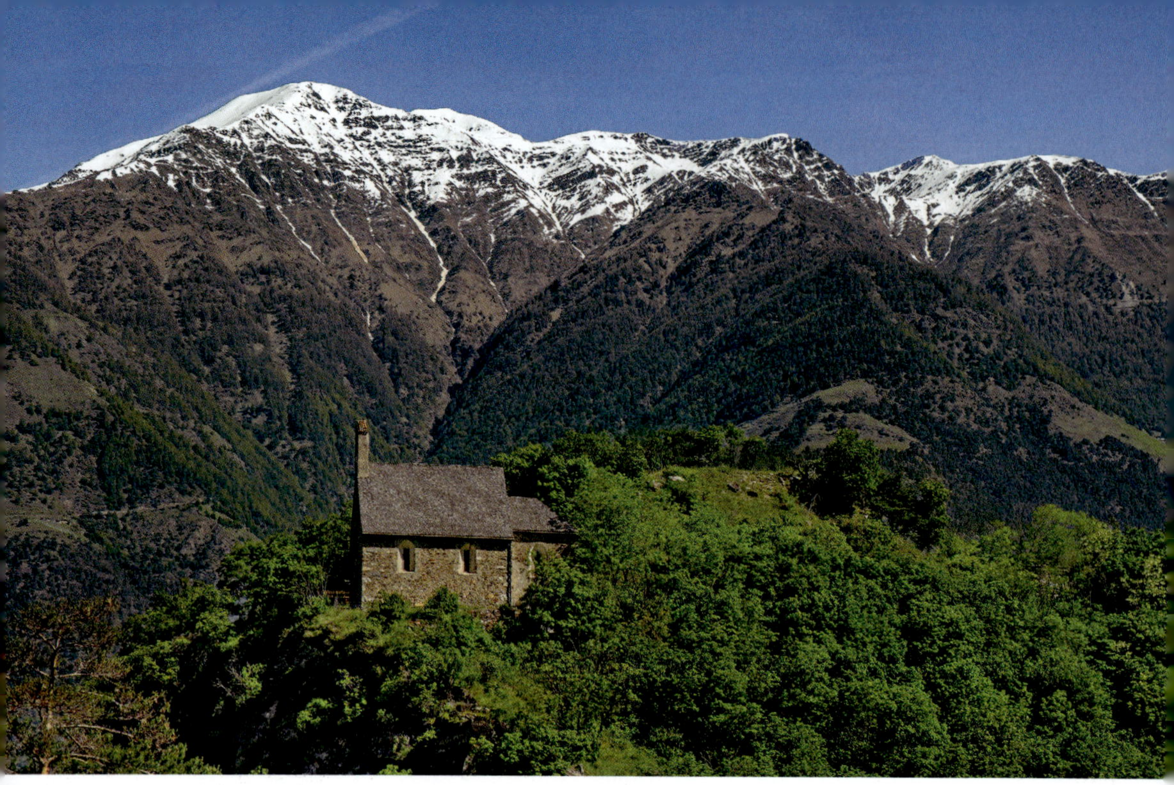

Unterwegs gibt es viel zu besichtigen: hier die Kapelle St. Stefan bei Morter im Vinschgau (Tour 5).

Einleitung

Allgemeine Informationen

Fast alle Wanderungen sind leicht zu begehen und verlaufen auf breiten, bequemen Schotterwegen mit überschaubaren Höhenunterschieden. Vereinzelt gibt es auch kurze Wegabschnitte mit Steinen und Wurzeln – dennoch haben wir uns für eine Aufnahme auch dieser Touren in das Buch entschlossen, nicht nur um das Spektrum zu erweitern, sondern da sich auf diesen Wanderungen oft fantastische Ausblicke bieten. Zudem sind diese Wege bei Senioren sehr beliebt, was uns eine zusätzliche Orientierungshilfe bei der Tourenauswahl war. Beispiele wären hierfür die Tour von der Wandberghütte zur Priener Hütte sowie die Wanderung rund um den Bärnsee.

Die meisten Touren eignen sich nicht für den Rollstuhl. Bei einigen Seilbahnen ist ein barrierefreier Zugang möglich – dies haben wir bei den entsprechenden Touren im Informationskasten angegeben.

Die Wanderungen sind vor Ort gut ausgeschildert und markiert und werden zudem im Buch detailliert beschrieben, jede Weggabelung sowie andere wichtige Wegpunkte wurden entsprechend eingetragen, sodass Sie sich problemlos ohne zusätzliches Kartenmaterial zurechtfinden sollten. Dennoch empfehlen wir trotzdem immer eine Wanderkarte des Gebiets mitzunehmen (s. Tourenplanung), nicht zuletzt, um gegebenenfalls die umliegenden Gipfel bestimmen zu können.

Anreise

Nach Südtirol fährt man von Norden über den Reschenpass oder über die Brennerautobahn. Alle Ausgangspunkte können mit dem Auto erreicht werden. Durch das gut ausgebaute Bahn- und Busnetz in Südtirol kann man in vielen Fällen auch mit den öffentlichen Verkehrsmitteln anreisen. Wir haben das bei jeder Tour entsprechend angegeben.

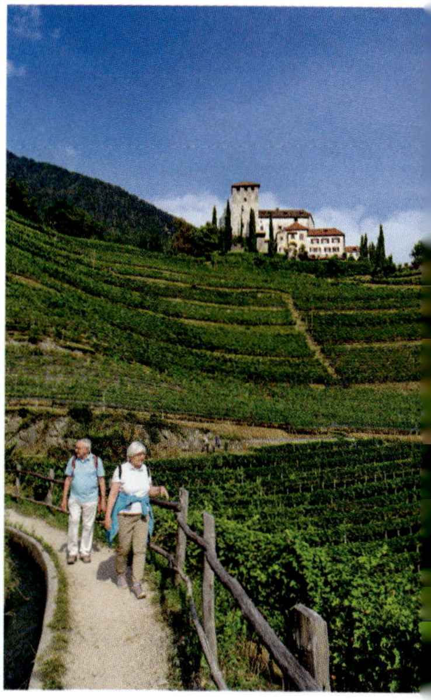

Viel Spaß am Tschermser Waalweg (Tour 13)

Ausrüstung

Für die meisten in diesem Buch beschriebenen Touren ist eine reine Bergwanderausrüstung ausreichend. Sie sollte allerdings der Jahreszeit und dem Wetter angepasst sein.
Bei der Bekleidung hat sich das Zwiebelprinzip mit mehreren Schichten bewährt. Die Materialien von Shirts, Hemden und Unterwäsche sind idealerweise aus Kunstfaser oder Merinowolle – während erstere die Feuchtigkeit vom Körper weg transportiert, wärmt Merinowolle selbst im feuchten Zustand noch und riecht auch nach Tagen nicht unangenehm.
Eine lange Berghose gehört zur Standardausrüstung und ist auch bei heißen Sommertagen, wenn eine Shorts ausreicht, zumindest im Rucksack mit dabei. Ein Fleecepullover gegen Auskühlung und für Regenwetter ein Anorak gehören ebenso in den Rucksack wie bei kühleren Temperaturen Handschuhe und Mütze.
Die Bergschuhe sollten passen, eine gute Profilsohle aufweisen und idealerweise über die Knöchel gehen. Vor langen

Wanderungen sollte man die Schuhe einlaufen. Gute Wandersocken haben eine Polsterung an den empfindlichen Stellen, was den Tragekomfort deutlich erhöht. Einige haben auch eine Bezeichnung für Rechts und Links, die man unbedingt beachten sollte.
Wanderstöcke entlasten die Gelenke und stützen vor allem, wenn man sie bergab federnd einsetzt. Dann können die Knie deutlich geschont werden. Die Erfahrung zeigt, dass zwei leichte Teleskopstöcke am besten sind. Ihre Länge kann individuell angepasst werden, und Sie können diese platzsparend am bzw. im Rucksack verstauen, wenn Sie diese nicht benötigen.
Weitere wichtige Ausrüstungsgegenstände sind ein guter Rucksack, Sonnenschutz wie Sonnencreme, Sonnenbrille und Hut, eine Taschen- oder Stirnlampe, Erste-Hilfe-Material und natürlich eine zünftige Brotzeit und ausreichend Getränke.

Tourenplanung

Eine sorgfältige Tourenplanung bildet die Grundlage für eine sichere und gelungene Tour. Hierzu nutzt man eine gute topografische Karte. Für die Region Südtirol sind die Tabacco-Karten im Maßstab 1:25000 ideal. Aufgrund der

Buschenschank in traumhafter Lage: das Weingut Haidenhof (Tour 13)

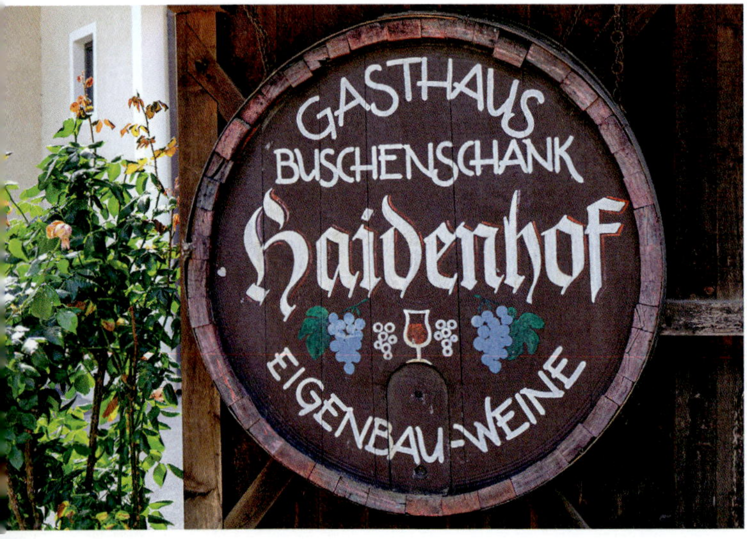

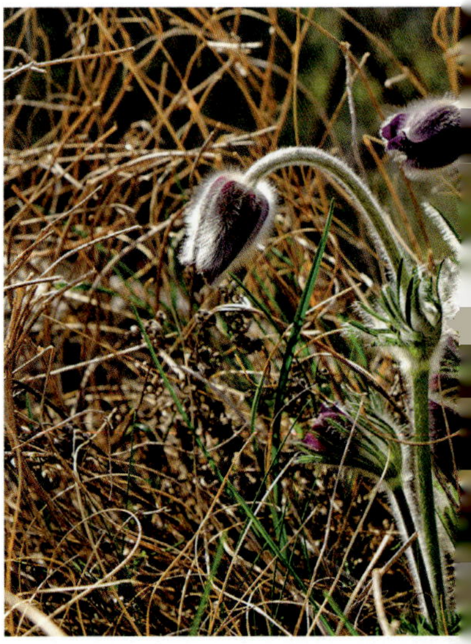

Routenbeschreibungen in diesem Buch kann auf weitergehende Literatur verzichtet werden.
Zur konkreten Planung sollten vor Tourenbeginn unbedingt Erkundigungen über die aktuellen Verhältnisse eingeholt werden. Dies ist inzwischen im Internet auf diversen Tourenforen möglich. Gezielte Informationen geben auch die Internetseiten der Seilbahnen oder die telefonische Nachfrage bei Hüttenwirten und/oder Fremdenverkehrsämtern.
Das persönliche Können und neben dem gesundheitlichen Zustand auch die aktuelle Kondition aller an der Tour beteiligten Senioren sind bei der Tourenplanung unbedingt zu beachten!

Wetter

Da man sich beim Wandern in der freien Natur bewegt, spielt das Wetter eine entscheidende Rolle. Heute sind die Wetterprognosen für die nächsten 24 bzw. 48 Stunden sehr genau, Informationen dazu erhält man z. B. über den Alpenvereinswetterbericht unter www.alpenverein.de.
Leider beobachtet man häufig, dass viele Wanderer das Wetter unterschätzen, was zu gefährlichen Situationen führen kann. Wenn für den Nachmittag Gewitter angekündigt

Mitte: Zart blühen die Küchenschellen im Frühjahr auf den Magerwiesen.

Unten: Wallfahrtskirche Maria Weißenstein (Tour 16)

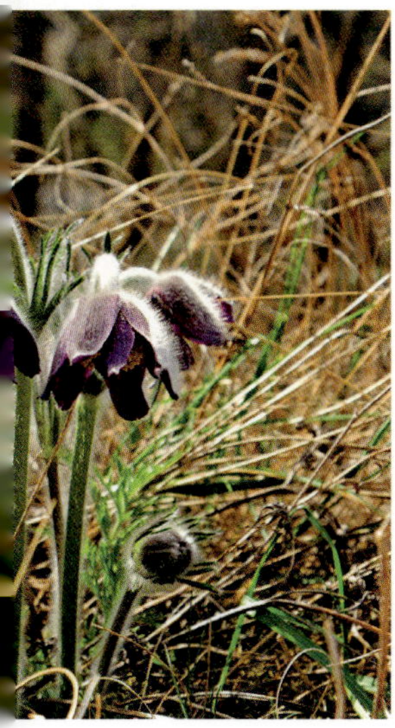

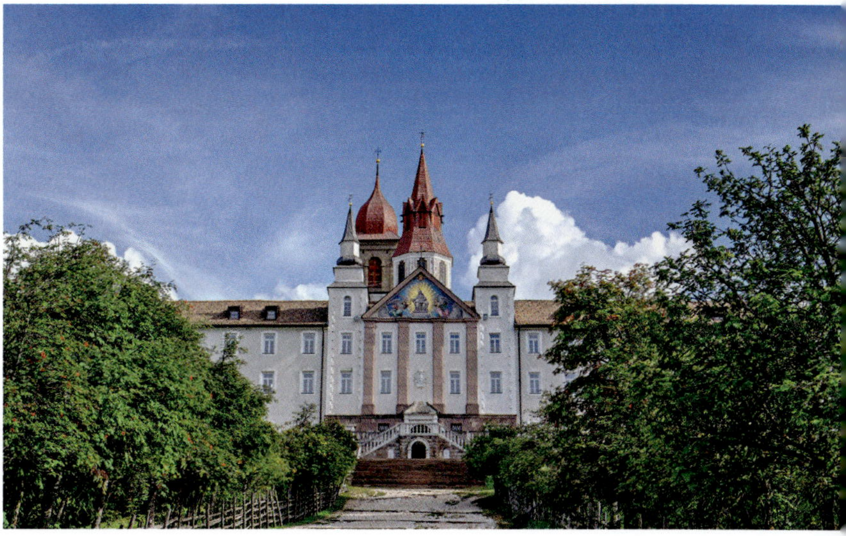

sind, sollte man früh aufbrechen, um rechtzeitig die Tour beendet zu haben, auch wenn sich am Morgen noch keine Wolke am Himmel zeigt.

Notfälle

Die Bergunfallstatistik besagt eindeutig, dass die meisten spezifischen Unfälle beim Bergwandern passieren. Deshalb kommt es neben einer guten Tourenplanung besonders auf das richtige Einschätzen des eigenen Leistungsvermögens an.

Sollte es dennoch einmal zu einem Unfall kommen, heißt es in jedem Fall ruhig bleiben und Erste Hilfe leisten. Dazu ist es wichtig, schnell weitere Hilfe zu holen, was durch ein Mobiltelefon – das inzwischen auf jeder Tour im Rucksack dabei ist – deutlich erleichtert wird. Die internationale Notrufnummer ist die 112. Folgende Angaben sind erforderlich:

Fast eben verlaufen die Wanderungen entlang der Waale.

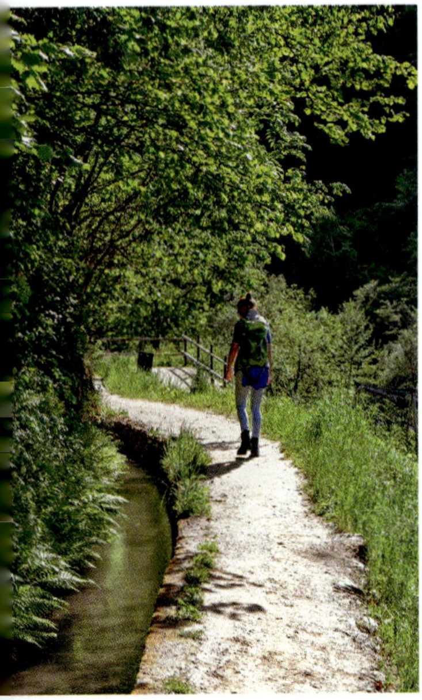

- Wo ist der Unfall passiert (eindeutige Ortsangabe mittels Koordinaten, Kartenblatt)?
- Was ist passiert (Art und Schwere der Verletzungen)?
- Wie viele Personen sind verletzt?
- Welche Verletzungen haben die Personen (Art und Schwere der Verletzung)?
- Warten auf Rückfragen

Nach dem Notruf sollte man das Handy angeschaltet lassen und nicht mehr weiter telefonieren – so hat die Rettungsleitstelle die Möglichkeit, bei Fragen zurückzurufen.

Alpines Notsignal Sollte man einmal keinen Handyempfang haben, so muss man das Alpine Notsignal senden, um Hilfe zu holen:

Sechsmal in einer Minute ein optisches oder akustisches Signal geben (Pfeifen, Rufen, Lichtsignal). Dies wiederholt man nach einer Pause von einer Minute so lange, bis man Antwort erhält. Die Antwort besteht aus drei Signalen innerhalb von einer Minute.

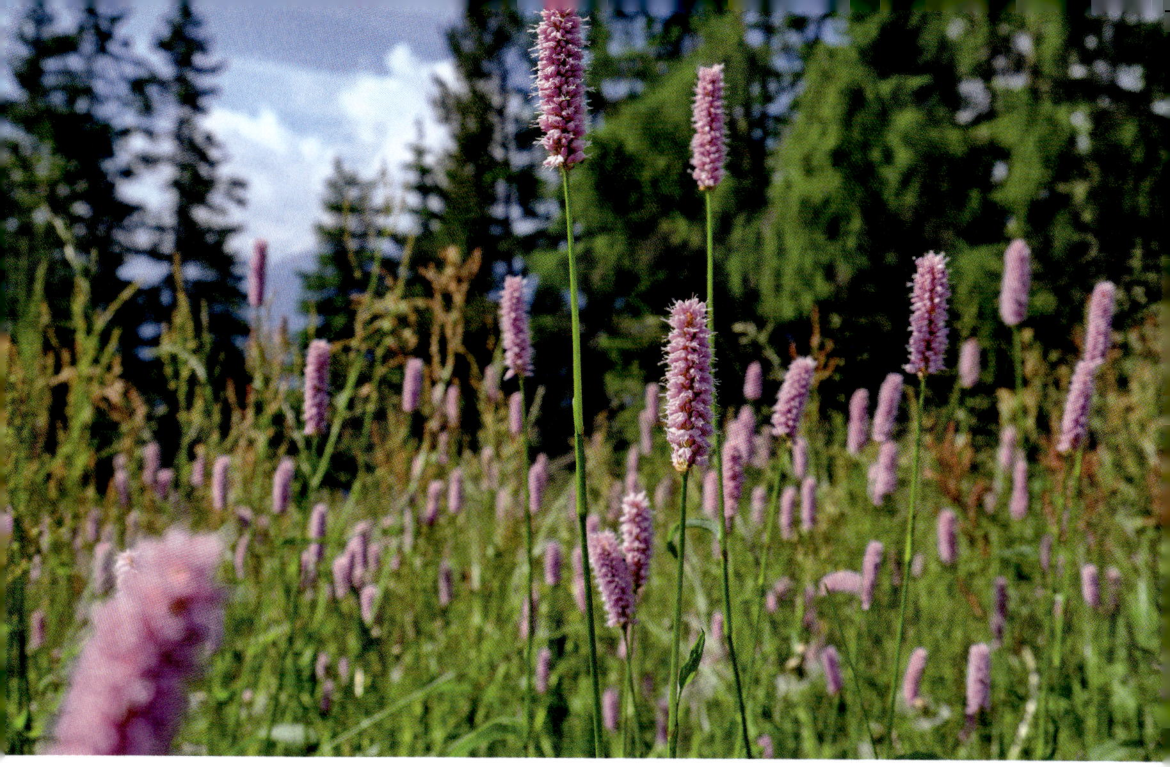

Hubschraubereinsatz Sollte ein Hubschrauber eingesetzt werden, signalisiert man diesem mit der YES-Position (beide Arme in die Luft recken wie ein Y), dass man Hilfe benötigt. Der Hubschrauber ist einzuweisen – hierzu sollte der Einweiser mit dem Rücken zum Wind stehen und sich nicht bewegen, wenn der Hubschrauber sehr nahekommt (evtl. knien). Der Landeplatz sollte frei von losen Gegenständen sein.

Im feuchten Hochmoor Grahmoos auf der Lüsner Alm fühlt sich der Schlangenknöterich wohl (Tour 24).

Alpine Gefahren

Wetter Wie schon beschrieben, kann sich das Wetter im Gebirge innerhalb kürzester Zeit ändern, und Wetterstürze bringen beträchtliche Gefahren mit sich: Während bei Gewitter die unmittelbare Gefahr eines Blitzschlags besteht, kann bei Wetterstürzen mit Neuschnee einfaches Wandergelände plötzlich vereisen oder die damit verbundene Kälte bei unzureichender Ausrüstung schnell zu Unterkühlungen führen. Bei Gewittergefahr sollte man nach Möglichkeit umkehren. Auf alle Fälle sind Grate und Gipfel ebenso wie Wasser führende Rinnen und Gräben zu meiden sowie Drahtseile nicht mehr zu berühren! Man sollte Mulden aufsuchen und sich auf eine isolierende Unterlage (Rucksack) setzen.

Verhältnisse Nicht nur ein plötzlicher Wettersturz kann durch Schnee, Vereisung oder Nässe zu Gefahren führen – im Frühsommer erschweren auch manchmal Altschneefelder auf den Wegen ein einfaches Fortkommen. Hier hilft vor allem eine gute Tourenplanung, um nicht in entsprechende Situationen zu kommen (bzw. sicherheitshalber die Mitnahme von Grödeln und Wanderstöcken).

Überall in Südtirol entdecken wir herrliche alte Bauernhöfe, besonders viele gibt es im Ultental (Tour 7).

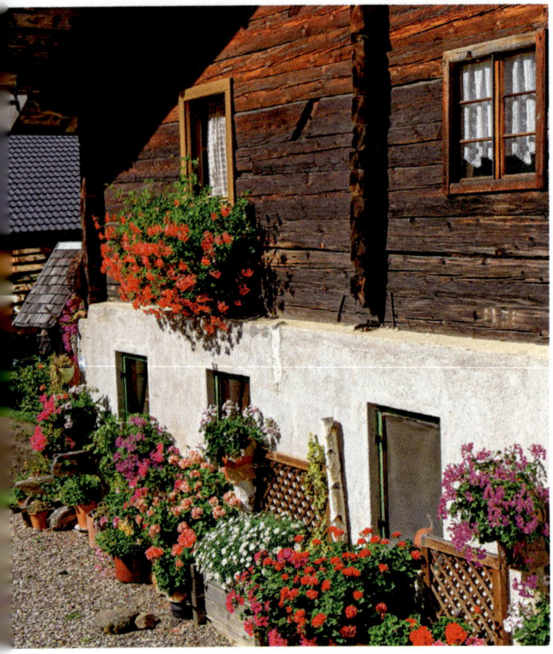

Steinschlag In schrofigen Passagen im Bereich von Rinnen besteht grundsätzlich die Gefahr von Steinschlag. Unsere hier vorgeschlagenen Touren weisen eigentlich keine dieser Stellen auf, doch sollten Sie sich einmal unter einer steilen Felswand befinden, so bleiben Sie bitte nicht lange stehen, sondern gehen Sie zügig weiter.

Subjektive Gefahren Man sollte bei der Auswahl der Touren die konditionelle Verfassung und das persönliche Können berücksichtigen. Kondition kann man sich durch regelmäßiges Training aneignen – wählen Sie im Zweifel lieber eine kleinere Tour aus, als bei einer größeren überfordert zu sein und sich oder andere in Gefahr zu bringen. Wichtig ist auch, während der Tour ausreichend Pausen einzulegen und genügend zu trinken. Notfalls brechen Sie die Tour lieber ab. Auch das persönliche Können erwirbt man durch Übung, z. B. wenn man mit einem erfahrenen Begleiter auf Tour geht oder sich – noch besser – durch entsprechende Kurse der Sektionen des Deutschen Alpenvereins vorbereitet. Eine zusätzliche Hilfe sind auch Bücher erfahrener Bergsteiger, so z. B.: Pepi Stückl, Georg Sojer: »Outdoor Praxis Bergsteigen« oder Karl Schrag: »Alpin Lehrplan Band 1: Bergwandern – Trekking«.

Umweltschutz

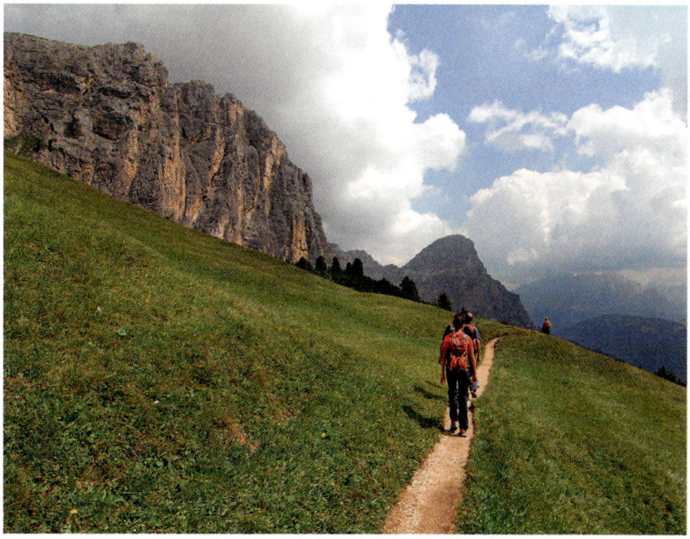

Am Kolfuschger Höhenweg (Tour 22)

Unsere Alpen sind durch den Tourismus einer immer stärkeren Belastung ausgesetzt – durch die Anreise mit öffentlichen Verkehrsmitteln zum Ausgangspunkt einer Tour können wir einen kleinen Beitrag zur Entlastung der Situation leisten. Deshalb haben wir, wo es möglich und sinnvoll ist, die Anreise mit den Öffentlichen bei jeder Tour angegeben. Des Weiteren versteht es sich natürlich von selbst, den eigenen Müll wieder mit ins Tal zu nehmen, genauso wie man auch die Blumen (und seien sie noch so schön) auf der Wiese stehen lässt – man will ja selbst auch nicht durch eine Müllhalde und über abgerupfte Wiesen laufen.

Corona

Zur Drucklegung dieses Buchs war noch nicht absehbar, welche Auswirkungen die Covid-19-Pandemie auf die Situation und damit auf die beschriebenen Wanderungen haben wird. Daher sollte man sich zuvor genau erkundigen über:

- die Ein- und Ausreise nach und von Österreich und Italien,
- die Bestimmungen bei der Benutzung öffentlicher Verkehrsmittel und Seilbahnen sowie die Öffnungen bzw. Besuche von Gaststätten,
- die allgemeinen Neubestimmungen innerhalb des Infektionsschutzes.
- Gegebenenfalls unterliegen bestimmte Gebiete einer Impfpflicht.

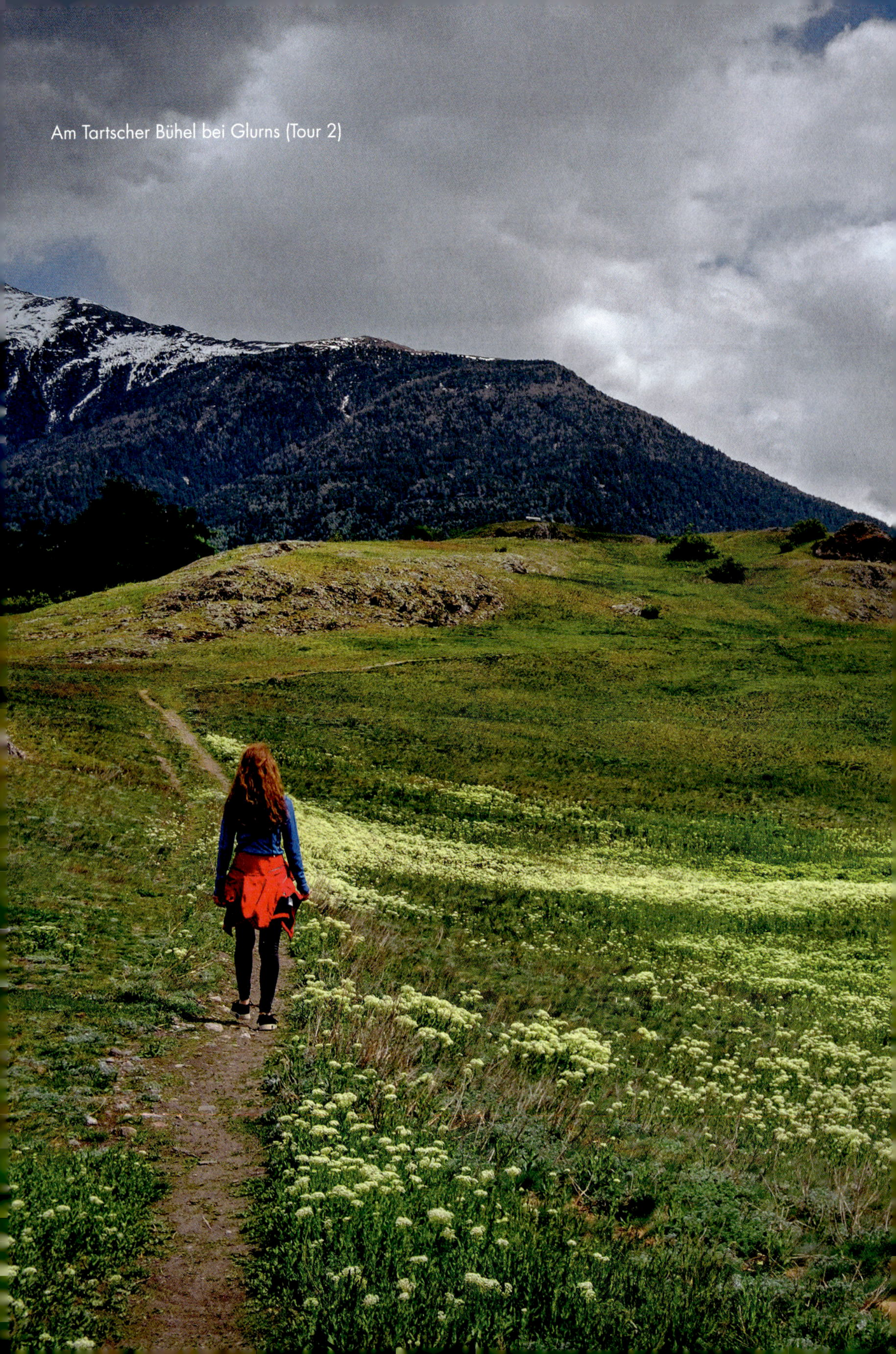

Am Tartscher Bühel bei Glurns (Tour 2)

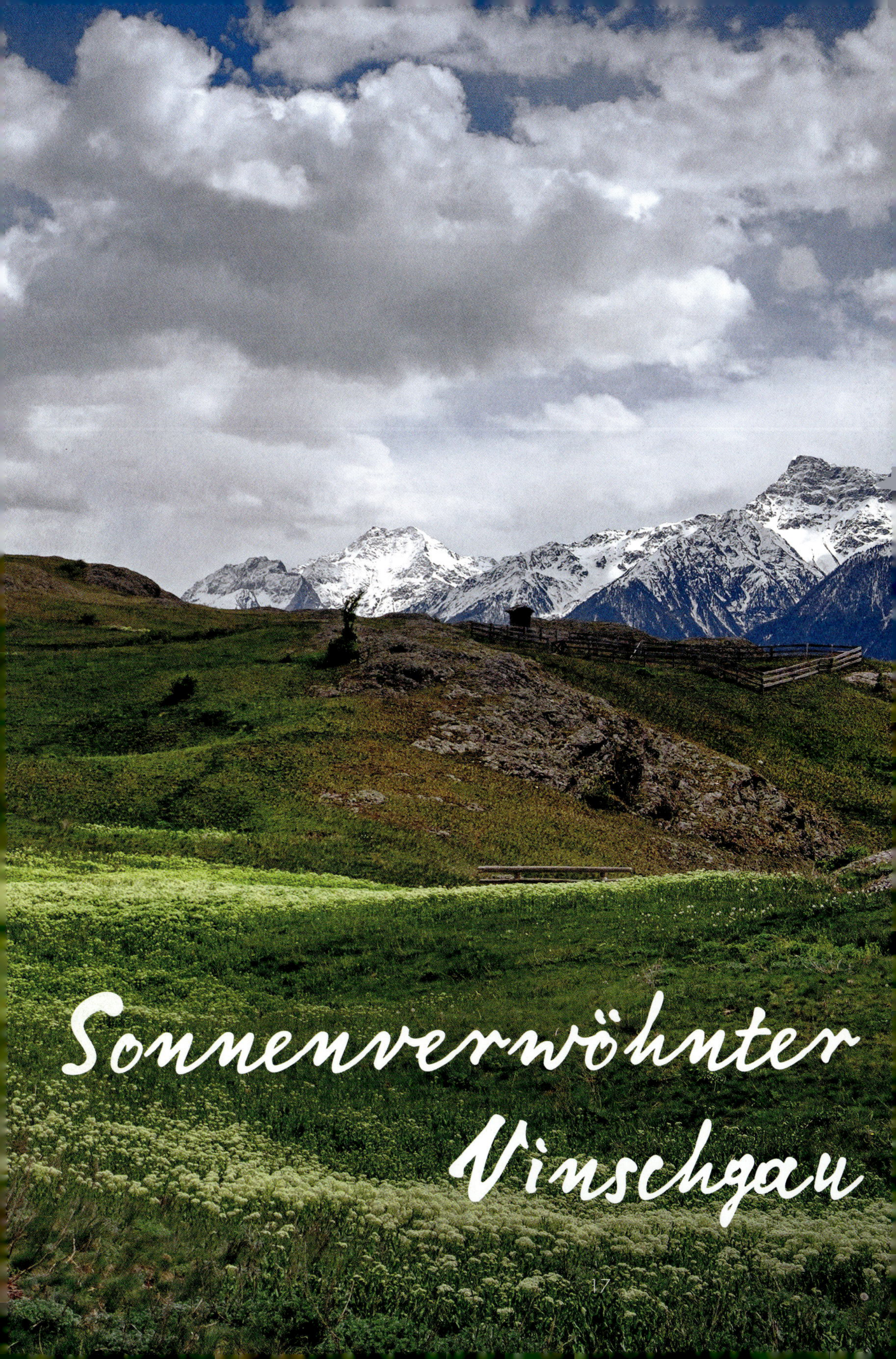
Sonnenverwöhnter
Vinschgau

1 Auf dem Schöneben-Höhenweg

Panoramaweg über dem Reschensee

leicht

4.30 Std.

225 Hm Aufstieg,
190 Hm Abstieg

5,9 km

ja

Eine gemütliche und sehr aussichtsreiche Tour ist der Schöneben-Höhenweg, der von der Bergstation Schöneben am nördlichen Ende des Reschensees bis zur Haideralm über St. Valentin führt. Die Panoramawanderung verläuft dabei stets oberhalb des Stausees.

Aussichtsreicher Höhenweg Nach Auffahrt mit der Kabinenbahn vom Reschensee nach **Schöneben** (2087 m) starten wir dort unsere Wanderung, die immer in Südrichtung bis zur Haideralm verläuft. Hier im Skigebiet Schöneben ignorieren wir die Eingriffe in die Natur bestmöglich und wandern zügig los. Zu Beginn geht es allerdings noch ein Stück über Pistengelände aufwärts, bald jedoch biegen wir an den Wiesen von Freiten am Weg Nr. 14 nach links ab (der geradeaus führende Weg zieht hoch zum Gipfel des Zehnerkopfs).

Der gesamte Höhenweg verläuft aussichtsreich auf einer Höhe von ca. 2200 Metern, immer im Bereich der Waldgrenze. Gleich zu Beginn des Höhenwegs hat man über den Stausee hinweg einen großartigen Blick ins Langtauferer Tal, das sich von Graun ostwärts in die Ötztaler Berge hineinzieht. Die höchsten Gipfel oberhalb des Tals sind die beeindruckenden Gletscherberge Weißseespitze, Langtauferer Spitze und Weißkugel, die weiß bekrönt stolz herübergrüßen.

Zur Haideralm Der gut markierte Steig führt weiter in südliche Richtung. Wir wandern vorbei an knorrigen Zirben und Lärchen und durch große Alpenrosenfelder, die besonders im Frühsommer zur Blütezeit sehr reizvoll sind. Tief im Tal liegt der große blaue Reschensee, in der nahen Umgebung strahlen hinter den rosarot leuchtenden Alpen-

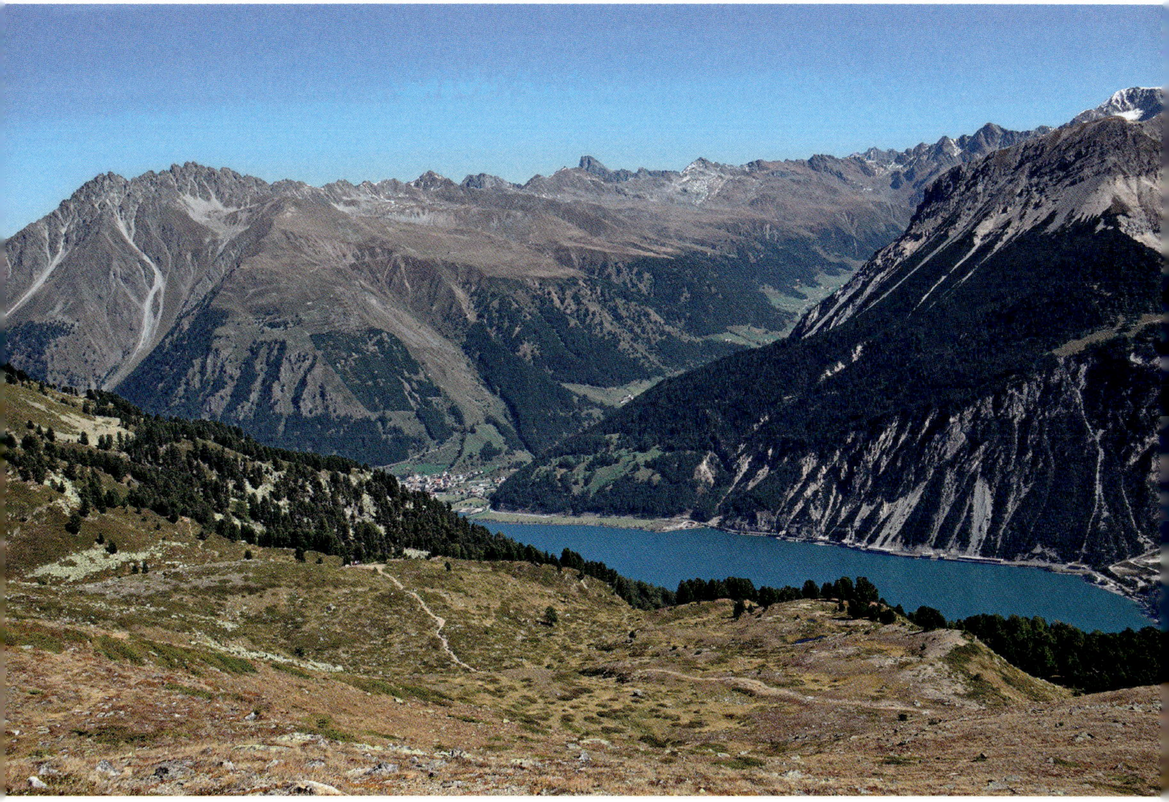

Blick vom Schöneben-Höhenweg zum Reschensee

rosenfeldern die grandiosen zahlreichen Dreitausender. Eine Abzweigung nach links ignorieren wir und kommen zu einigen Quellen, den **Sieben Brunnen**. Kurz darauf stehen wir an einer Wegverzweigung: Hier wenden wir uns nach rechts vom Höhenweg weg in Richtung der Anstiege zur Elferspitz und zur Seebodenspitz.

Der Weiterweg zur Haideralm ist nun nicht mehr besonders lang. Wir müssen allerdings zuerst ein wenig aufsteigen, um dann über die freien Wiesen hinab zur **Haideralm** (2120 m) zu wandern. Im zweiten Abschnitt des Höhenwegs gerät nun neben dem Reschensee auch der Haidersee in den Blick, und natürlich genießt man auch eine wunderbare Aussicht auf den höchsten Südtiroler Gipfel, den Ortler, der sich im Süden majestätisch aufbaut. Neben ihm erkennen wir seine Nachbargipfel Königsspitze, Cevedale und die Zufallspitzen mit ihren weiß leuchtenden Gletscherhängen.

Gemütlich ins Tal Bevor wir mit der Seilbahn wieder ins Tal hinabschweben, genießen wir an der Haideralm noch eine zünftige Brotzeit. Dann fahren wir von der Bergstation bei der Alm mit der Kabinenbahn hinab nach **St. Valentin auf der Haide** und von dort mit dem Bus zurück nach Reschen bzw. zur Seilbahn-Talstation in **Schöneben**.

In Richtung Seebodenspitze

Wer heute noch höher hinaus will, kann von der Bergstation an der Haideralm auf die Seebodenspitze (2859 m) wandern – für diese Rundtour mit ihren etwas über 700 Hm sollte man ca. 5 Std. einplanen. Oder man wandert bis zum schön gelegenen Grünen See auf 2441 m hinauf (insg. 3.30 Std., 320 Hm).

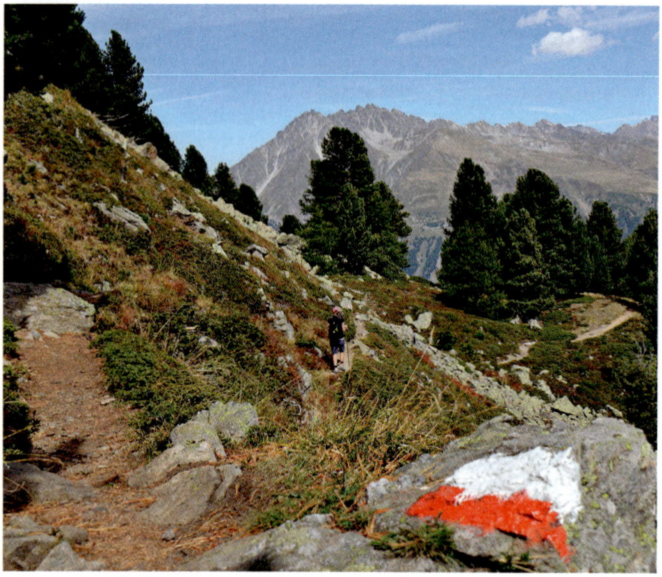

Gut markiert und einfach ist der Höhenweg.

Traurige Vergangenheit Während der gesamten Wanderung blicken wir hinunter auf den märchenhaften Reschensee, der sich schön in die Landschaft schmiegt und sich mittlerweile zu einem beliebten Erholungsgebiet entwickelt hat. Jogger und Radfahrer sausen an den Ufern entlang, Kitesurfer tummeln sich auf dem See. Der aus dem Wasser ragende Kirchturm bei Graun zeugt allerdings von einem traurigen Kapitel Zeitgeschichte: 1949/50 versanken die Orte Graun und Reschen in den Fluten des neu aufgestauten Reschensees – 163 Häuser und 523 Hektar fruchtbarer Boden wurden vernichtet, 1000 Menschen waren von der von Menschen gemachten Katastrophe betroffen. Die Bevölkerung erhielt nur einen sehr kleinen Ausgleich für ihr verlorenes Hab und Gut. Der sechs Kilometer lange Reschensee hat ein Fassungsvermögen von 116 Millionen Kubikmetern – die jährliche Stromleistung von 250 Millionen Kilowattstunden Strom war aber sehr teuer erkauft.

Wichtiges zur Tour

Tourencharakter
Leichte, gut markierte Wanderwege mit wenigen Höhenunterschieden. Sehr aussichtsreich und sonnig

Ausgangspunkt
Bergstation Schöneben (2087 m), Seilbahn im Nordwesten des Reschensees
GPS: 46.804640, 10.491919

Endpunkt
Bergstation Haideralm (2120 m), Gondelbahn von St. Valentin a. d. Haide

Anfahrt
ÖPNV: Mit dem Zug nach Landeck und weiter mit dem Bus zum Reschenpass, dort umsteigen und mit dem Bus über Reschen nach Schöneben. Alternativ mit dem Zug über Meran nach Mals und mit dem Bus nach Schöneben. Rückfahrt von St. Valentin a. d. Haide mit dem Bus nach Reschen und zur Seilbahn-Talstation in Schöneben
Auto: Von Norden über Landeck zum Reschenpass, weiter nach Reschen und dort rechts ab zur Talstation der Seilbahn

Einkehr
Bergrestaurant Haideralm
(Tel. +39/0473/63 4071)

Informationen
Ferienregion Reschenpass,
Tel. +39/0473/63 31 01,
www.reschenpass.it

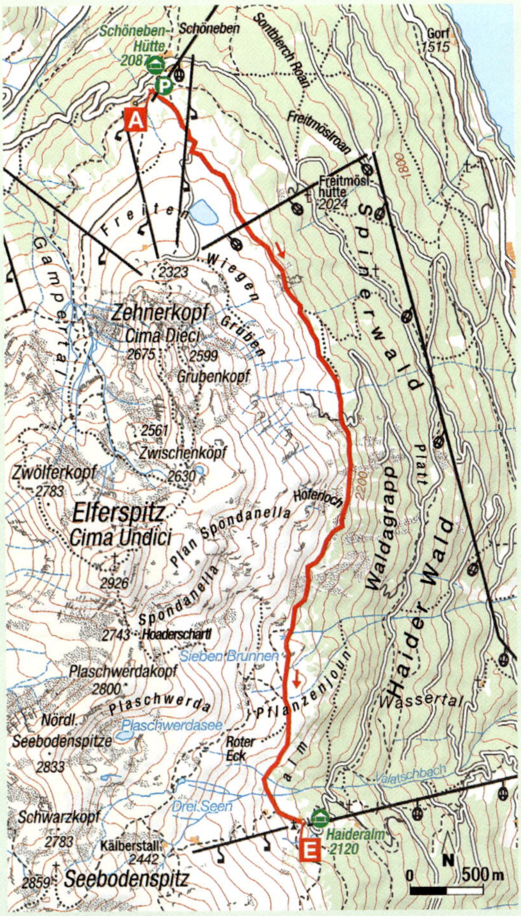

2 Über den Tartscher Bühel

Auf historischen Pfaden aus grauer Vorzeit

leicht

1.45 Std.

150 Hm Auf-/Abstieg

5,5 km

nein

Im Dreieck zwischen Mals, Glurns und Schluderns erhebt sich frei aus dem Vinschgauer Talboden der markante Tartscher Bühel (Bichl), eine sagenumwobene, karge Kuppe mit einzigartiger Flora, schönen Aussichten, einem uralten Kirchlein und einer räthischen Siedlung.

Start in Glurns Die kleinste Stadt Südtirols ist Ausgangspunkt unserer Wanderung. Die Besichtigung des malerischen Ortes **Glurns** wollen wir uns aber für später aufheben (s. Tipp), und so spazieren wir mit der Stadtmauer im Rücken auf dem Gehsteig neben der Straße entlang und biegen dann rechts in den St.-Lorenz-Weg ein. Tartsch und sein Bühel sind bereits ausgeschildert. An der Kreuzung bleiben wir geradeaus, und hinter den letzten Häusern wird die Straße zu einem Wiesenweg. Direkt vor unserer Nase liegt der markante Tartscher Bühel, der sein Aussehen der letzten Eiszeit zu verdanken hat, als die Gletscher den gewaltigen Felsbrocken rund schliffen und zu einer Landmarke werden ließen.

Tartscher Bühel

Der markante Hügel im oberen Etschtal zählt zu den bedeutendsten Ausgrabungsorten in Südtirol. Archäologische Funde zeigen, dass der Hügel bereits lange vor den Römern besiedelt war. Neben Pfeilspitzen, Münzen und Schalensteinen sind die wertvollsten Stücke eine in rätischer Schrift gravierte Hirschhornspitze und ein spätlatènezeitliches keltisches Schwert. Außerdem legten Grabungen von 1999 Reste rätischer Häuser frei. Man geht von bis zu 80 Häusern aus, eine richtige Siedlung, was den Wahrheitsgehalt der zahlreichen Sagen über die verschwundene Stadt am Bichl untermauern würde.

Auf den Tartscher Bühel Über die Felder wandern wir auf den Hügel zu. An seinem Fuß wendet sich der Weg nach links und führt parallel zu den Glei-

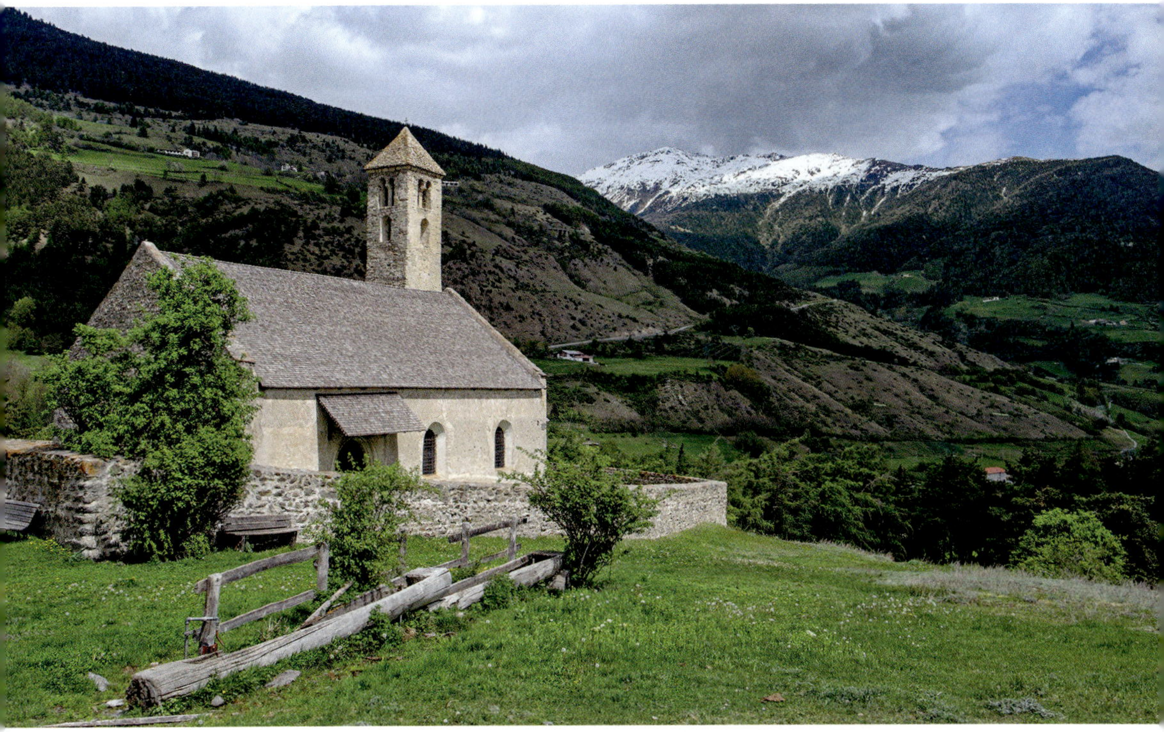

Die uralte Kirche St. Veit wacht über den Tartscher Bühel.

sen weiter. Bald stoßen wir an einer Unterführung auf eine kleine Straße und wechseln auf die andere Seite der Bahn. Die Straße steigt leicht an, und wir wandern mit herrlicher Aussicht über das Tal nach **Tartsch** hinein. Vor dem Michlwirt weisen uns die Schilder nach rechts auf den Bichlsteig. An der T-Kreuzung halten wir uns noch einmal rechts, dann geht es in einem Linksbogen auf den **Tartscher Bühel** (1077 m) hinauf. Die Sicht ist einmalig schön, und unser Blick schweift über das Obervinschgau mit den Dörfern Mals und Glurns und dem Benediktinerkloster Marienberg. Über allem wacht König Ortler mit vielen weiteren markanten Bergen drumherum. Richten wir den Blick hingegen auf den Boden zu unseren Füßen, erblicken wir die gerade im Frühjahr hier wachsenden unzähligen Pflanzenraritäten auf den Magerwiesen und Felsen.

St. Veit am Bichl Wir folgen dem Bichlsteig (eigentlich dem einzigen Weg, der in einem Bogen um den Bühel herumführt) und treffen bald auf die Ausgrabungen des

Glurns

Der Besuch der kleinsten Stadt Südtirols, die fast gänzlich unter Denkmalschutz steht, ist ein großes Vergnügen. Beeindruckend ist das harmonische Stadtbild, das zwar eher einem Dorf gleicht, aber durch die völlig erhaltene Stadtmauer mit ihren Stadttoren einmalig ist. Es macht Spaß, durch die Gassen zu bummeln und die malerischen Winkel zu erkunden. Dabei stößt man unweigerlich auf die hübsche Laubengasse, ein zauberhaftes Fotomotiv.

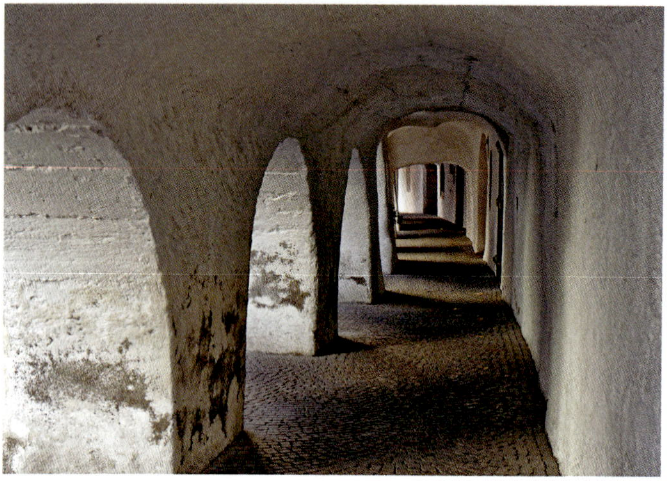

In Glurns gibt es viel zu entdecken.

Räthischen Hauses. Seine Größe lässt sich gut an den freigelegten Umrissen erahnen. Eine Bank lädt hier zur Rast, und aus dem Tal leuchtet der Schludernser Speichersee zu uns herauf.

Wir umrunden den Bühel bis zu seiner Ostseite und kommen dort zu einem Picknickplatz. Durch einen Weidezaun geht es links bergauf zur kleinen Kirche **St. Veit**. Sie ist leider fast immer geschlossen, aber schon ihr Äußeres lässt das Alter erahnen. Umgeben von einer fast geschlossenen Mauer wirkt das Kirchlein mit seinem romanischen Turm wie eine kleine Burg. Den Sagen nach wurde sie auf einem heidnischen Kultplatz errichtet – was durchaus der Wahrheit entsprechen könnte, denn die im wahrsten Sinne des Wortes herausragende Lage des Bühels und die jahrtausendealte Besiedlungsgeschichte zeigen, dass bereits in vorchristlichen Zeiten Siedler um die Besonderheit dieses Ortes wussten (s. Tipp).

Rückweg Von der Kirche folgen wir dem Weg, der durch einen lichten Kiefernwald nach **Tartsch** führt. Schön sind die alten Bauernhöfe im Dorf, allen voran das Mesnerhaus neben der mit Fresken verzierten St.-Andreas-Kirche. Das Gotteshaus steht bestimmt offen für eine Besichtigung. Dann wandern wir wieder zum Michlwirt und folgen von dort dem bekannten Hinweg zurück zu unserem Ausgangspunkt in **Glurns**.

Wichtiges zur Tour

Tourencharakter
Kurze Rundtour mit minimaler Steigung auf angenehmen Wanderwegen, Pfaden und einer wenig befahrenen Straße. Kaum Schatten. Am schönsten im Frühjahr zur Blütezeit

Ausgangs-/Endpunkt
Glurns (914 m)
GPS: 46.671962, 10.552936

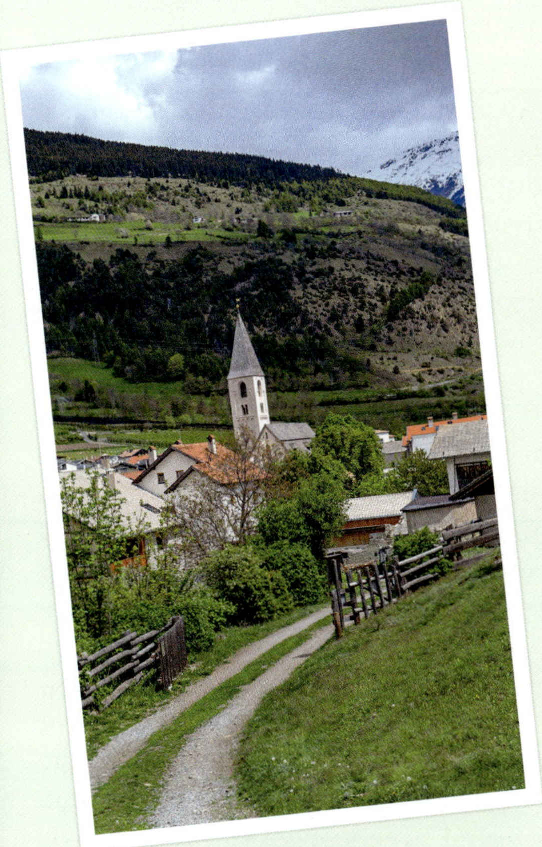

Pfarrkirche St. Andreas in Tartsch

Anfahrt
ÖPNV: Mit der Bahn nach Mals im Vinschgau und von dort zur Wanderung starten – dafür wandert man entlang der Gleise Richtung Campingplatz und weiter in Wanderrichtung bis zur im Text beschriebenen Unterführung.
Auto: Im Vinschgau bei Mals oder bei Schludern nach Glurns abbiegen. Es gibt einen großen Parkplatz am nördlichen Ortseingang, außerhalb der Stadtmauer in der Malser Straße.

Einkehr
In Tartsch das historische Landgasthaus Michlwirt (www.michlwirt.it); zahlreiche Möglichkeiten in Glurns

Informationen
Glurns Marketing,
Tel. +39/0473/83 12 88, www.glurns.eu;
www.vinschgau.net

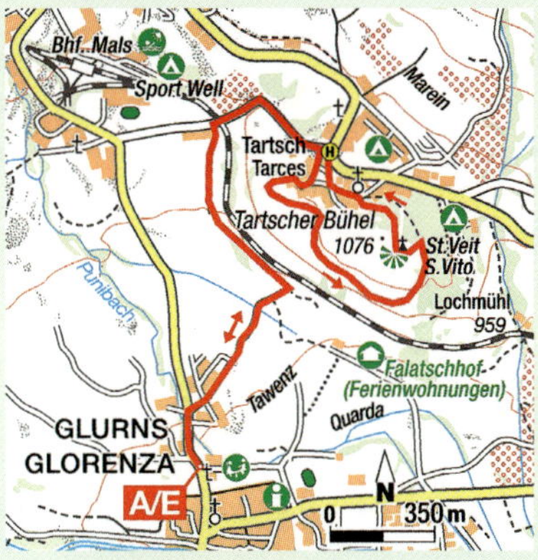

3 Am Goldseeweg zum Stilfser Joch

König Ortler stets im Blick

mittel

2.45 Std.

710 Hm Aufstieg, 110 Hm Abstieg

8,2 km

ja

Der Goldseeweg ist ein Höhenweg, der von der Furkelhütte über Trafoi hinauf zum Stilfser Joch führt. Wunderschön ist dabei der Blick hinüber zum Ortler – der höchste Berg Südtirols zeigt sich hier von einer sehr beeindruckenden Seite.

Beliebt bei Wanderern und Mountainbikern Mit dem Sessellift schweben wir von **Trafoi** gemütlich zur **Furkelhütte** hinauf. Hier halten wir erst einmal inne und staunen: Grandios erhebt sich König Ortler auf der gegenüberliegenden Talseite. Wer früh genug dran ist, kann sich auf der Terrasse der kleinen Hütte durchaus in Ruhe einen Cappuccino mit wunderschöner Aussicht gönnen. Dann wandern wir von der Furkelhütte auf dem Weg Nr. 20 hinunter zu einem Schlepplift und hinüber zum Waldrand, wo ein liebevoll gestalteter Wegweiser steht, der uns in Richtung Goldsee schickt. Auf dem nun folgenden Wegabschnitt sollte man sich nicht wundern, wenn einem immer wieder Mountainbiker entgegenkommen – die Strecke ist bei ihnen recht beliebt, auch wenn einige Passagen schier unfahrbar scheinen. Die Biker sind aber rücksichtsvoll, sodass es eigentlich nie ein Problem mit »Gegenverkehr« gibt.

Wegweiser am Weg zur Rötlspitze

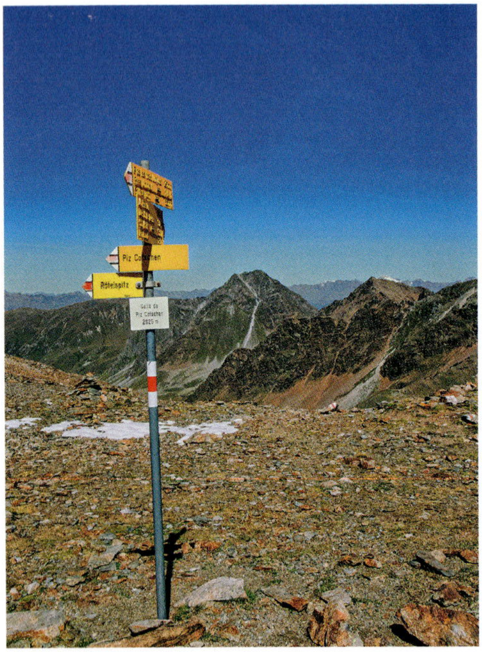

Prachtvolle Ausblicke Der Weg führt kurz durch den Wald und anschließend sanft ansteigend über sonnige Hänge unterhalb von Schafberg und Furkelspitze zum Ausläufer des Furkeltals. Nun halten wir uns leicht links und queren weiter die wunder-

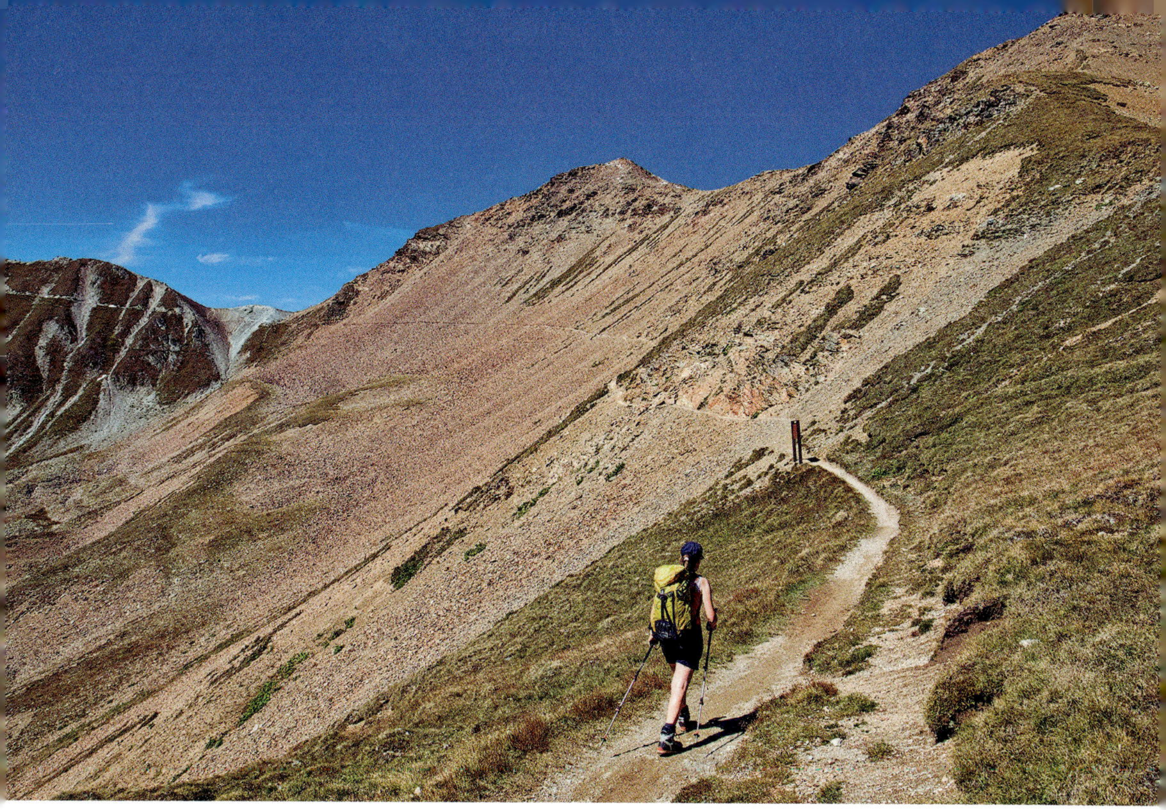

Im oberen Bereich des Goldseewegs

bar sonnigen Hänge. Immer wieder begeistert dabei die grandiose Aussicht hinüber zum Ortler, der uns von hier die Seite seiner Erstbesteigung präsentiert, die einst von Trafoi aus gelungen ist. Auch heute noch führt von der Berglhütte mit dem Meraner Weg eine der beiden Normalrouten über diese Seite zum Gipfel. Aber auch die rechts neben dem Ortler liegenden zerrissenen Gletscher lassen uns staunen. Beherrschender Gipfel im Talschluss ist die Thurwieserspitze mit der Trafoier Eiswand. Nur das weiter rechts anschließende Sommerskigebiet vom Stilfser Joch trübt den Blick ein wenig.

Dunkle Vergangenheit Nach einer Geländekante gelangen wir in Blockgelände, durch das wir hindurchwandern. Die Abzweigung nach Trafoi und zur Franzenshöhe lassen wir unberücksichtigt und wandern hinüber zu den **Schneerechen**, die als überdimensionierte »Zäune« die Ansammlung von Lawinen verhindern sollen. Eine Schautafel informiert über diesen künstlichen Eingriff in die Natur. Kurz danach gehen wir auf dem Weg ein großes Kar aus und kommen wieder zu einer **Infotafel**. Hier

Abstecher zur Rötlspitze

Wenn wir vom Goldsee in Richtung Stilfser Joch queren, wandern wir unterhalb der Rötlspitze entlang. Im folgenden Sattel zweigt nach rechts der Steig zum Gipfel ab. Dieser führt durch grobes Blockwerk in einen Sattel, von wo sich der Weg in zahlreichen Kehren zur Kammhöhe und weiter zum Gipfel der Rötlspitze (3026 m) hinaufwindet, einem einfach zu erreichenden Dreitausender mit großartiger Aussicht auf Ortler, Königsspitze und Zebrù. Der Rückweg erfolgt auf dem Hinweg (insg. 1 Std., 200 Hm).

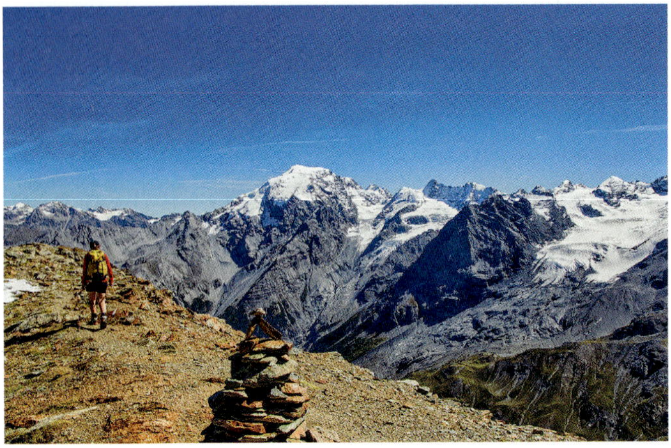

Gipfelaussicht von der Rötlspitze

bietet sich eine Schau-Rast an, denn neben dem großartigen Ortlerblick präsentiert sich eindrucksvoll auch die Weißkugel im Norden über dem Matscher Tal.

Nach der Rast wandern wir weiter, kommen zu einer Geländekante und queren hinüber zu einem **Sattel**, an dem noch einige alte Stellungen vom Schrecken des Ersten Weltkriegs zeugen. Wie eine Tafel informiert, wurden diese bereits vor dem Krieg angelegt, um die Alpini auf der gegenüberliegenden Seite am Ortlerpass und an der Thurwieserspitze zu beobachten. Nur noch Überreste zeugen von dieser furchtbaren Zeit hier oben.

Vorbei am Goldsee Auf der anderen Seite des Sattels sehen wir nun den **Goldsee**, der allerdings im Sommer und im Herbst meist sehr klein ist, da er über keinerlei Zufluss verfügt und in der warmen Jahreszeit daher nahezu austrocknet. Wir wandern in einem weiten Bogen um den See herum. Alsdann führt der Weg sehr gut angelegt durch Blockwerk unterhalb der Rötlspitze zu einer kleinen **Einsattelung**. Unterhalb einer weiteren kleinen Erhebung zieht der Weg nun hinüber zur Dreisprachenspitze und weiter zum **Stilfser Joch**, an dem es sehr touristisch zugeht. Vom Stilfser Joch fahren wir mit dem Bus (Achtung auf den im Herbst eingeschränkten Fahrplan!) über die kurvenreiche Stilfser-Joch-Straße zurück nach **Trafoi**.

Wichtiges zur Tour

Tourencharakter
Gute, ordentlich markierte Bergwege, allerdings in recht großer Höhe und sehr sonnig. Etwas Trittsicherheit erforderlich

Ausgangspunkt
Bergstation des Sessellifts an der Furkelhütte (2153 m)
GPS: 46.569966, 10.504604

Endpunkt
Stilfser Joch (2758 m)

Anfahrt
ÖPNV: Mit dem Zug nach Landeck und weiter mit dem Bus über den Reschenpass nach Mals, dort umsteigen in den Bus nach Trafoi. Alternativ mit dem Zug über Meran nach Spondinig und mit dem Bus nach Trafoi. Rückfahrt vom Stilfser Joch mit dem Bus nach Trafoi (Achtung, eingeschränkter Fahrplan im Herbst!)
Auto: Von Norden über Landeck zum Reschenpass, weiter nach Mals bis Spondinig, dort Abzweig nach Prad und über Gomagoi nach Trafoi

Einkehr
Furkelhütte (Tel. +39/0473/61 1577), mehrere Einkehrmöglichkeiten am Stilfser Joch

Informationen
Ferienregion Ortlergebiet,
Tel. +39/0473/61 30 15,
www.ortlergebiet.it

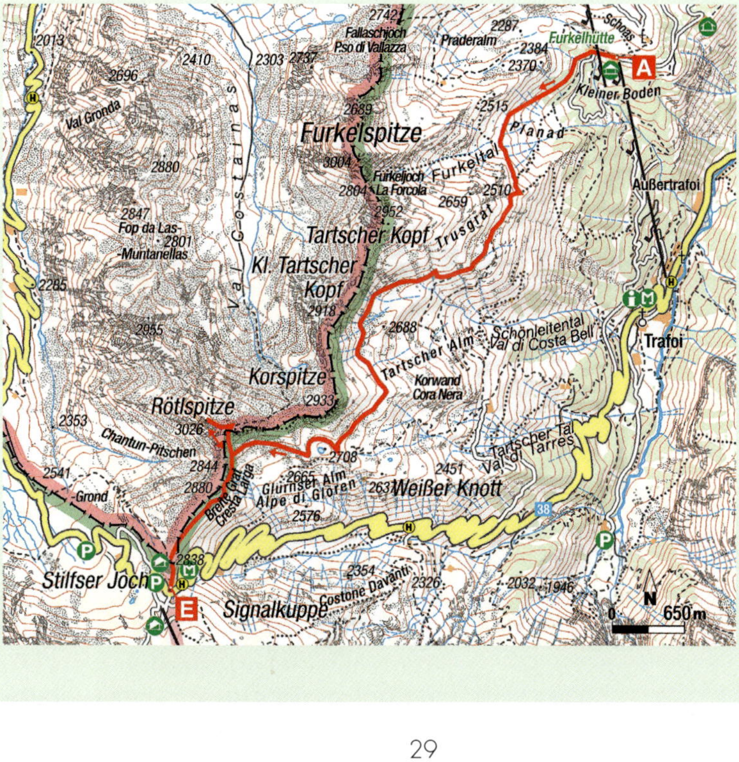

4 Schlandrauner Höhenweg

Sonnig bergauf nach St. Martin im Kofel

mittel

5 Std.

1125 Hm Aufstieg,
125 Hm Abstieg

11,7 km

ja

St. Martin im Kofel thront hoch oben am Vinschger Sonnenberg. Der Ort ist mit einer Luftseilbahn erschlossen – das bietet sich für uns als bequeme Abstiegsmöglichkeit vom Sonnenberg an, nachdem wir uns zuvor den großartigen Schlandrauner Höhenweg gegönnt haben.

Nach Schlandersberg Häufig sind wir den Schlandrauner Höhenweg von St. Martin im Kofel schon abwärts gewandert. Allerdings ist es deutlich knieschonender, bergab die Seilbahn zu nehmen, weshalb wir hier die Wanderung einmal andersherum empfehlen, nämlich im Aufstieg von **Schlanders**. Vom Bahnhof folgen wir der Straße in Richtung Ort, überqueren die Hauptstraße und gehen hinauf zur Sonnenpromenade. Auf dieser wandern wir nördlich des Ortes nach Westen. Wir treffen auf einen weiteren Weg, der vom Zentrum heraufkommt. Gemeinsam mit diesem wenden wir uns nach links einer Straße zu, der wir kurz nach links folgen. Wenig später biegen wir an einem Fischweiher nach rechts ab und wandern auf dem Steig in vielen Kehren bergauf bis zum **Fisolgut**, das neben Schloss Schlandersberg liegt und in dem wir uns gern eine erste Einkehr gönnen. Hier oben befindet sich zudem eine Bäckerei; das Schloss ist allerdings in Privatbesitz und kann nicht besichtigt werden.

Aussichtsreich und schmal: der Höhenweg

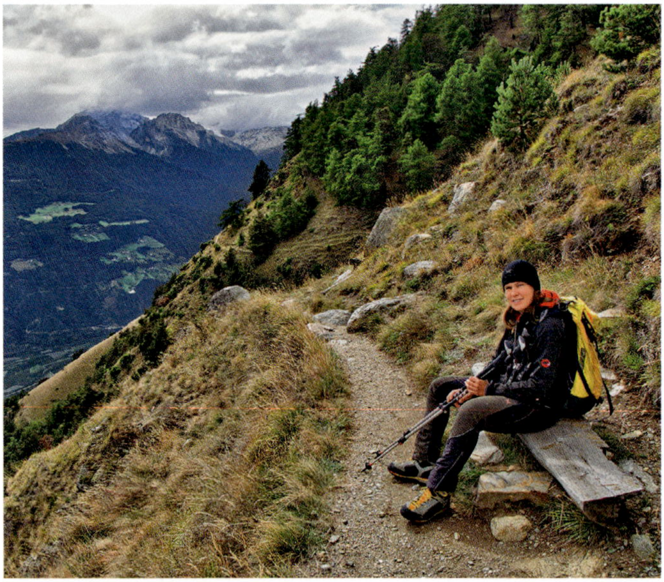

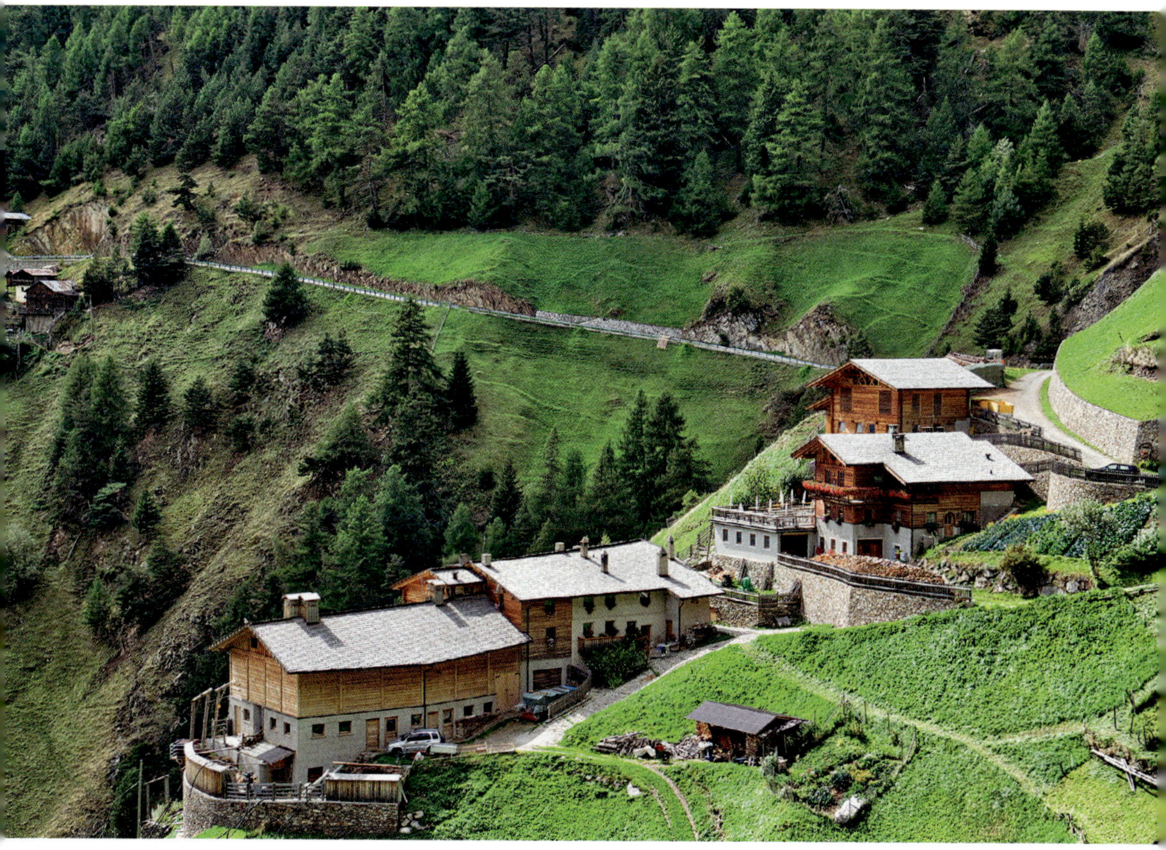

Blick zum Egghof, einer Einkehrmöglichkeit

Panoramaweg über Patsch … Wir nehmen nun den rechts abzweigenden breiten Weg, der bald eine Kehre nach rechts macht. Wenig später biegt nach links der Steig Nr. 7 ab; auf diesem steigen wir steil bergauf zu einer Teerstraße, auf der wir kurz nach links gehen. In der Rechtskurve treffen wir auf den **Vinschger Höhenweg**, der von Tappein herüberkommt. Auf diesem breiten Panoramaweg wandern wir nach rechts weiter und erreichen bald eine Wegteilung. Hier mündet von rechts ein weiterer Wanderweg von Schlanders ein. Wir halten uns aber geradeaus und gelangen zu den Häusern von **Patsch** (1428 m). Dabei genießen wir eine wunderbare Aussicht auf die andere Talseite. Gut können wir zu den Laaser Bergen hinüberschauen, wo vor allem Wald den unteren Bereich der Berge beherrscht. Auch der Blick hinunter nach Schlanders ist besonders beeindruckend. Jetzt wird uns auch bewusst, wie viele

St. Martin im Kofel

Die Höhensiedlung kam durch die hiesige Seilbahn sowie natürlich durch die Wallfahrtskirche Zum Heiligen Martin zu einer gewissen Berühmtheit. Die Wallfahrtskirche wurde 1510 erstmals erwähnt; der Heilige Martin, der Patron der Herden, wird als Heiligenstatue im vorderen Bereich der Kirche in einer Felsgrotte verehrt. Zahlreiche Motivtafeln zeugen von seiner wundertätigen Hilfe in Not.

Höhenmeter wir schon absolviert haben.

... zum Egghof Wir folgen nun dem breiten Weg noch ein Stück, bis unser Höhenweg nach rechts abzweigt. Jetzt spazieren wir auf einem Steig zu einem tiefen Graben, den wir durchwandern und wenig später **Zuckbichl** und kurz darauf **Laggar** erreichen. Von beiden Siedlungen, die erstmals im 12./13. Jahrhundert erwähnt wurden, sind nur noch Reste vorhanden. Vermutlich dienten sie als Knappensiedlungen zum Erzabbau; in der ersten Hälfte des 20. Jahrhunderts wurden sie offengelassen und verfielen nach und nach.
Nun erwartet uns ein etwas schmäleres Wegstück, das die steilen Hänge des Vinschger Sonnenbergs quert. Hier ist Trittsicherheit erforderlich. Wir erreichen **Forra**, einen Hof am Berghang, und kommen wenig später zum **Hofschank Egg**. Hier haben wir uns eine Einkehr verdient – die schöne Sonnenterrasse des Hofs lädt zu einer Pause ein.

Nach St. Martin im Kofel Nach der Rast wandern wir auf dem breiten Fahrweg weiter und in einem großen Bogen hinüber nach **St. Martin im Kofel**. Direkt neben der Bergstation befindet sich ein Gasthaus, in dem wir ebenfalls einkehren können. Auch besichtigen wir die Kirche und genießen von hier die fantastische Aussicht: Wunderschön ist der Blick auf das unter uns liegende Tal und die südlich davon aufragenden Ortlerberge. Vor allem die Berge rund um das Martelltal sehen wir besonders gut: Hasenöhrl, Zufrittspitze und Laaser Spitze heißen die beeindruckenden Gipfel auf der gegenüberliegenden Talseite.
Haben wir uns am Panorama sattgesehen, schweben wir mit der Bahn hinab nach **Latsch** und fahren von dort mit dem Zug zurück nach **Schlanders**.

Wichtiges zur Tour

Tourencharakter
Teilweise schmale Wanderwege, etwas Trittsicherheit notwendig, teilweise Fahrstraßen. Sehr langer Aufstieg, daher gute Kondition erforderlich. Durch die wenigen Abstiegshöhenmeter sehr knieschonend

Ausgangspunkt
Bahnhof in Schlanders (711 m)
GPS: 46.628713, 10.774976

Endpunkt
St. Martin im Kofel (1776 m)

Anfahrt
ÖPNV: Mit dem Zug nach Meran und weiter nach Schlanders. Rückfahrt von Latsch mit dem Zug nach Schlanders
Auto: Von Norden über Landeck zum Reschenpass und über Mals nach Schlanders

Einkehr
Fisolgut (Tel. +39/0473/62 11 76, www.fisolgut.com), Hofschank Egg (Tel. +39/0473/62 36 28), Gasthaus Bergstation St. Martin (Tel. +39/0334/758 77 79)

Informationen
Feriengebiet Schlanders und Laas, Tel. +39/0473/730 155, www.schlanders-laas.it

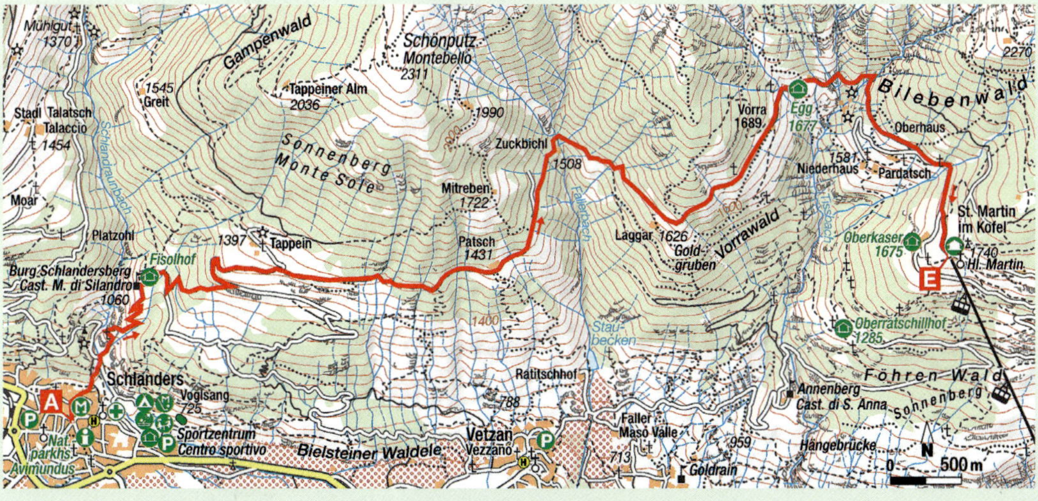

5 Rund um Morter

Kunst und Kultur samt üppiger Natur

- leicht
- 2.15 Std.
- 250 Hm
- 5 km
- nein

Über einen nahezu unbekannten Waalweg wandern wir zur Burg Obermontani, die wie ein Wächter am Eingang des Martelltals auf einem kleinen Hügel thront. Nicht nur die Aussicht von dort ist schön, die Burgkapelle erfreut auch alle Kunstsinnigen.

Versteckter Rautwaalweg Wir starten in der Ortsmitte von **Morter** und folgen der Nibelungenstraße kurz nach Süden. Wir passieren die Abzweigung des Mühlwegs, dann beginnt vor dem nächsten Haus nach rechts ein kleiner Wanderweg, der im ersten Moment gar nicht auffällt, da er etwas zurückgesetzt am Ende einer geteerten Hoffläche liegt. Schnell gewinnen wir an Höhe, im Zickzack führt unser schmaler Weg an einer **ersten Aussichtskanzel** vorbei. Vor unseren Augen breitet sich ein Meer aus Apfelbäumen aus – in Reih und Glied stehen die Spalierbäumchen da und würden fast schon eintönig wirken, wenn nicht ab und zu gewaltige Wasserstrahlen der künstlichen Bewässerungssysteme für bunte Regenbogen sorgen würden. Gegenüber, auf der anderen Seite der Straße, die ins Martelltal führt, sehen wir unser heutiges Ziel, die Burg Obermontani, auf einem vorgelagerten Hügel.

Am Rautwaalweg

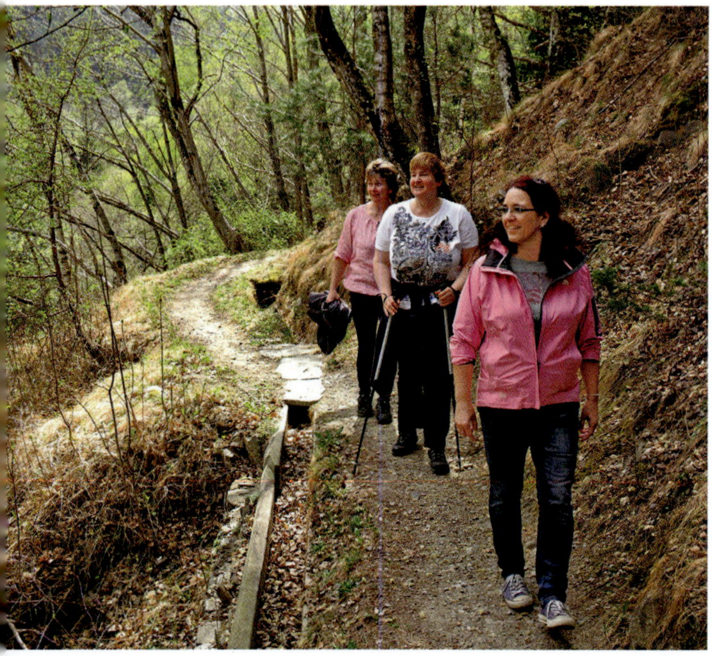

Unser Wanderweg führt uns nun in den Wald hinein, und

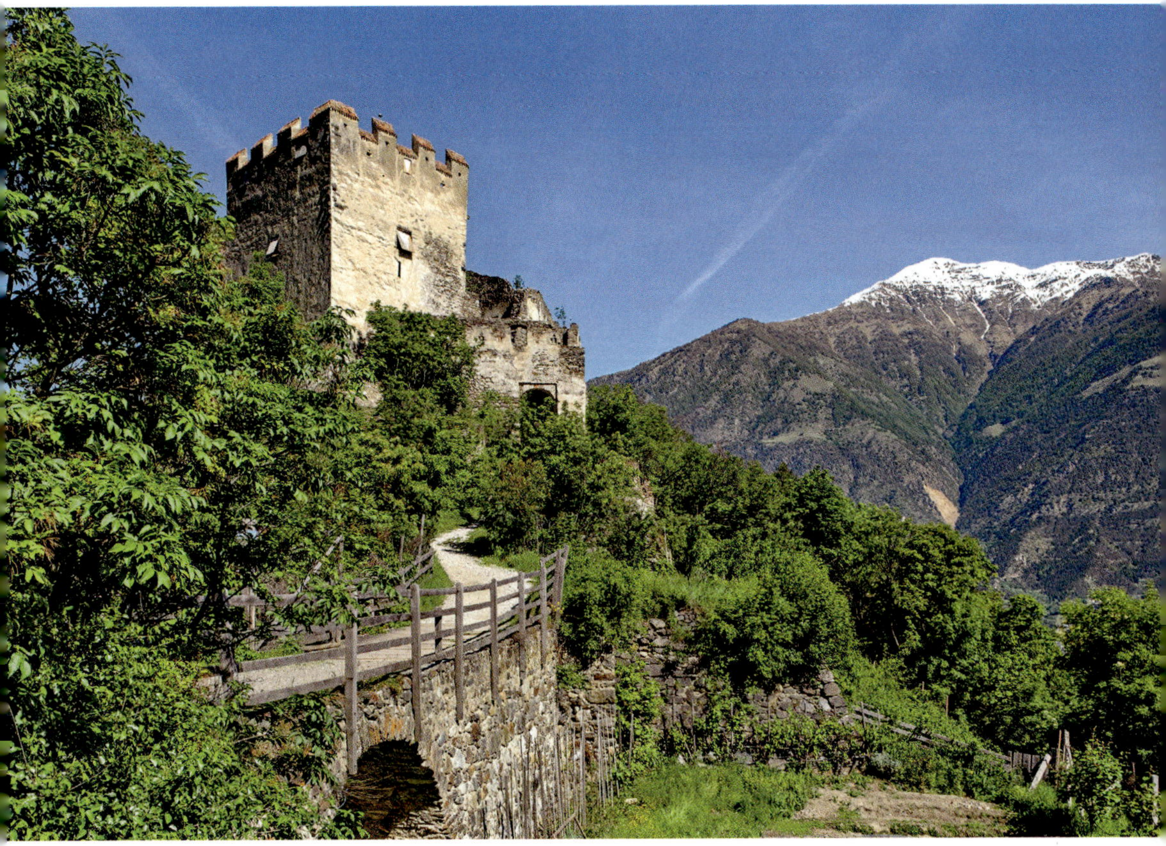

Die Burg Obermontani bei Morter thront über dem Eingang zum Martelltal.

nach ein paar weiteren Höhenmetern stoßen wir auf den **Rautwaal**. Diesem folgen wir durch den lichten Bergwald nach links. Sanft sprudelt und gurgelt das Wasser neben unserem Weg, und ganz gemächlich geht es ins **Martelltal** hinein. Dann endet unser Waal, und wir steigen auf einem Pfad steil abwärts ins Tal.

Über die Plima nach Montani Unten queren wir die **Plima**, den Gebirgsbach, der aus dem Martelltal herausfließt. Gerade zur Schneeschmelze braust hier das Wasser gewaltig. Auf der anderen Seite halten wir uns rechts und queren gleich darauf die Martelltalstraße. Nun weisen uns die Schilder in Richtung Burg Obermontani. Bei der **Kapelle der Heiligen Barbara** schwenkt der Weg wieder in nördliche Richtung und steigt nochmals an. Wir folgen nun dem **Neuwaal**, der parallel zum Rautwaal auf der gegenüberliegenden Talseite verläuft. Leider ist vom glücklich plätschernden Wasserlauf nichts mehr zu sehen, das Waalwasser hat man in Rohre verbannt. Nur der daneben verlaufende Steig, den die Waaler früher benutzten, ist noch erhalten.

Bald taucht die Abzweigung zur **Burg Obermontani** auf. Dieser folgen wir, verlassen den Wald und erreichen an einer Straße schließlich die Burg, die einsam und erhaben über dem Tal steht. Links von ihr, etwas tiefer gelegen, steht die dazugehörige **Kapelle St. Stephan**, deren Inneres überaus prächtig mit Fresken ausgeschmückt ist. Sie ist ein echtes Kleinod und ein bedeutender Kunstschatz.

Burgen und Kirchen

Die Burgen Ober- und Untermontani stammen aus dem Mittelalter. Obermontani war noch vor 100 Jahren bewohnt, ist aber inzwischen so verfallen, dass ein Betreten nicht mehr möglich ist. In der Burgbibliothek befand sich, neben anderen kostbaren Handschriften, ein Original des Nibelungenlieds – es wird heute in der Berliner Staatsbibliothek verwahrt. Kunstfreunde finden in Morter eine weitere schöne Kirche: St. Vigilus am nördlichen Ortsrand zeigt gleich drei kleeblattförmige Apsiden und einen ungewöhnlich abgeschrägten kleinen Turm. Die Kirche ist wohl schon weit über 1000 Jahre alt und ein ehrwürdiger Besinnungsort.

Abstieg durch die Apfelhaine

Hinter der Kapelle machen wir uns dann an den Abstieg. Etwas aufpassen müssen wir, denn die Hänge von Obermontani sind gleichzeitig ein beliebtes Mountainbiker-Revier. Wir steuern nun auf den nächsten Burgturm zu, der zur **Burg Untermontani** gehört, von der jedoch nur noch ein kläglicher Rest zu sehen ist. Wer eine Brotzeit mitgebracht hat, findet dort bestimmt ein lauschiges Picknickplätzchen. Die wunderschöne Aussicht gibt es gratis dazu. Vom Turm ist es dann nicht mehr weit nach Morter, und wir treffen unweit der Plima auf die Apfelplantagen im Tal. Nach rechts können wir einen Abstecher zum Bierkeller Latsch machen (zusätzlich 2 km). Ansonsten geht es links über die **Plima**, und wir genießen den Spaziergang durch die Apfelhaine. Kurz darauf queren wir die Martelltalstraße und wandern schließlich zurück in die Ortsmitte von **Morter**.

Wichtiges zur Tour

Tourencharakter
Gemütliche Streckenwanderung mit meist leichtem Gefälle entlang des Waals. Der Weg ist stellenweise etwas schmal, es gibt auch kleinere Wurzeln und Unebenheiten.

Ausgangs-/Endpunkt
Morter, Pfarrkirche Zum Hl. Dionysius (729 m)
GPS: 46.604860, 10.822492

Anfahrt
ÖPNV: Mit der Vinschgaubahn zur Haltestelle Goldrain, von dort weiter mit dem Bus nach Morter (oder zu Fuß in zusätzlich 30 min.)
Auto: Morter liegt westlich von Latsch am Eingang des Martelltals im Vinschgau. Im kleinen Weiler gibt es ein paar Parkplätze.

Einkehr
Unterwegs keine, besser bringen wir uns eine eigene Brotzeit mit. Mit einem Abstecher kann man den Bierkeller Latsch in Untermontani erreichen (www.bierkeller-latsch.com, Mo/Di Ruhetage).

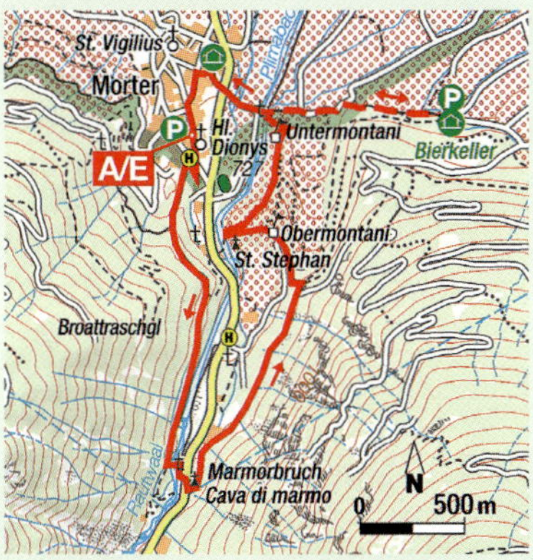

Informationen
www.vinschgau.net

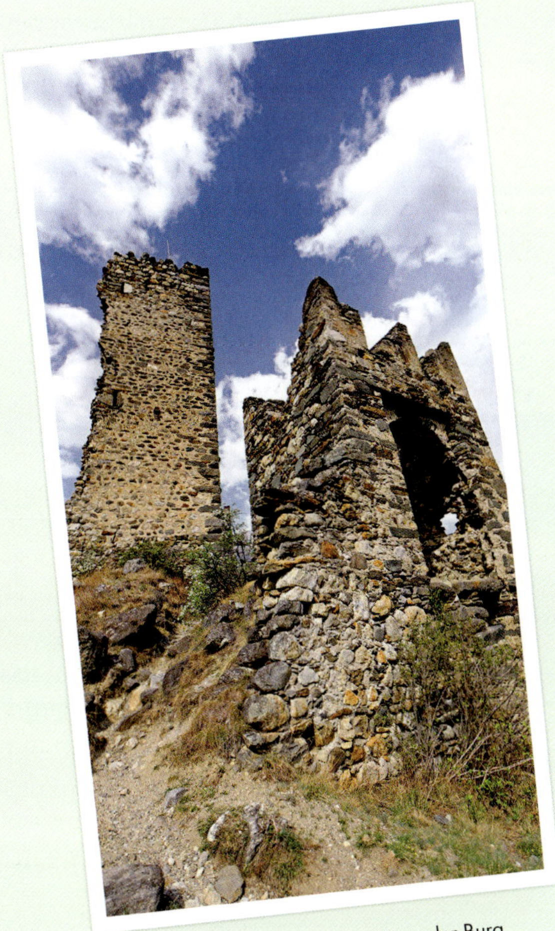

Etwas tiefer gelegen stehen die Reste der Burg Untermontani.

6 Am Plima-Schluchtenweg

Über wilden Wassern im hinteren Martelltal

- leicht
- 2 Std.
- 220 Hm
- 4,1 km
- nein

Das Martelltal gehört zu den schönsten Wanderregionen im westlichen Südtirol. Durch die Einrichtung des Plima-Schluchtenwegs erhielt die Gegend eine zusätzliche Attraktion, die auch unsere Wanderung zur Zufallhütte zu einem besonderen Erlebnis macht.

Blick auf den Plima-Wasserfall

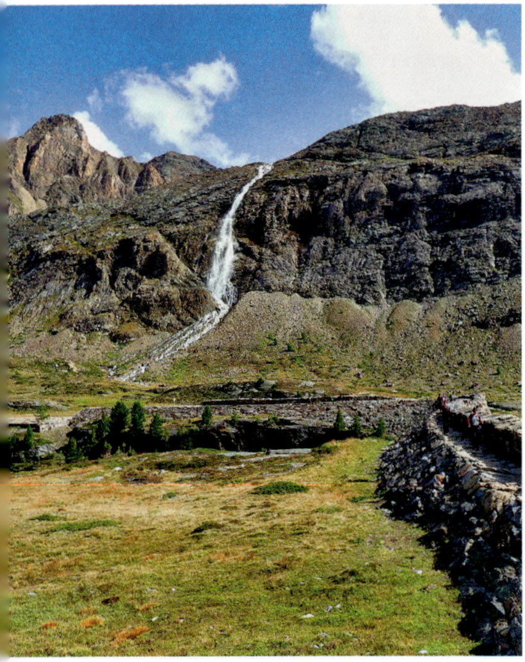

Aussichtsplattformen und Hängebrücke Von der **Enzianhütte** gehen wir auf der Fahrstraße über den Plimabach und bis kurz vor das ehemalige **Hotel Paradiso**. Hier biegen wir auf den Weg Nr. 12–37 nach rechts ab und gelangen bald zum ersten Erlebnispunkt des **Schluchtenwegs**: Der Erlebnispunkt **»Kelle in der Klamm«** ragt weit in die Schlucht hinein und bietet einen grandiosen Tiefblick zum rauschenden Bach. Von hier wandern wir wieder ein Stück zurück und biegen dann nach rechts ab. Der Weg führt hinauf zum zweiten Erlebnispunkt **»Panoramasichel«**. Hier umfließt der Bach einen Geländevorsprung, auf dem sich der Aussichtspunkt befindet. Wir genießen einen wunderbaren Blick zum Hotel Paradiso und zur Zufallhütte. Nun gehen wir weiter zur **»Aussichtskanzel«**, die ebenfalls weit in die Schlucht hineinragt und einen fantastischen Tiefblick gewährt. Von dort geht es weiter hinauf zur eindrucksvollen **Hängebrücke**, von der wir tief in die beeindruckende Schlucht blicken.

Einkehr und Abstieg Wir laufen über die eindrucksvolle Brücke und wandern hinauf zur nahen **Zufallhütte** (2265 m). Hier oben lassen wir uns gemütlich auf der Sonnenterrasse

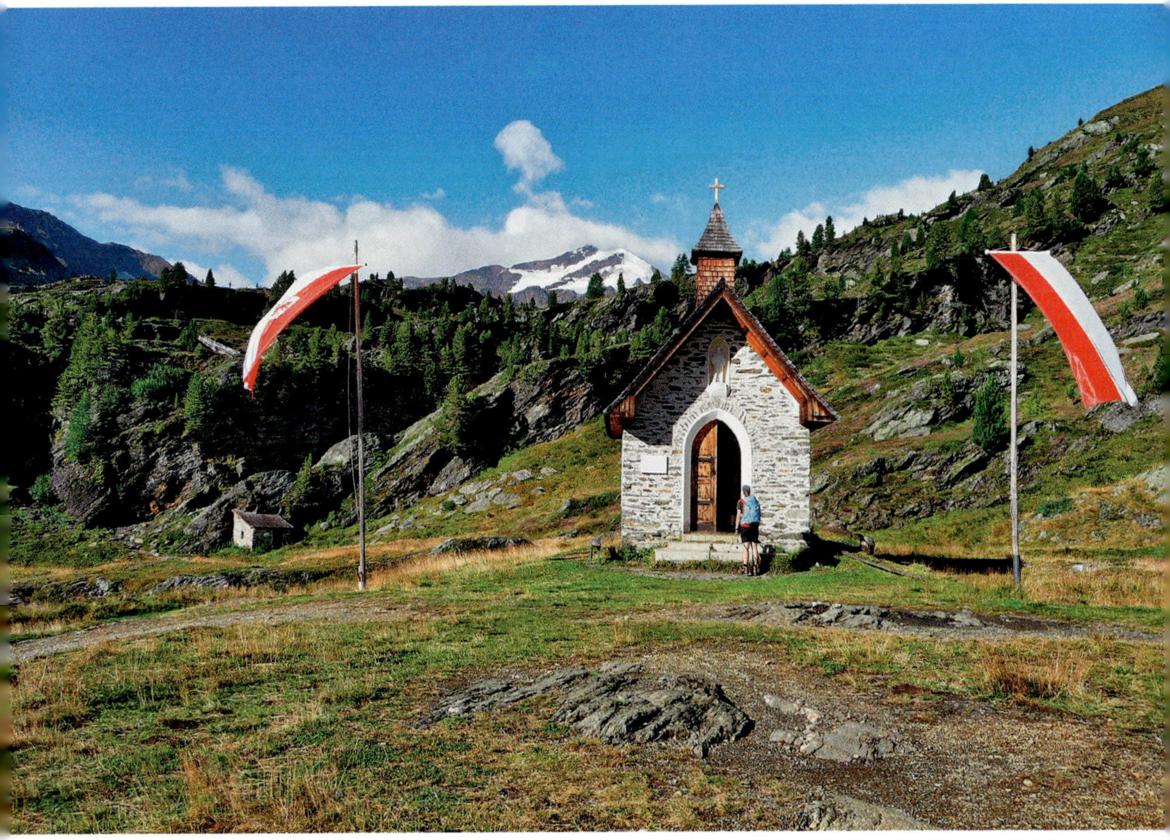

Die Kapelle an der Zufallhütte

nieder und genießen die leckere Südtiroler Küche. Von der Hütte gehen wir auf dem Weg Nr. 36–103 unterhalb der Hütte weiter und wandern über freies Gelände zum Wald. Durch diesen spazieren wir gemütlich zurück zum Parkplatz an der **Enzianhütte**.

Marteller Gletscherlehrpfad Wer die Tour ausdehnen möchte, kann noch den Marteller Gletscherpfad begehen. Hierfür gehen wir nicht über die Hängebrücke zur Zufallhütte, sondern wandern stattdessen ein Stück zurück und folgen dem Panoramaweg Nr. 40 hinauf zur Staumauer des Plimabachs. Hier gehen wir nach links in Richtung Marteller Hütte. Der Weg läuft nun hinüber zum Bach direkt unter dem eindrucksvollen Wasserfall. Nach der Brücke folgen wir ein wenig dem Bachlauf nach rechts, bis der Weg nach links abknickt. Deutlich steiler windet sich der Steig nun in zahlreichen Kehren hoch zur aussichtsreich gelegenen Marteller Hütte (2610 m). Beim Aufstieg bleiben wir dabei immer wieder stehen, um die aufschlussreichen Hinweistafeln des Gletscherlehrpfads zu studieren.

Der Lehrpfad (Weg Nr. 37) führt noch weiter, sodass wir in einer schönen Rundtour zur Zufallhütte absteigen können. Von der Marteller Hütte gewinnen wir kurz ein wenig an Höhe, um dann auf einem flachen Weg nach links in ein Tälchen zu wandern. Anschließend fällt der Weg zum Bach ab, der vom Hohenferner herabfließt. Die Route führt nun hinüber zur großen Moräne. Auf dieser biegen wir nach links ab und wandern weiter zu einem schönen Aussichtspunkt. Der Weg schlängelt sich steil in zahlreichen Kehren rechts vom Wasserfall hinab und hinüber zur Staumauer. Auf dem Weg Nr. 103–150 gehen wir hinunter zur nahen Zufallhütte.

Lyfialm

Eine zweite schöne und einfache Wanderung vom Talschluss des Martelltals führt zur Lyfialm. Hierbei geht es nicht in Richtung Zufallhütte, sondern kurz auf der Straße zurück und dann auf dem leicht ansteigenden Forstweg in 45 Min. zur gemütlichen Alm. Der Weg kann auch mit Kinderwagen zurückgelegt werden.

Unten: Blick auf den schönen Talschluss mit der Zufallhütte

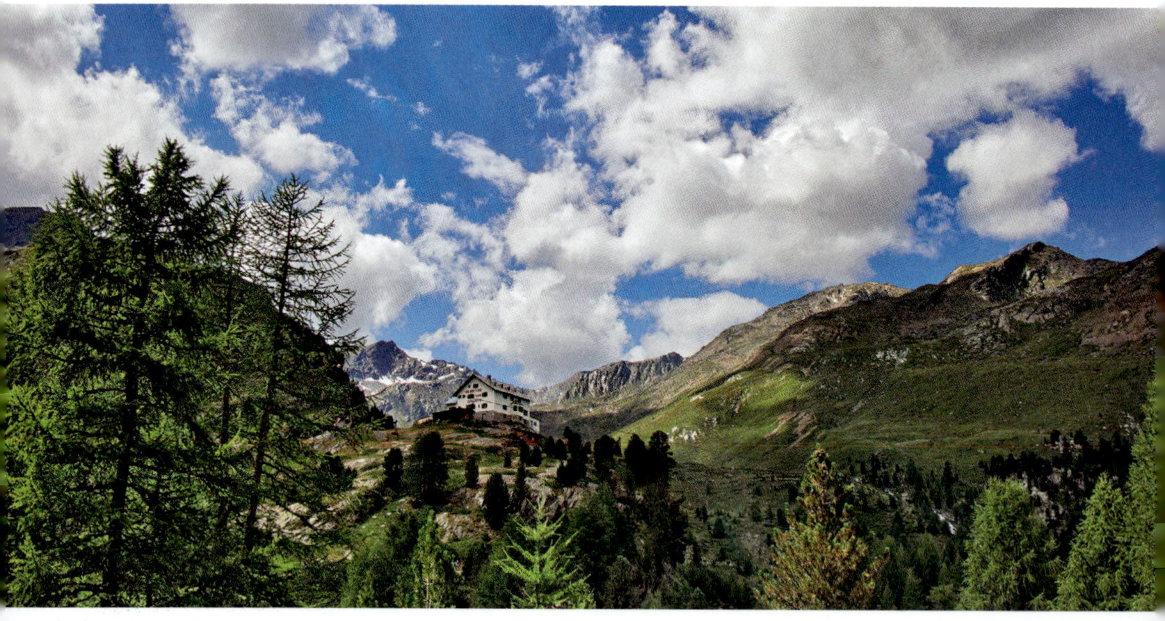

Wichtiges zur Tour

Tourencharakter
Gut bezeichnete Wanderwege, die kurzzeitig etwas steiler sind. Insgesamt relativ kurze, aber sehr schöne Runde

Ausgangs-/Endpunkt
Parkplatz am Ende des Martelltals bei der Enzianhütte (2051 m)
GPS: 46.488366, 10.687289

Anfahrt
ÖPNV: Mit der Vinschgaubahn bis Goldrain und weiter mit dem Bus ins Martelltal.
Auto: Von Mals durch den Vinschgau bis Goldrain, dort rechts ab ins Martelltal und bis zum Parkplatz am Straßenende

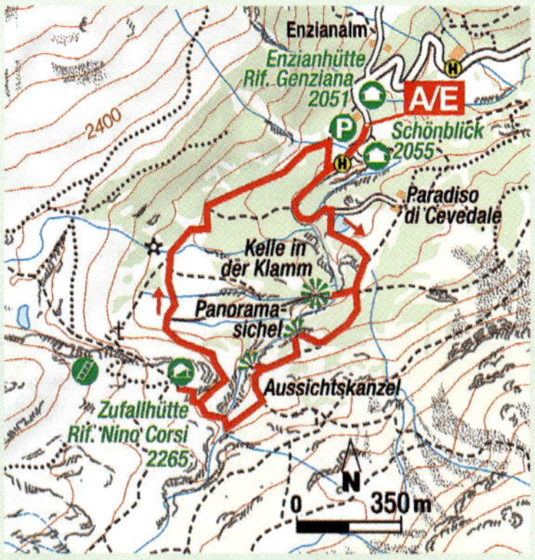

Einkehr
Zufallhütte (Tel. +39/0473/744785, www.zufallhuette.com)

Informationen
Tourist-Information Latsch-Martelltal,
Tel. +39/0473/523109, www.latsch.it

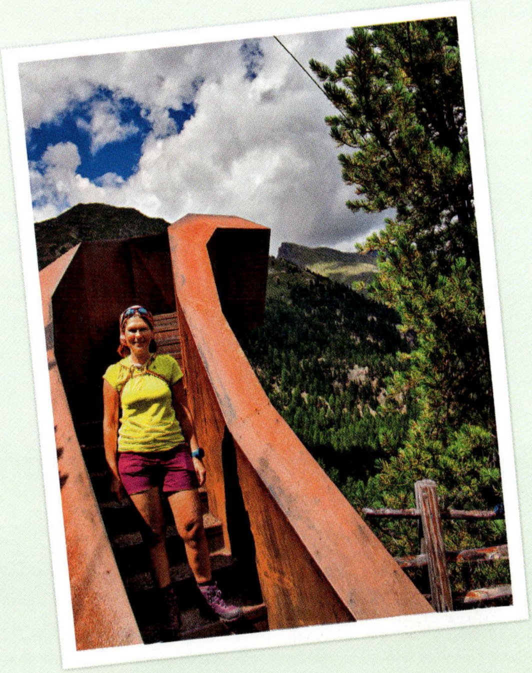

Die »Panoramasichel«

7 Zum Langsee im hinteren Ultental

Vom Stau- zum Natursee

- mittel
- 4 Std.
- 620 Hm
- 10,2 km
- nein

Das Ultental bietet viele Wandermöglichkeiten, vom leichten Höfeweg über gemütliche Almwanderungen bis zu hochalpinen Zielen. Die Wanderung zum Langsee führt durch eine tolle Landschaft, zeigt ein großartiges Panorama und lädt zu einer gemütlichen Einkehr.

Über die Weißbrunnalm zum Langsee Vom großen Parkplatz am **Weißbrunnsee** folgen wir dem Weg in Richtung Gleckspitze und kommen bald zu einer ersten Verzweigung. Der rechte Weg führt hinauf zur Höchsterhütte am Grünsee. Wir wählen aber den linken Weg mit der Markierung Nr. 103 und wandern durch den Wald bergauf zu einer weiteren Wegkreuzung. Der links abzweigende Weg führt zum nahen Fischersee und direkt zur Fiechtalm. Da wir aber zuerst den Langsee besuchen möchten, gehen wir auf dem geradeaus führenden Weg über das Wiesenpla-

Pause im Schatten

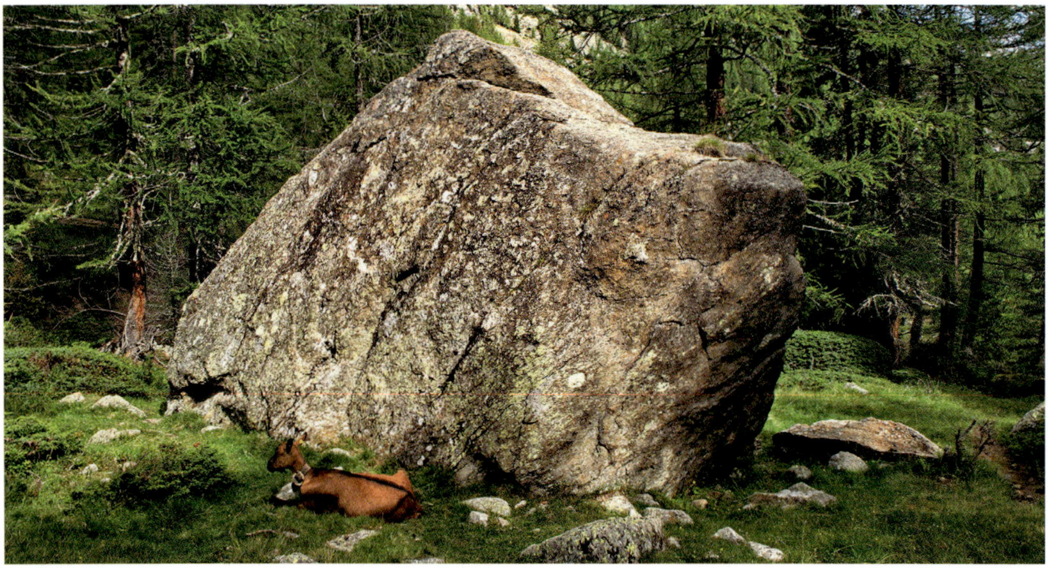

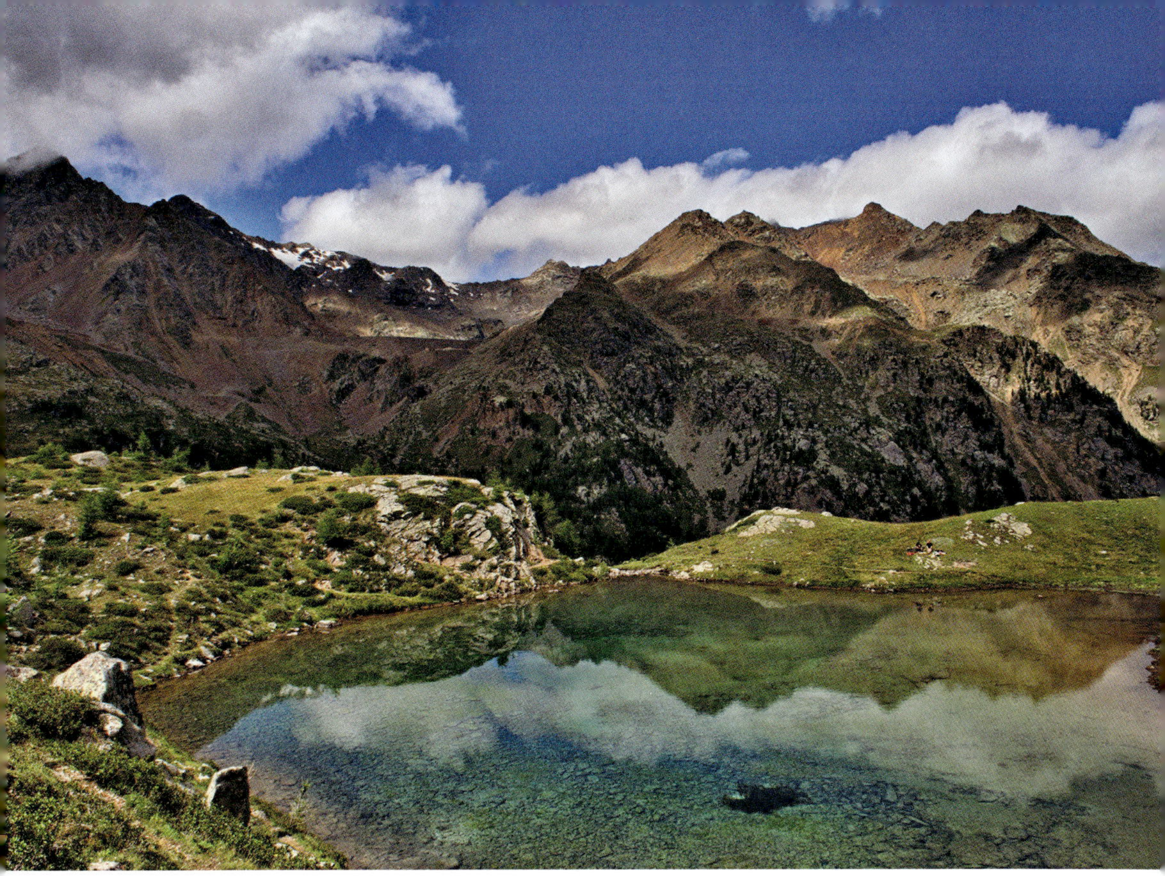

Tolle Landschaft am Weg zum Langsee

teau. Eine Steilstufe bringt uns hinauf zur **Oberen Weißbrunnalm**, die unbewirtschaftet ist. Neben der Alm befindet sich ein kleiner idyllischer See.
Hier oben weitet sich das Gelände. Wir erblicken das Gipfelkreuz auf der Gleckspitze und schauen hinauf zur Hinteren Eggenspitze mit ihrem Restgletscher. Unser weiterer Wanderweg ist gut erkennbar. Nur noch sanft ansteigend führt der Weg Nr. 107 in südwestliche Richtung, bis wir links vom Weg den **Langsee** (2340 m) erblicken. Weglos steigen wir hinunter zum See und setzen uns an sein Ufer, wo wir gemütlich rasten und die Seele baumeln lassen können.

Zur Fiechtalm Nach der Pause am See machen wir uns auf den Rückweg, der mit einem schönen Panorama und einer gemütlichen Einkehrmöglichkeit aufwartet. Wir folgen dem Hinweg bis zur **Oberen Weißbrunnalm** und nehmen dort den nach rechts abzweigenden Weg Nr. 104, der uns ziemlich steil aufwärtsführt. Unterhalb des Schmelzbichls gelangen wir zu einer **Bank**, die aussichtsreich über dem Ultental liegt.

Anschließend folgen wir dem Weg abwärts in ein Kar und gelangen durch dieses zu einer Wegteilung. Hier ignorieren wir den Abzweig zum Nagelstein und biegen auf den Weg Nr. 101 ab (Wegweiser »Fiechtalm«). Steil wandern wir hinunter in Richtung Almhütte und ignorieren dabei kurz davor einen links abzweigenden Weg. In wenigen Minuten haben wir die schön gelegene **Fiechtalm** (2034 m) erreicht. Hier genießen wir leckere Südtiroler Spezialitäten und blicken von der Terrasse hinüber auf die andere Talseite zum mächtigen Hasenöhrl.

Unten: Blick auf die Fiechtalm

Zur Höchsterhütte

Eine weitere schöne Wanderung führt zur Höchsterhütte (2560 m) am Grünsee: Vom Parkplatz folgen wir kurz dem beschriebenen Weg zur ersten Wegteilung, nehmen dort aber den rechten Weg und steigen in 1.30 Std. hinauf zum Grünsee. An seinem Ufer liegt die Höchsterhütte, in der wir uns kulinarisch verwöhnen lassen. Die Umgebung mit der Hinteren Eggenspitze, der Zufrittspitze und dem Stausee ist großartig (insg. 3.30 Std., 675 Hm).

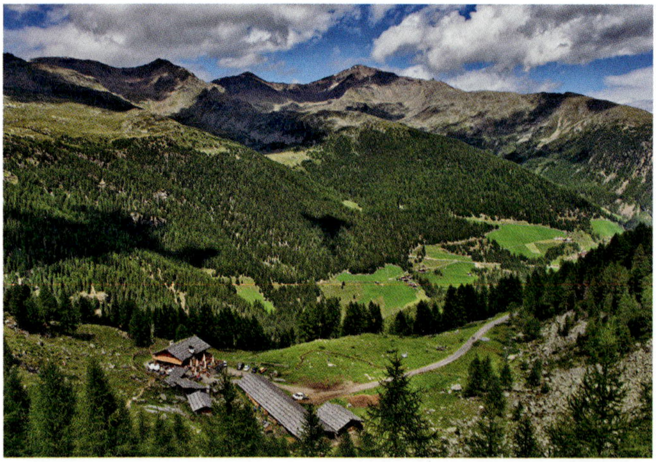

Abschluss der Wanderung

Den Abschluss dieser Wanderung bildet der steile Abstieg durch den Wald, der direkt von der Hütte zum Uferweg am **Weißbrunnsee** führt. Auf dem breiten Schotterweg wandern wir anschließend zurück zum Parkplatz am Stausee, wo uns weitere Einkehrmöglichkeiten erwarten.

Knieschonende Variante

Wem der direkte Abstieg zu steil ist, dem empfehlen wir den Umweg über den Fischersee (2068 m): Von der Fiechtalm gehen wir wieder ein Stück bergauf und folgen dann dem Weg Nr. 107 zum Fischersee. Von hier ist es nicht mehr weit zum Anstiegsweg, auf dem wir gemütlich zurück zum Parkplatz wandern.

Wichtiges zur Tour

Tourencharakter
Gute Wanderwege. Abstieg zur Fiechtalm teilweise etwas steil

Ausgangs-/Endpunkt
Parkplatz am Weißbrunnsee (1871 m) im hinteren Ultental
GPS: 46.484134, 10.826889

Anfahrt
ÖPNV: Mit dem Bus von Meran ins Ultental bis zum Weißbrunnsee
Auto: Von Meran nach Lana und weiter ins Ultental bis zum Parkplatz

Einkehr
Fiechtalm (Tel. +39/0348/3101250, www.fiechter-alm.it)

Informationen
Tourismusgenossenschaft Ultental/Proveis, Tel. +39/0473/795387, www.ultental.it

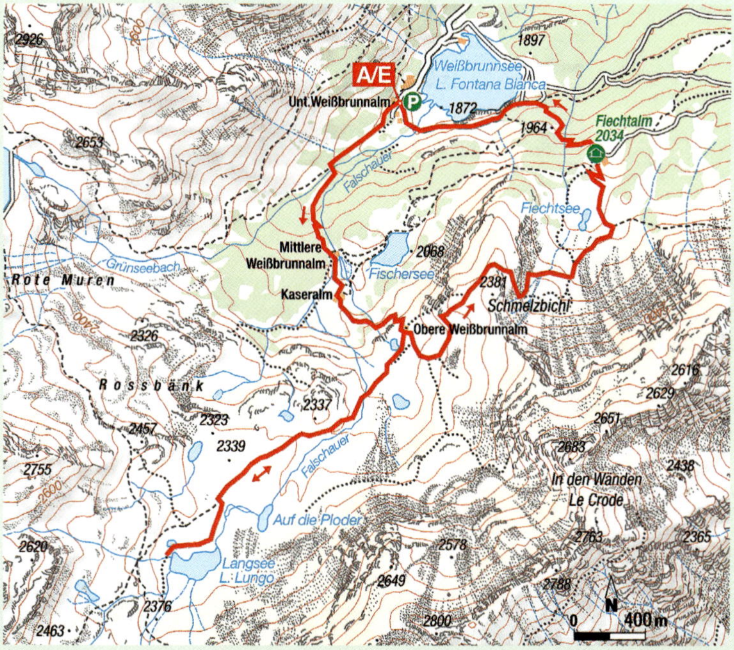

8 Ultner Höfeweg

Beeindruckende Urlärchen und alte Bauerhäuser

leicht

2 Std.

100 Hm Aufstieg, 250 Hm Abstieg

6 km

nein

Das Ultental ist berühmt für seine zahlreichen schönen alten Bauernhäuser, die sich an den Berghängen verteilen, dazu locken das herrliche Bergpanorama und die drei imposanten Urlärchen, die zu den ältesten Nadelbäumen Europas zählen.

Falschauer Bach und Lahnersäge Unsere Wanderung startet in **St. Gertraud** an der **Lahnersäge**. Hier im hintersten Winkel des Ultentals befinden wir uns schon am Rand des Nationalparks Stilfserjoch, passend dazu gibt es in der Lahnersäge ein Informationszentrum. Direkt vor dem Infozentrum fließt der Falschauer Bach, und wir finden die ersten Hinweisschilder zum **Ultner Höfeweg**. So wandern wir nun talauswärts, den Bach zu unserer linken Seite. Wir werden auf der Schattenseite den Höfeweg bestreiten. Das Ultental zieht sich nämlich von Osten nach Westen, so liegt die südliche Talseite vorwiegend im Schatten, während die nördlichen Hänge der Sonne fast völlig ausgesetzt sind. Gerade im Hochsommer ist der Schatten sehr angenehm, und weite Teile des Wegs verlaufen trotzdem in der Sonne.

Urlärchen und Höfeweg Bald wandern wir auf einem kleinen geteerten Sträßchen leicht bergauf. Wir passieren den **Hofschank bei den Urlärchen** und flanieren nun durch den Bergwald, in dem wir schon die ersten hohen Lärchen sehen. Am **Gasthof Lärchengarten** ist der breite Weg zu Ende: Vor der Terrasse zum Gastgarten führt ein Pfad aufwärts zu den drei gewaltigen Urlärchen, die mit ihren ca. 850 Jahren wohl schon einige Stürme überlebt haben. Ihr Anblick ist wirklich beeindruckend, und selbst wir als Senioren fühlen uns geradezu jung im Anblick dieser hölzernen Methusalems.

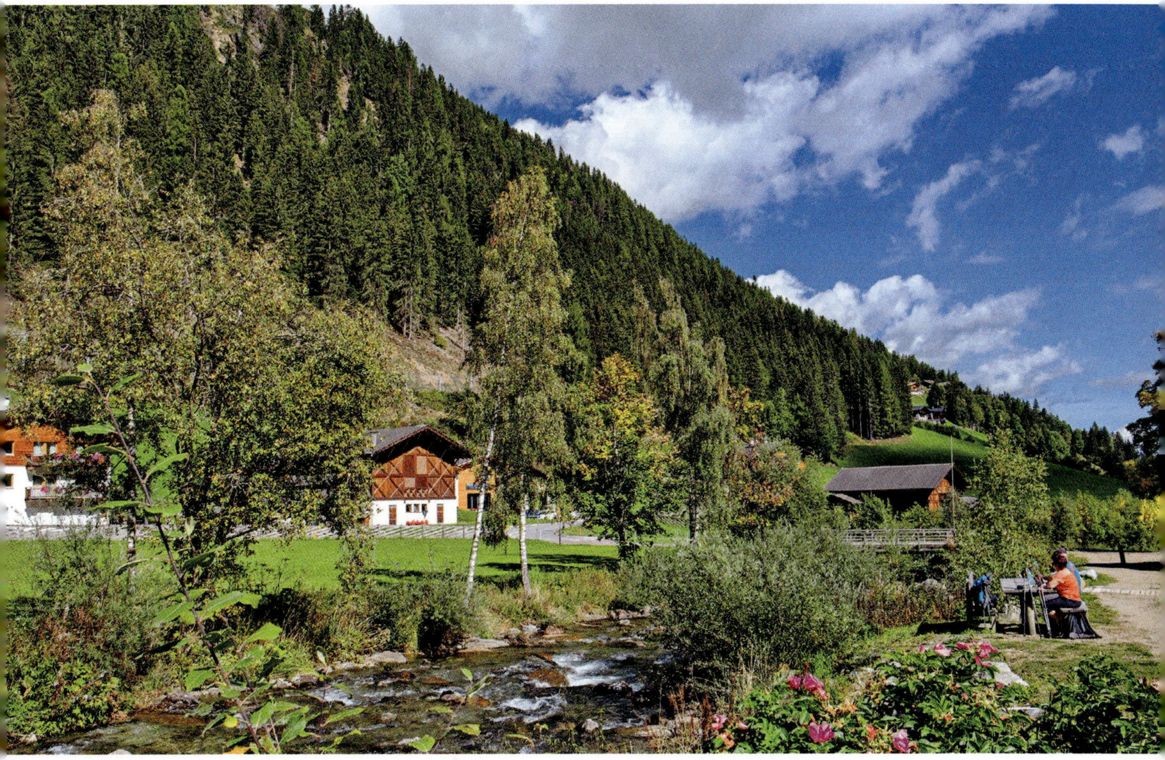

Der Falschauer Bach durchfließt das gesamte Ultental.

Hinter den Urlärchen führt der Höfeweg als Pfad über die Almwiesen und schenkt uns schon mal die erste beeindruckende Aussicht nach Osten über den Zoggler Stausee, während im Westen das kleine Dorf St. Gertraud mit den dahinter aufragenden Eggenspitzen das Ultental abschließt. Gleich darauf geht es entlang von kunstvollen Zäunen leicht abwärts durch den Wald. Wir stoßen an eine Teerstraße, der wir für wenige Meter nach rechts folgen, aber schon weisen uns die nächsten Schilder nach links, abwärts zu den nächsten Bauernhöfen. Ihre von der Sonne fast schwarz gefärbten Holzblockaufsätze lassen erahnen, wie alt sie sind. Der Weg führt auf einer Brücke über den fröhlich plätschernden Klapfbach, der im Oberlauf sogar einen Wasserfall bildet.

Villa Hartungen Jetzt nähern wir uns der historischen **Villa Hartungen**, die mit ihrem kleinen Türmchen leicht zu identifizieren ist. Einst war sie ein Sanatorium mit vielen illustren Gästen, darunter Thomas Mann, Franz Kafka oder Peter Rosegger, denen der Kurarzt Dr. Christoph Hartung von Hartungen statt Medikamenten Bewegung in der frischen Luft verschrieb. Ein weiser Rat, wie wir heute wissen, den wir auf dieser Tour auch brav befolgen. Heute ist die Villa ein Seminarhaus für natürliche Gesundheit und ganzheitliche Behandlung und damit nicht weit von ihren Wurzeln entfernt. Wenn wir auf der Zufahrtsstraße weiterwandern, zeigt sich uns ein Teil des ganzheitlichen Ansatzes, denn entlang des Wegs wird allen Religionen gleichermaßen ein Platz eingeräumt.

Zu guter Letzt lädt eine traumhaft platzierte **Liegeschaukel** zum Entspannen und Sinnieren ein. Danach wandern wir wieder in den Wald und genießen die Stille und den federnden Waldboden. Ein letztes Mal geht es mit Aussicht leicht rechts haltend über eine Wiese. Zum Finale tauchen wir wieder in den Wald ein, queren den Auerbergbach und folgen dann dem Forstweg abwärts nach **St. Nikolaus**. Wir erreichen das Dorf am Falschauer Bach. Jetzt steigen wir nur noch zur Hauptstraße hinauf, wo wir die Bushaltestelle finden, von der uns fast stündlich der Bus zurück nach **St. Gertraud** bringt.

Rundtour

Der Höfeweg ist eigentlich eine Rundtour, die in der Nähe des Zoggler Stausees beginnt, aber mit insgesamt 18 km doch sehr lang ist. Bis vor einigen Jahren konnte man das Stück zwischen St. Gertraud und St. Nikolaus mit dem Rückweg über die Sonnenseite perfekt zu einer kürzeren Rundtour kombinieren. Seit dem großen Herbststurm 2018 ist der Weg jedoch zum Großteil immer noch unpassierbar und gesperrt. Deswegen müsste man für den Rückweg ein gutes Stück entlang der Hauptstraße Richtung Talschluss wandern. Erst bei Gasteig kann man rechts zum Höfeweg auf die Sonnenseite aufsteigen. So ist die bequeme Rückfahrt mit dem Bus die perfekte Alternative.

Unten: Die Villa Hartungen hat eine lange Geschichte.

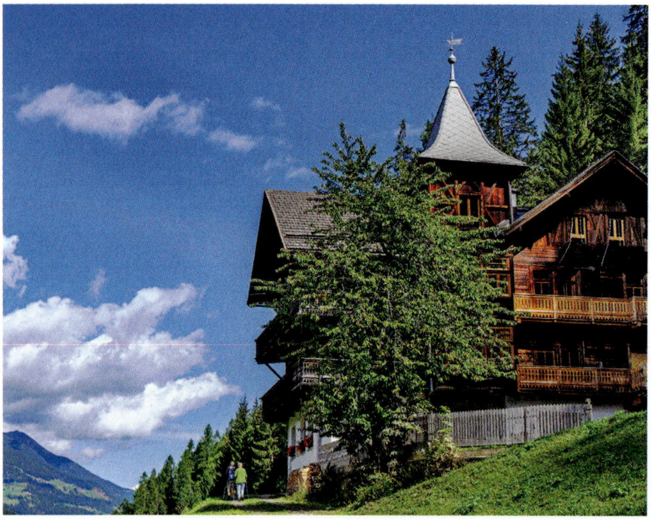

Wichtiges zur Tour

Tourencharakter
Aussichtsreiche Streckenwanderung auf Forstwegen, Wiesenpfaden und kleineren Bergwegen. Teilweise gerölliger Untergrund, im Wald gibt es Wurzeln. Kaum Höhensteigung, der Rückweg erfolgt für Autofahrer mit dem Bus.

Ausgangspunkt
St. Gertraud (1405 m), Lahnersäge
GPS: 46.490410, 10.877745

Endpunkt
St. Nikolaus (1225 m)

Anfahrt
ÖPNV: Mit dem Zug nach Lana oder Meran und weiter mit dem Bus ins Ultental nach St. Gertraud, Haltestelle Lahnersäge. Von St. Nikolaus mit dem Bus zurück nach St. Gertraud
Auto: Von Lana hinauf ins Ultental und fast bis zum Talende nach St. Gertraud; Parkplätze an der Lahnersäge

Einkehr
Hofschank bei den Urlärchen (Tel. +39/0473/79 80 30), Pizzeria Lärchengarten (Tel. +39/0473/79 80 11), Gasthaus Mesner in St. Nikolaus, Restaurant Edelweiß (Tel. +39/0473/79 81 14) an der Lahnersäge

Informationen
www.merano-suedtirol.it;
www.nationalpark-stelvio.it

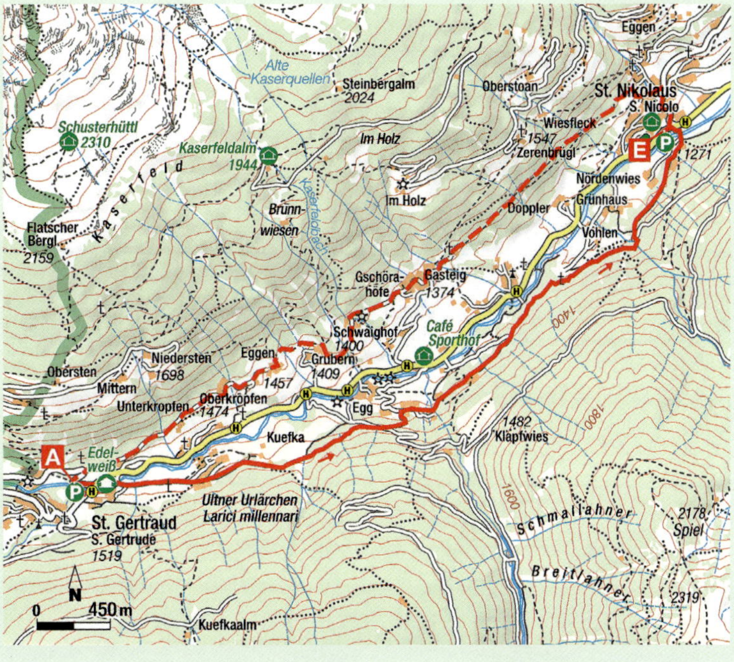

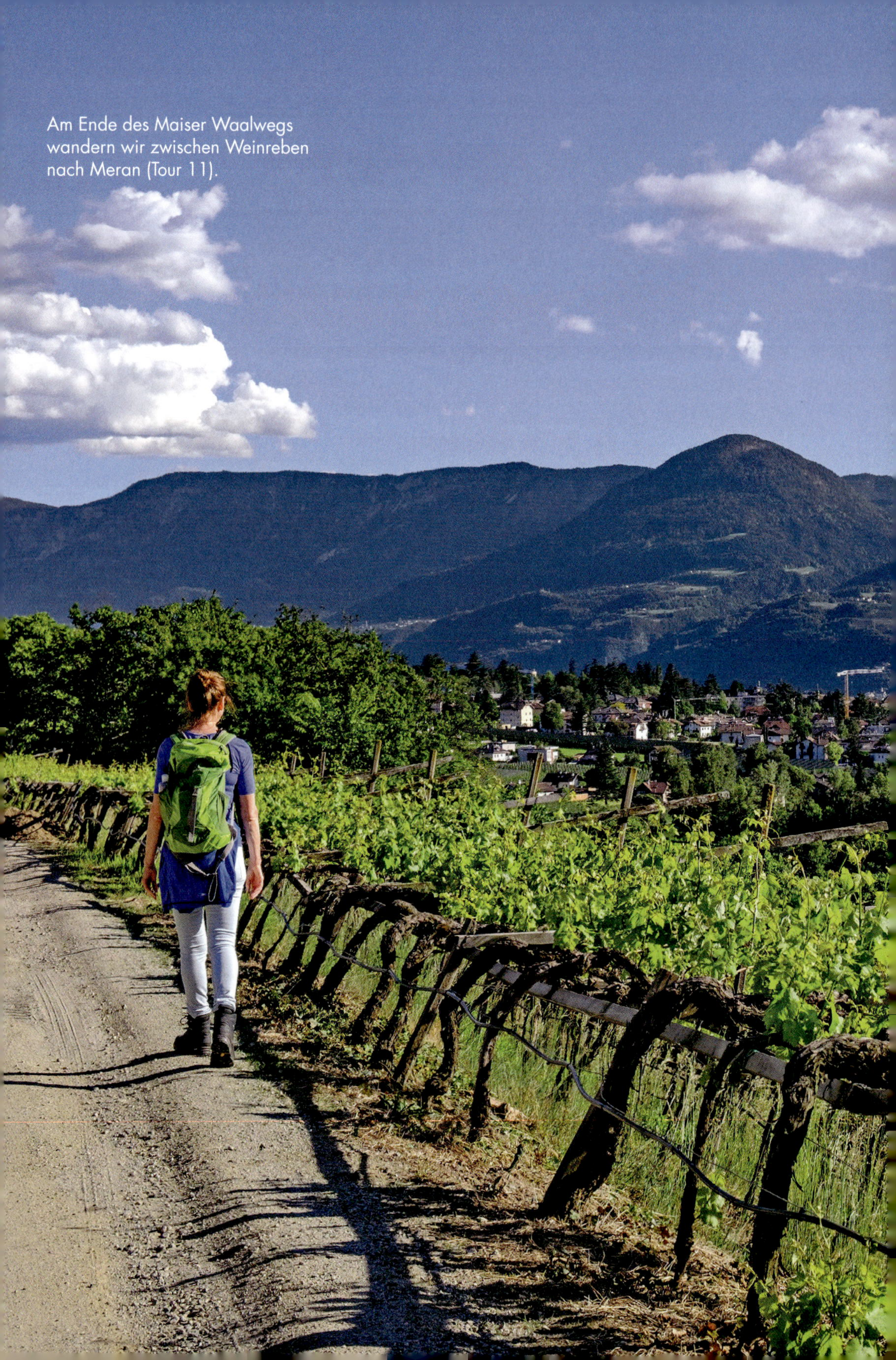

Am Ende des Maiser Waalwegs wandern wir zwischen Weinreben nach Meran (Tour 11).

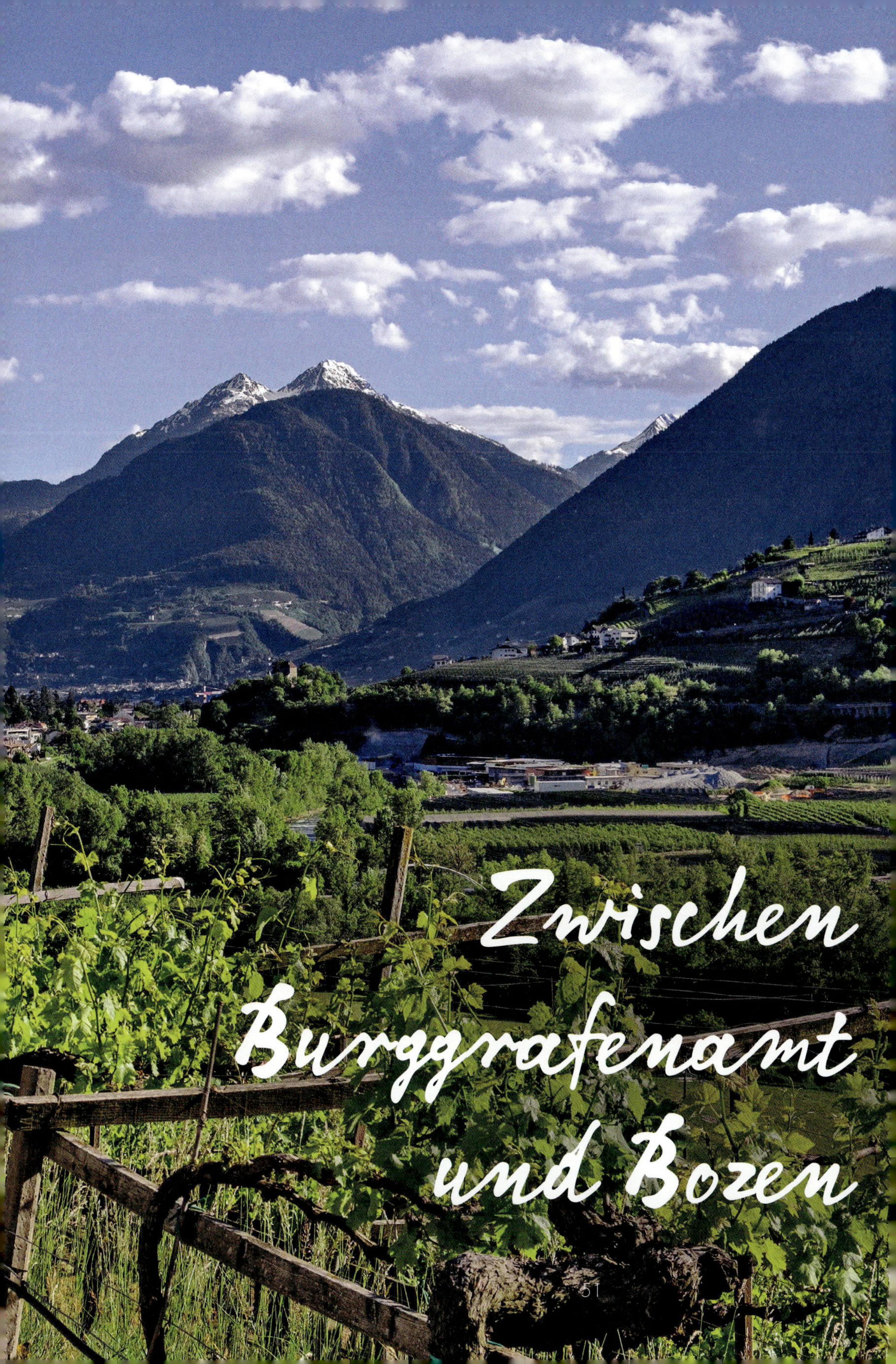

Zwischen Burggrafenamt und Bozen

9 Zum Seeber See

Lohnende Runde mit Almen-Idylle

- leicht
- 2.45 Std.
- 330 Hm
- 7,8 km
- nein

Im oberen Bereich der Südtiroler Timmelsjochstraße versteckt sich eine eher unbekannte, aber sehr schöne und beschauliche Wanderung zu einem idyllischen See. Die Tour ist kurz, abwechslungsreich und bietet zudem zwei Almen zur Einkehr.

Gemütlicher Beginn Den **Parkplatz** der Seeberalm erreichen wir auf einer schmalen, etwas abenteuerlichen Schotterstraße. Nach dem Abstellen unseres Autos folgen wir der Schotterstraße (Markierung 20A) leicht abwärts zum Seeberbach und zur nahen **Seeberalm**. Hier besteht die Möglichkeit einer ersten Einkehr. Die Alm hat eine lange Geschichte, wurde sie doch bereits 1288 urkundlich er-

Der idyllische Seeber See

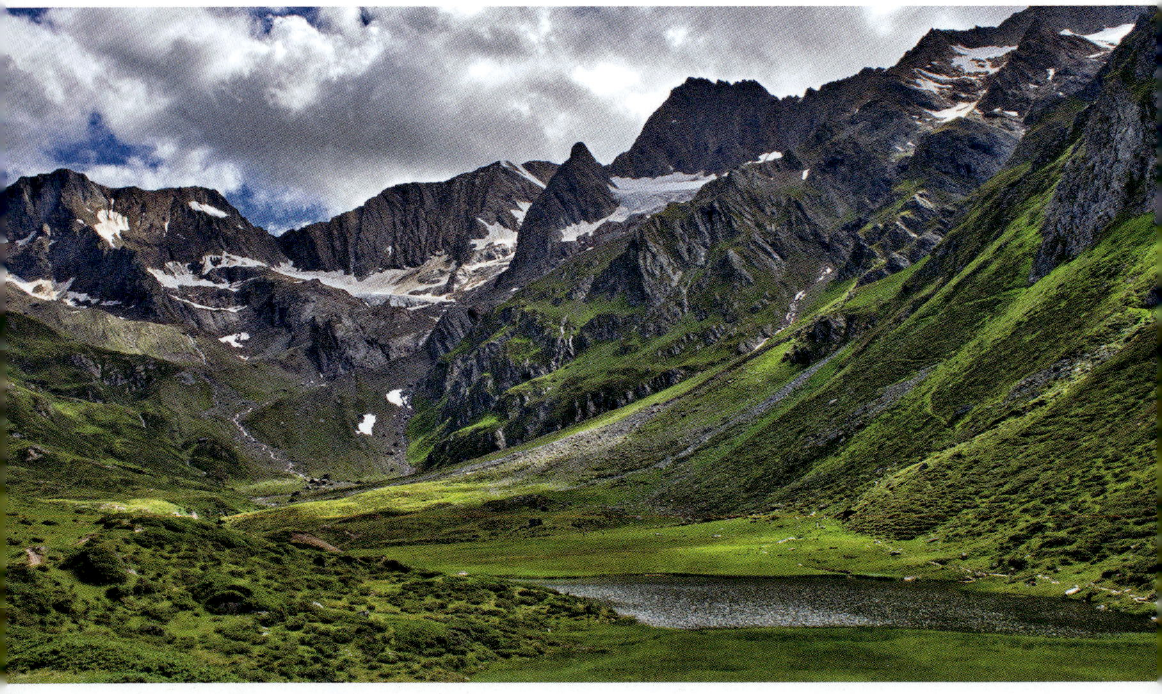

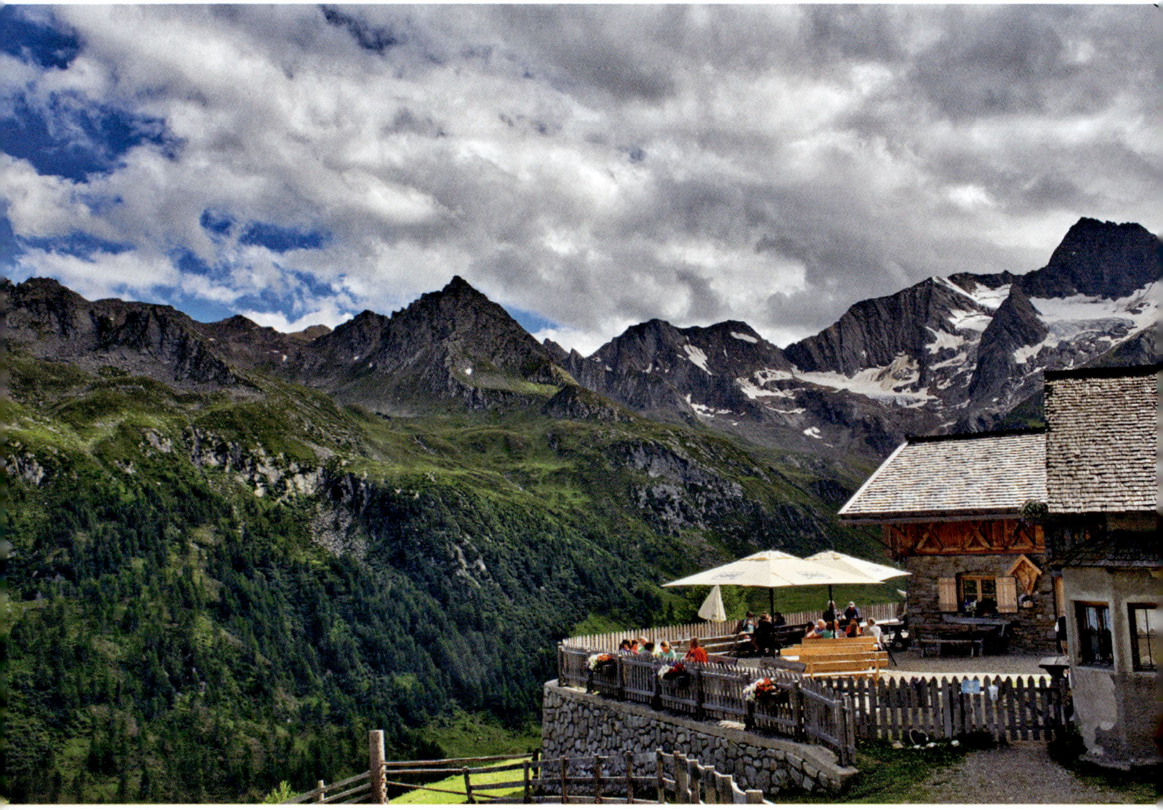

Die Oberglaneggalm lädt zur Einkehr.

wähnt. Hier befanden sich einst drei ganzjährig bewohnte Bauernhöfe. Die Dauersiedlung ist heute zwar verschwunden, doch Kühe weiden immer noch in der Umgebung der Alm.

Zum Seeber See Nach einer kleinen Verschnaufpause gehen wir an der Almhütte vorbei und folgen dem Weg Nr. 43 weiter taleinwärts. Ein kurzes steileres Stück bringt uns zu einer **Brücke** mit Wegteilung. Hier bleiben wir erst einmal stehen und blicken talauswärts, denn auf der gegenüberliegenden Talseite sehen wir die Gipfel vom Timmelsjochberg bis zur Schwarzwandspitze. Nach diesem kurzen Blick zurück wenden wir uns wieder unserem Wanderweg zu. Auch der Talschluss, den wir anstreben, ist eindrucksvoll: Vor uns erheben sich Hochfirst und Liebener Spitze.
Wir wandern weiter auf dem Weg Nr. 43 bis zu einer Verflachung des Geländes. Hier zweigt unser Weg nach Nord-

westen ab und führt über eine Geländestufe bergauf. Bald schon sehen wir den **Seeber See** vor uns idyllisch im Talschluss liegen, umgeben von grünen Wiesen – diese Szenerie im Hintergrund macht den See zu einem wirklich tollen Ort. Wir umrunden den See, setzen uns ans Ufer und genießen die Landschaft.

Sonniges Einkehrglück Nach der Pause am See machen wir uns auf den Rückweg zur Timmelsjochstraße. Wir gehen ein Stück am Hinweg zurück und folgen dann dem nach links abzweigenden Weg Nr. 43A, der durch schönes Wiesengelände führt. Häufig können wir hier Murmeltiere beobachten, die ihre Bauten im Gelände haben. Der Weg bringt uns zu einer Abzweigung; wir ignorieren den links abzweigenden Weg und wandern weiter talauswärts bis zur **Oberglaneggalm** (2062 m). Die Almhütte liegt sonnig auf einer kleinen Terrasse in den steilen Osthängen und bietet sich zum Abschluss unserer Wanderung als gemütliche Einkehrstation an. Auf der Sonnenterrasse lassen wir uns von der Familie Pixner kulinarisch verwöhnen.

Anschließend folgen wir dem Wegweiser, der uns nach rechts abwärts zum **Parkplatz** schickt, und steigen auf dem steilen Weg Nr. 20 hinunter zu unserem Ausgangspunkt, den wir bald erreicht haben.

Alte Essener Hütte

Hoch über dem Seebertal stand einst die Essener Hütte, die allerdings vor einigen Jahrzehnten abbrannte. Man konnte sich nie auf einen Neubau einigen, was auch mit der nahen Timmelsjochstraße zu tun hat. Der Weg dorthin auf 2405 m Höhe lohnt sich dennoch – die Szenerie ist wunderschön, und es handelt sich hier um einen ziemlich einsamen Platz im beliebten Südtirol (insg. 1.30 Std., 400 Hm).

Unten: Die Seeberalm

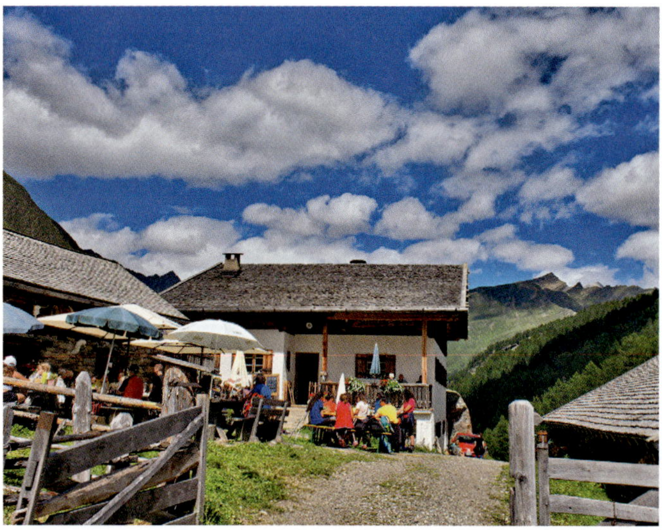

Wichtiges zur Tour

Tourencharakter
Breite Schotterstraße und einfache Wanderwege

Ausgangs-/Endpunkt
Parkplatz der Seeberalm (1847 m) an der Timmelsjochstraße
GPS: 46.878585, 11.112893

Anfahrt
ÖPNV: Mit dem Bus von Meran Richtung Timmelsjoch bis zur gleichnamigen Haltestelle, dann kurz auf dem Schotterweg zu Fuß zum Parkplatz

Auto: Von Meran nach Norden durchs Passeiertal und weiter in Richtung Timmelsjoch, beim Abzweig nach dem Gasthof Hochfirst an einer Kehre nach links und auf einer Schotterstraße zum Parkplatz

Einkehr
Seeberalm (Tel. +39/0342/928 85 39), Oberglaneggalm
(Tel. +39/0328/633 26 96)

Informationen
Tourismusverein Passeiertal, Tel. +39/0473/65 61 88, www.passeiertal.it

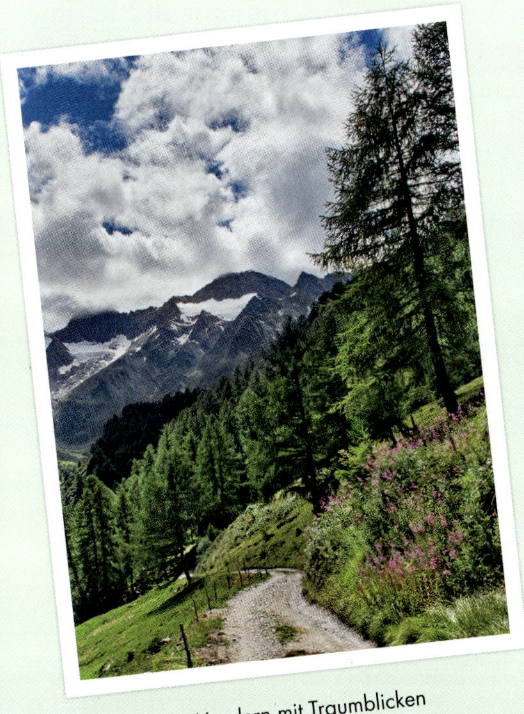

Gemütliches Wandern mit Traumblicken

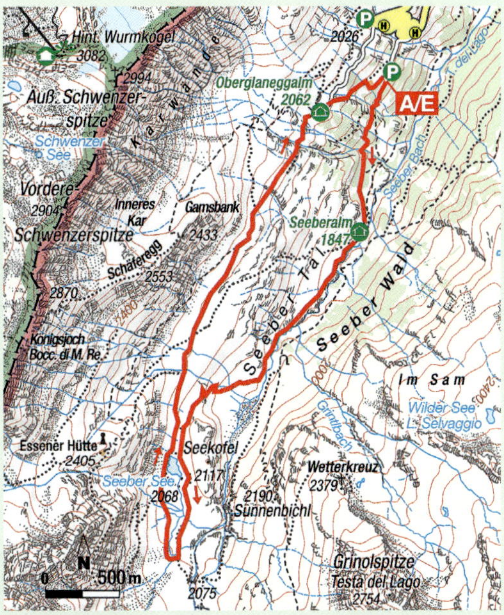

10 Panoramaweg über Pfelders

Versteckte Tal unter mächtigen Gipfeln

- mittel
- 2.45 Std.
- 100 Hm Aufstieg, 400 Hm Abstieg
- 7,5 km
- ja

Kaum jemand kennt das Pfelderer Tal nördlich des Naturparks Texelgruppe. Trotz der abgeschiedenen Lage gibt es eine Bergbahn, die uns den Zugang in die herrliche Bergwelt erleichtert, und die Wege sind mit vielen Aussichtsbänken perfekt für Senioren geeignet.

Im Felsenlabyrinth Los geht es an der **Talstation des Grünbodenexpress'**. Nachdem wir die Karte für die Bergfahrt erworben haben, bringen uns die kleinen Gondeln schnell auf den Berg – das spart uns knapp 400 Höhenmeter Anstieg und jede Menge Schweißtropfen. Oben ausgestiegen, liegt vor uns die große **Grünbodenhütte**. Ihre moderne Architektur fügt sich als Kontrast sehr gut in die mächtige Bergwelt ein, überdies ist die Küche zu empfehlen. Wer mit vollem Bauch nicht gern wandert, kann natürlich gleich losziehen, denn es folgen noch mehr Einkehrmöglichkeiten.

Direkt vor der Alm führt ein Wiesenweg hinüber zum **Felsenlabyrinth**. Wildromantisch liegen hier einige sehr große Felsbrocken verstreut. Sie sind wohl Überbleibsel, genauer gesagt ein Ablagerungsgestein aus der letzten Eiszeit, das so markant liegen geblieben ist. Geschickt wurde zwischen den Felsen ein Weg angelegt. Treppenstufen führen um die Ungetüme herum, und es gibt sogar eine kleine Aussichtsplattform mit einer Panoramatafel. Wir steigen ein-

Schautour

Wer nicht mehr lange gehen kann, aber trotzdem die sensationelle Aussicht genießen möchte, kann natürlich auch mit einer Berg- und Talfahrt zur Grünbodenhütte hinauf- bzw. wieder hinabfahren. Es gibt einen kleinen, aber feinen kurzen Rundweg durch das Steinlabyrinth – lange und anstrengend genug, um sich dann die Brotzeit im Bergrestaurant verdient zu haben.

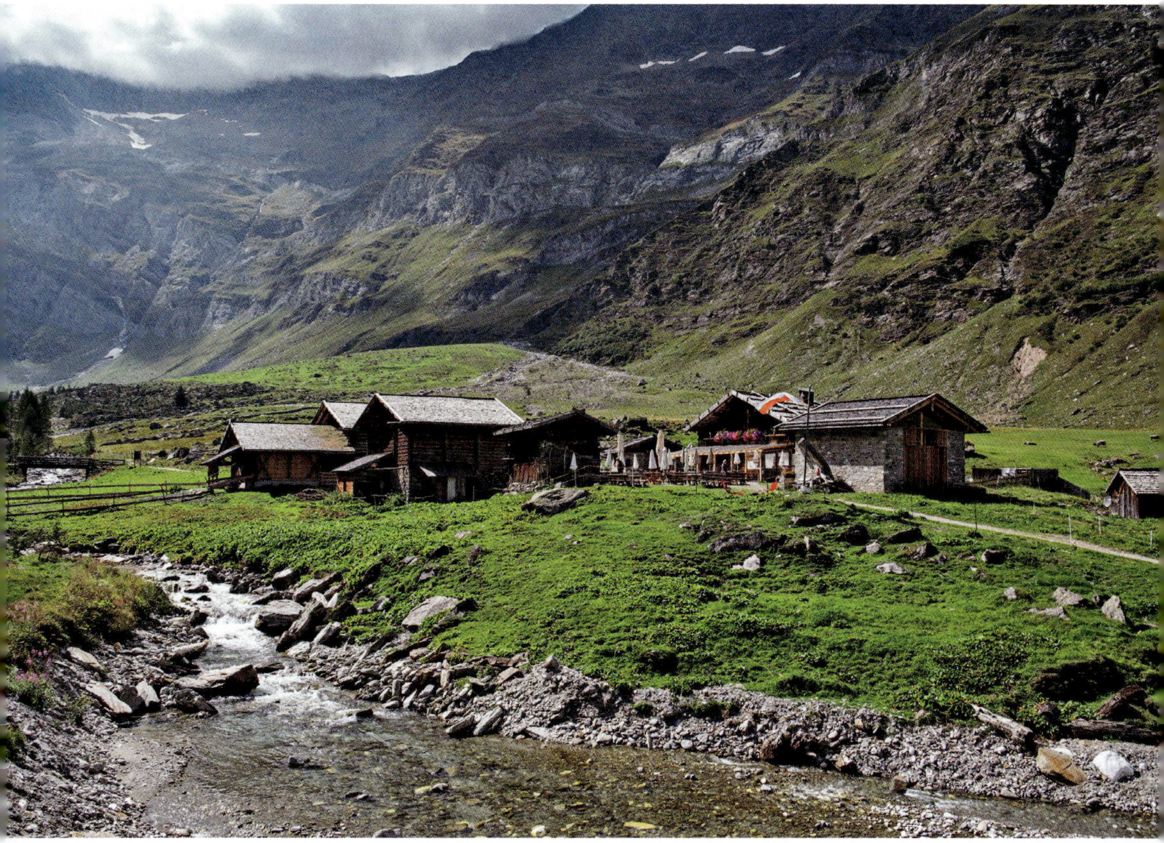

Der Lazinser Hof am Pfelderer Bach

fach weiter auf und treffen schließlich auf den Wanderweg Nr. 4, der gleichzeitig als Panoramaweg ausgeschildert ist.

Dramatisches Berg-Kino Diesem Panoramaweg folgen wir nun nach rechts. Zunächst noch etwas ansteigend, führt er bald im leichten Auf und Ab unterhalb des Schafbichls entlang. Gleich zu Beginn passieren wir eine **Lawinenverbauung**. Danach macht der Weg seinem Namen alle Ehre: Auf der anderen Talseite reihen sich die Zwei- und Dreitausender der Texelgruppe aneinander. Deutlich kann man die Gletscherreste unter der 3399 Meter hohen Liebener Spitze und unter dem Hinteren Seelenkogel (3489 m) erkennen. Wenn noch die Wolken in der Szenerie mitspielen, ist die Dramaturgie dieser umgebenden Bergwelt kaum zu überbieten. Gut, dass es entlang unseres Wegs viele Rastplätze gibt.

Rechte Seite: Wem der gesamte Weg zu weit ist, der nützt die Berg- und Talfahrt und wandert nur durch das Felsenlabyrinth an der Grünbodenhütte.

Faltschnalalm und Lazinser Hof Langsam öffnet sich die Sicht zum hinteren Talende, das nicht weniger imposant erscheint. Dann senkt sich der Weg und führt in einigen Kehren über eine Almwiese abwärts zur **Faltschnalalm** (1871 m). Sie liegt aussichtsreich über dem Tal und lohnt sich für eine Einkehr. Wer möchte, kann hier die Wanderung verkürzen und über den Weg Nr. 6 direkt nach Pfelders absteigen. Es lohnt sich aber, dem Panoramaweg treu zu bleiben, der oberhalb der Alm nach links führt und uns einen sensationellen Blick ins kleine, unbewohnte Faltschnaltal erlaubt. Wir queren den Bach, der sinnigerweise Faltschnalbach heißt, und setzen dahinter die Wanderung nach rechts fort.

Jetzt geht es durch lichten Lärchenwald weiter abwärts, und wir erreichen schließlich über ein kleines Hochmoor den Talboden am Pfelderer Bach. Direkt vor uns liegt der wunderschöne **Lazinser Hof** (1773 m), der bereits 1285 erstmals urkundlich erwähnt wurde. Auch wenn die urigen Holzbalken an der Hauswand bestimmt jüngeren Datums sind und sich seit 2018 noch ein Ferienhaus im modern-rustikalen Baumix dazugesellt hat, sieht man dem Hofgut seine lange Geschichte an. Auf der Terrasse lässt man sich gern auf den Holzbänken nieder und gönnt sich beste Südtiroler Küche sowie die 5-Sterne-Landschaft.

Das Dorf Pfelders

In einem abgeschiedenen Seitental des Passeiertals, inmitten des Naturparks Texelgruppe, liegt Pfelders. In dem kleinen Ort mit seinen alten Höfen herrscht deutlich weniger Trubel als in den meisten anderen Südtiroler Tälern. Auch wenn der Tourismus mit kleinen Hotels, Pensionen und Ferienwohnungen und einem Skigebiet sogar hier Einzug gehalten hat, ist das Pfelderer Tal noch ein echtes Naturjuwel – was auch daran liegen mag, dass man den Innenbereich des Dorfs so gut es geht autofrei zu halten versucht.

Über Zeppichl Mit einem Blick in die kleine **Antoniuskapelle** hinter dem Haus verabschieden wir uns, und nun geht es auf dem Wanderweg Nr. 24 talauswärts. Dieser Weg verläuft auf der linken Bachseite, also nicht auf der Zufahrtsstraße, und führt uns gleich an zwei urigen Heu-

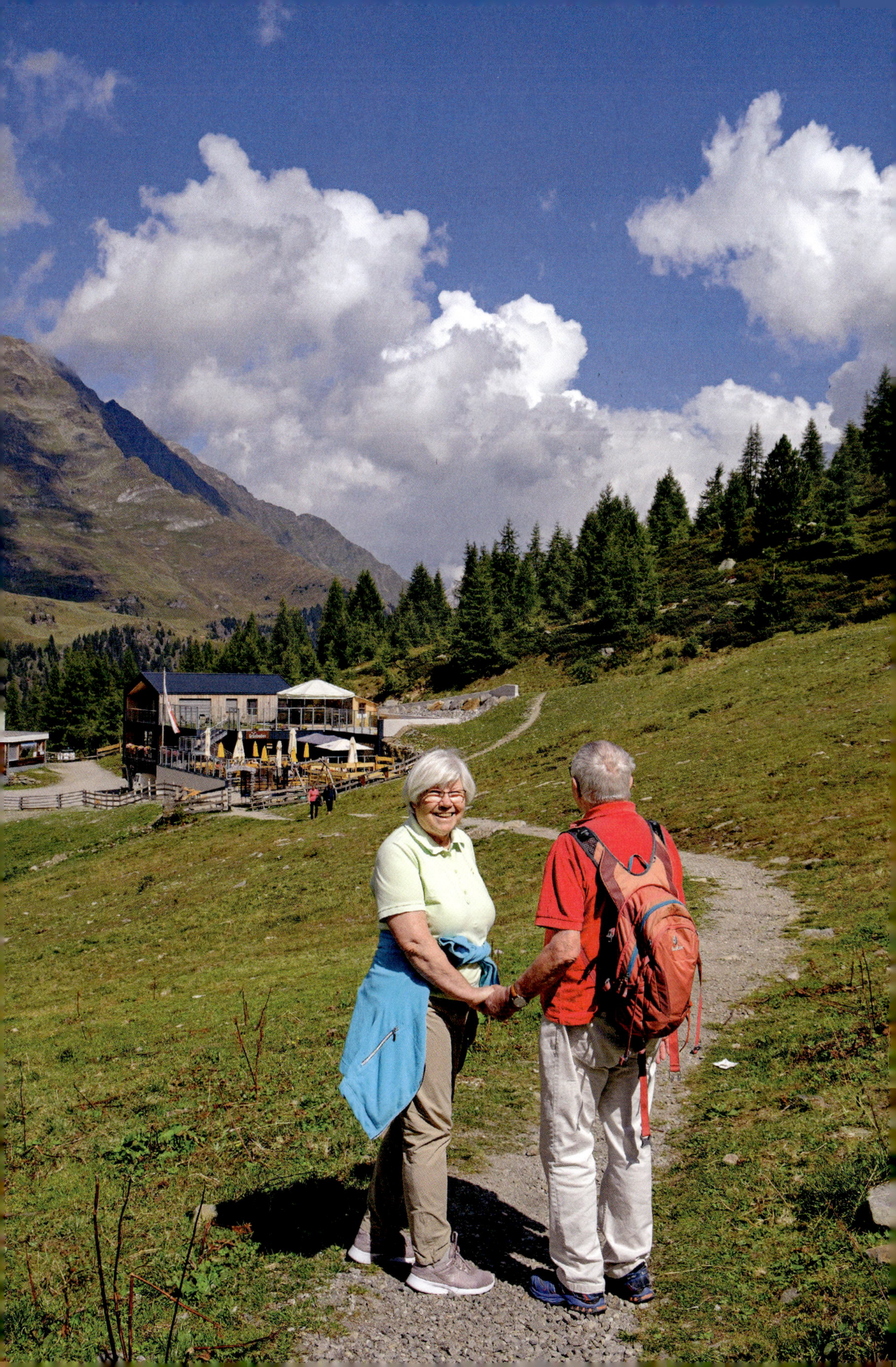

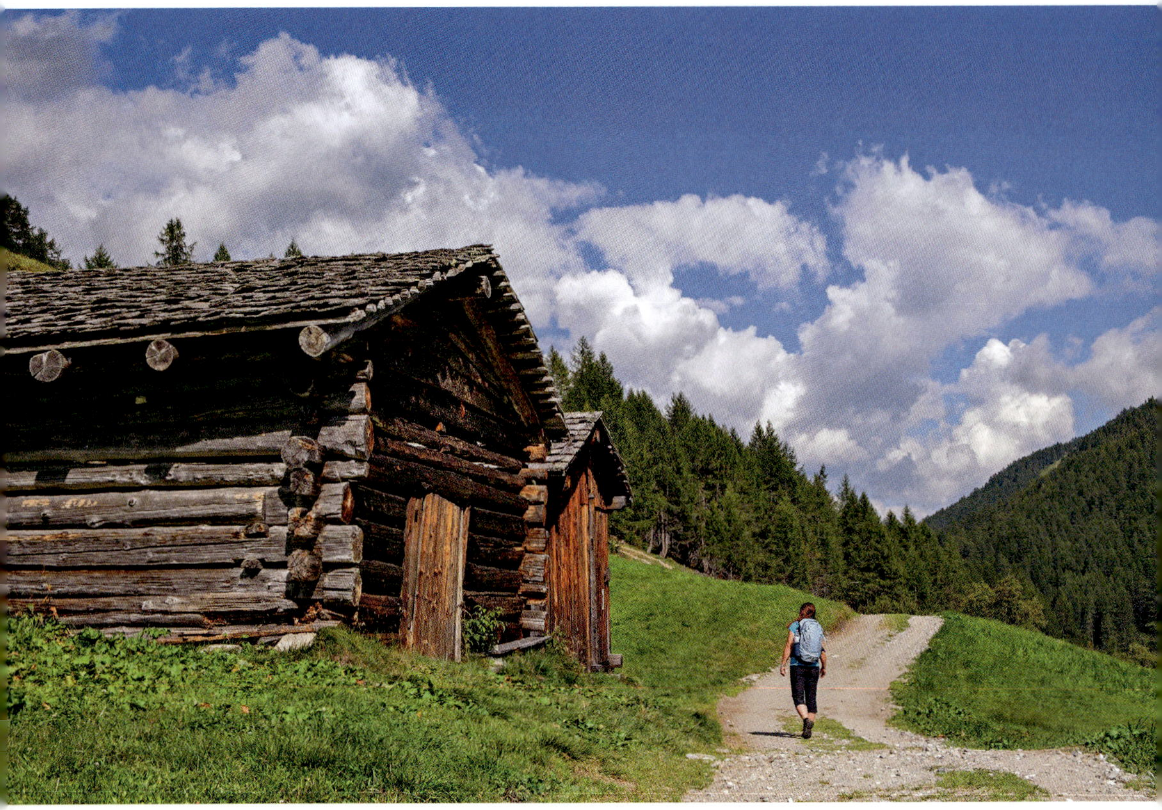

Windschiefe Heuschober säumen die Strecke.

schobern vorbei, die einem Bildband entsprungen sein könnten. Danach geht es im leichten Auf und Ab über Almwiesen und an kleinen Lärchenwäldern vorbei.

Wir erreichen den Weiler **Zeppichl** (1680 m) mit seiner Käserei und einem liebevoll eingerichteten Hofladen, in dem wir uns mit zahlreichen regionalen Schmankerln eindecken können. In **Martins Hofladen** kann man zudem einkehren.

In dem kleinen Weiler halten wir uns links und folgen nun für den Rest des Wegs der kleinen Zufahrtsstraße, die uns direkt zu den Häusern von **Pfelders** führt. Zum Finale wenden wir uns entweder an der ersten Brücke rechts über den Pfelderer Bach und wandern noch durch den kleinen Ort oder wir bleiben der ursprünglichen Bachseite noch etwas treu. Auch die zweite Brücke führt in den Ort, wo wir uns jetzt nur noch links halten und alsbald zurück am Ausgangspunkt sind.

Wichtiges zur Tour

Tourencharakter

Sehr sonnige Bergtour, mit Hilfe des Lifts wenige Höhenmeter zum Aufsteigen. Der Weg führt über viele Steine, die z. T. wie Treppen angeordnet wurden. Trittsicher sollte man sein.

Ausgangs-/Endpunkt

Pfelders, Talstation des Grünbodenexpress' (1610 m)
GPS: 46.797273, 11.091957

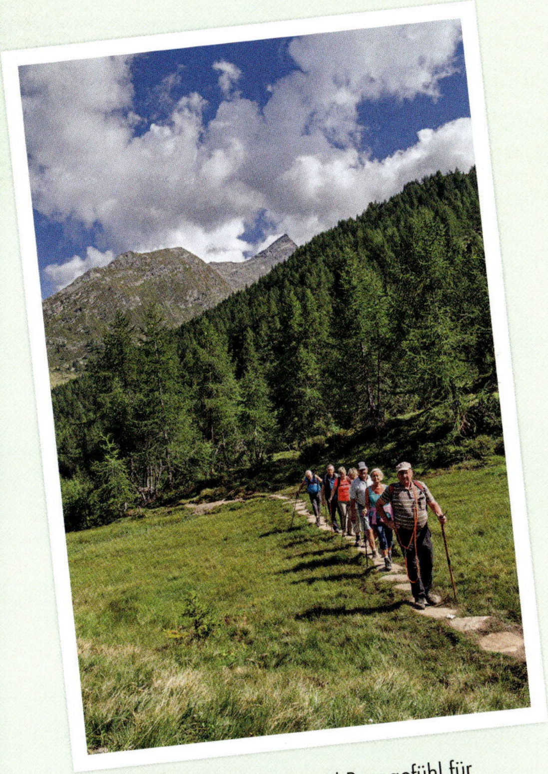

Eine ideale Tour mit ganz viel Berggefühl für jedes Alter

Anfahrt

ÖPNV: Mit dem Zug nach Meran und weiter mit Bus 240 ins Passeiertal über Moos in Passeier bis zum Talende nach Pfelders
Auto: Ins Passeiertal über St. Leonhard in Passeier nach Moos in Passeier und dort rechts haltend weiter ins Pfelderer Tal. Gleich am Ortseingang befindet sich die Talstation der Bergbahn, es gibt genügend Parkplätze.

Einkehr

Grünbodenhütte (Tel. +39/0473/646746), Faltschnalalm (Tel. +39/0389/8796024), Lazinser Hof (www.lazinshof.com, Mo Ruhetag), Martins Hofladen (www.zeppichl-bauernguet.com)

Informationen

Tourismus Pfelders, Tel. +39/0473/646792, www.pfelders.info

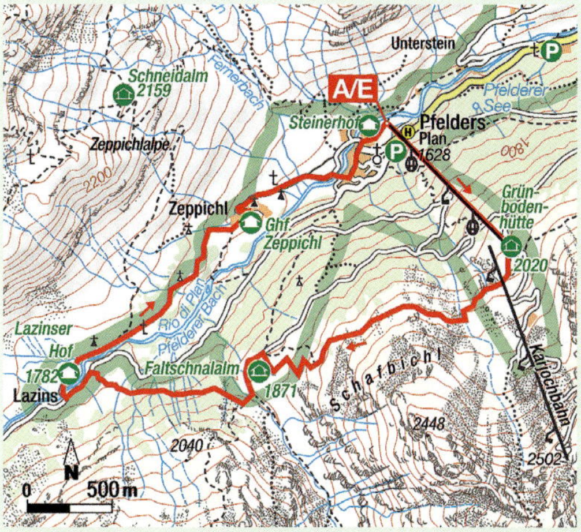

11 Über den Maiser Waalweg

Plätscherndes Wasser und dichter Dschungel

- leicht
- 3 Std.
- 100 Hm Aufstieg, 250 Hm Abstieg
- 9 km
- nein

Waalwege gibt es in Südtirol viele, die meisten im regenarmen Vinschgau und rund um Meran. Der Maiser Waalweg ist einer der schönsten, denn das Wasser begleitet uns ständig, und wir erleben eine dichte grüne Vegetation, die trotzdem Aussichten erlaubt.

Der Sonnwendhof liegt in Obermais bei Meran.

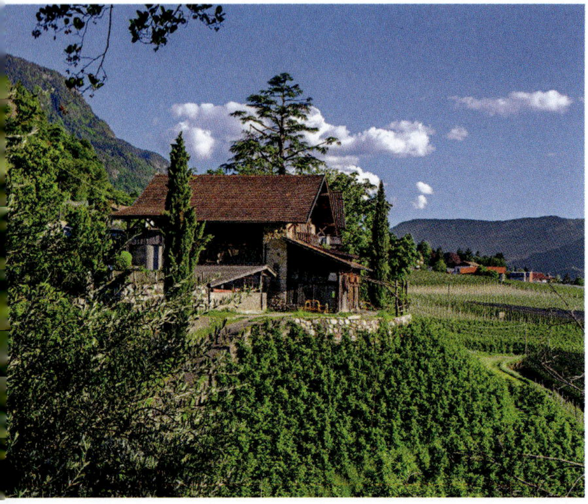

Pulsader der Stadt Startplatz ist die **Talstation der Hirzerseilbahn**. Für uns geht es gleich abwärts, entlang der kleinen Straße, die hinunter zur **Passer** führt. Der Fluss, der die Pulsader der Stadt Meran ist, entspringt aus mehreren Quellbächen unterhalb des Timmelsjochs und durchfließt das Passeiertal. Seine Wasserkraft lässt sich am Talboden an der Brücke erkennen. Unter uns rauscht es schon gewaltig, und das Wasser hat einige große Steine im Flussbett platziert. Ein Blick nach links zeigt uns den Beginn des **Maiser Waals**. In einem künstlich angelegten Kanal wird der Passer Wasser abgezwickt. Von nun an fließt dieses mit weniger starkem Gefälle als der natürliche Fluss durch den Waal, um die Felder entlang des Tals bewässern zu können.

Nach der Brücke folgen wir der Beschilderung zum Apfelhotel, der Maiser Waalweg ist ebenfalls bezeichnet. Anfangs verschwindet der Waalweg noch für ein paar Hundert Meter, doch kaum haben wir das große **Apfelhotel** passiert, wandern wir zwischen den Apfelplantagen und dem kleinen Bachlauf dahin. Der Weg wird schmal, und es ist eine wahre Freude, ohne Anstrengung am Waal entlangzuschlendern. Kurz darauf queren wir

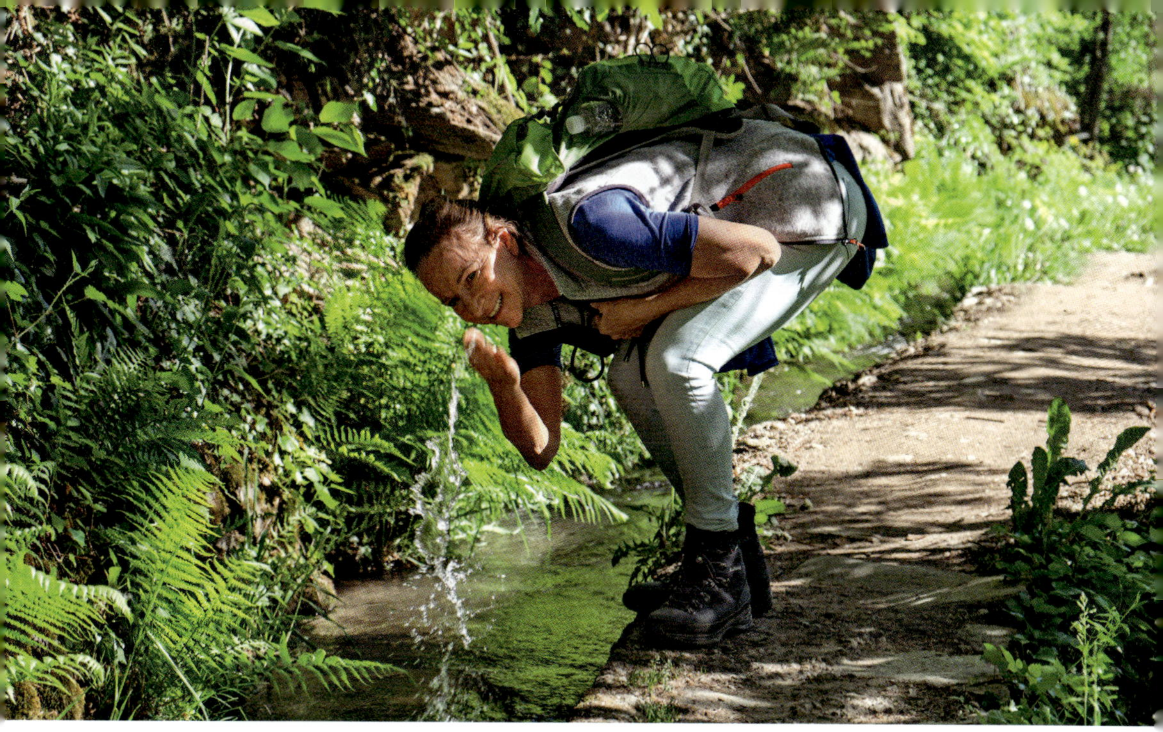

Wunderschön ist es, am Wasser zu wandern.

den **Masulbach**, wo wir den Waal nochmals kurz aus den Augen verlieren. Nach einem Apfelfeld jetzt heißt es aber dann wirklich: Wasser marsch!

Wandergenuss vom Feinsten Der Waal und die Beschilderung »Maiser Waalweg/Meran« weisen den Weg. An einigen wenigen Stellen ist der Bachlauf begradigt, und das Wasser grummelt in einem betonierten Bachbett vor sich hin. Ansonsten geben Steine, Felsen oder der Berghang den Lauf vor, und je weiter wir gehen, umso tiefer fließt unter uns der große Fluss Passer. Langsam wird auch die Vegetation dichter. Farne und Efeu säumen den Wasserlauf, und hohe Kastanienbäume, Eichen, Buchen und ein paar Kiefern spenden Schatten. An einigen markanten Stellen sind Infotafeln angebracht, die uns die hiesigen Flur- und Ortsnamen erklären.
Schließlich erreichen wir das **Waalerhaus**, wo dumpf und gleichmäßig die Waalglocke den Takt schlägt und akustisch anzeigt, dass das Waser seinen rechten Lauf nimmt. Weiter dem Waal folgend, genießen wir immer wieder Ausblicke auf die nördliche Passeiertalseite, nach Riffian und hinauf zum Dorf Tirol. Wir ignorieren alle Abzweigungen, dann wird der Weg zunächst noch etwas urtümlicher,

Obermais

Der Ort ist als Villenviertel von Meran bekannt. Viele alte Ansitze, Schlösser und prächtige Villen, umgeben von großzügigen Gärten und Parkanlagen, säumen die Straßen. Im berühmten Schloss Trauttmansdorff weilte einst Sisi, die Kaiserin von Österreich, wenn sie zur Kur in Meran war. Das Schloss liegt inmitten der »Gärten von Schloss Trauttmansdorff«, einem botanischen Garten, der 2001 eröffnet wurde und heute eines der Top Ausflugsziele in Südtirol ist. Das Zentrum von Obermais befindet sich rund um den Brunnenplatz, dem offiziellen Ende des Maiser Waalwegs. Auch von dort fahren Busse zurück nach Meran.

ehe er sanft unterhalb der ersten Villen von **Schenna** durch die Weinberge führt. Wir queren eine Straße, und auf den letzten Metern führt der Waalweg noch einmal an Felsen und einem Wasserfall vorbei. Die grüne Wildnis um uns her gleicht einem Dschungel, und schließlich erreichen wir am **Buschenschank »Rast am Waal«** das Ende des Wegs.

Durch Obermais Ein Stück Weg haben wir aber noch vor uns, und so wandern wir an der Vorderseite des wunderschönen **Sonnwendhofs** vorbei. Das ist der offizielle Wanderweg, auch wenn er über Privatgrund führt, was wir natürlich respektieren und uns entsprechend verhalten. Imposant sind die mächtigen Bäume auf dem Hof, vor allem die **große Zeder** an der Straße ist ein herrliches Naturdenkmal. Hier haben wir verschiedene Möglichkeiten für den Rückweg, und je nachdem, wohin wir in Meran müssen, queren wir an der Zeder geradeaus die Straße und setzen den Maiser Waalweg weiter fort – er führt über das imposante Schloss Planta nach Obermais.

Oder wir halten uns rechts und steigen über die Pflanzensteinerstraße abwärts. An deren Ende, an der kleinen Straßenkreuzung, die in der Mitte mit einem Baum, Brunnen und Wegkreuz geschmückt ist, folgen wir rechts der Beschilderung nach Meran. Wenige Meter weiter geht es links auf den **Lazagsteig**, der oberhalb der Passer verläuft. Völlig verkehrsberuhigt kommen wir so durch eine Unterführung und danach entweder links haltend zur Bushaltstelle Georgenstraße oder zur Sommer- und Winterpromenade unweit der Alten Brücke, die in die Altstadt von **Meran** führt.

Wichtiges zur Tour

Tourencharakter

Gemütliche Streckenwanderung, meist mit leichtem Gefälle entlang des Waals. Der Weg ist stellenweise etwas schmal, es gibt auch kleinere Wurzeln und Unebenheiten.

Ausgangspunkt

Saltaus (490 m), Talstation der Hirzerbahn
GPS: 46.728864, 11.200039

Endpunkt

Meran (325 m)

Anfahrt

ÖPNV: Mit dem Zug nach Meran und weiter mit Bus 240 ins Passeiertal bis zur Haltestelle Saltaus (ca. 30 min. Busfahrt). Die Bushaltestelle befindet sich direkt an der Talstation der Hirzerbahn. Rückfahrt von Meran mit dem Bus (am besten von der Haltestelle Georgenstraße)
Auto: Ins Passeiertal und bis Saltaus; Parkplätze an der Talstation

Einkehr

Ausschank »Rast am Waal« (nicht immer geöffnet); viele Möglichkeiten in Meran

Informationen

Kurverwaltung Meran,
Tel. +39/0473/27 20 00,
www.merano-suedtirol.it; www.saltaus.it

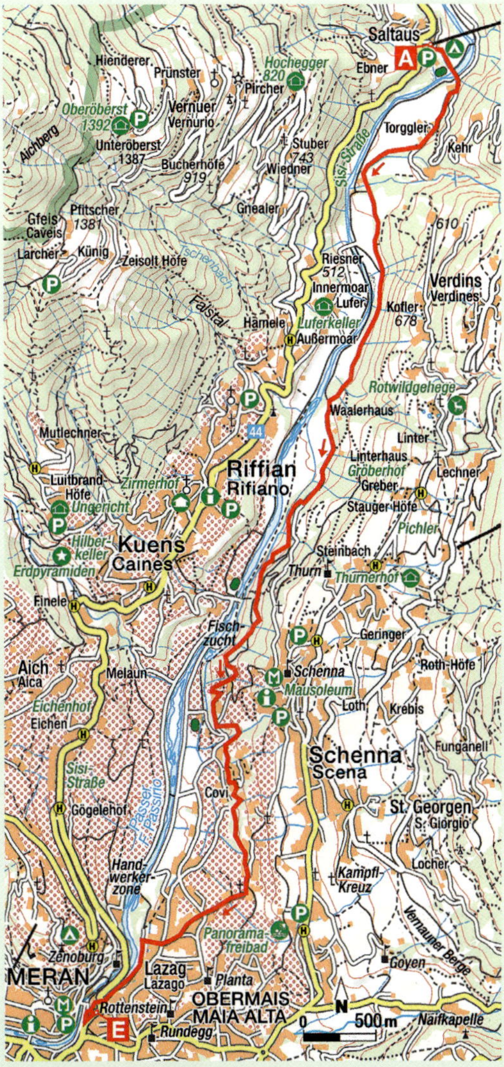

12 Am Algunder Waal zum Schloss Tirol

Genussvolle Wanderung über Meran

- leicht
- 4.30 Std.
- 300 Hm
- 12 km
- nein

Der Algunder Waalweg bringt uns durch die sonnigen Hänge oberhalb von Algund bis kurz vor Meran und dann hinauf zum schön gelegenen Schloss Tirol. Hier wird es kurz etwas anstrengend, ansonsten genießen wir das leichte, traumhaft aussichtsreiche Wandern.

Am Waalweg Die Waalwege in Südtirol legte man entlang der Bewässerungskanäle an, die die Wein- und Obsthänge mit Wasser versorgten. Gerade im Vinschgau und in der Umgebung von Meran finden wir einige dieser Wege. Heute sind sie vor allem bei Wanderern beliebte Ziele.
Vom **Parkplatz** am Westende des **Algunder Waalwegs** wandern wir auf dem gut ausgeschilderten Waalweg durch die sonnigen Obstplantagen und genießen dabei wunderschöne Ausblicke auf Algund. Wir passieren das Restaurant »Leiter am Waal« und das Café Konrad und erreichen einen Bachgraben, der den Waalweg unterbricht. Unterhalb von Schloss Thurnstein wandern wir zum östlichen Ende des Wegs bei **Gratsch**.

Schloss Tirol Hier spazieren wir durch den Ortsteil in Richtung des berühmten Tappeiner Wegs, verlassen diesen aber gleich wieder und biegen nach links ab zum Gnaidweg. Diesem folgen wir in Richtung Meran, bis nach links der Weinweg abzweigt. Auf diesem gehen wir hinauf, bis wir auf einen Querweg treffen. Hier wenden wir uns nach links und wandern westlich an Dorf Tirol vorbei.

Schloss Tirol

Das Schloss mit einem Museum kann besichtigt werden. Im Innenhof befinden sich zudem ein Shop und ein Café. Auch gibt es immer wieder Ausstellungen, sodass sich ein Besuch lohnt. Das Schloss ist von Mitte März bis Mitte Dezember täglich von 10–17 Uhr geöffnet (außer Mo; www.schlosstirol.it).

Rechte Seite: Der Algunder Waalweg führt zwischen Obstplantagen hindurch.

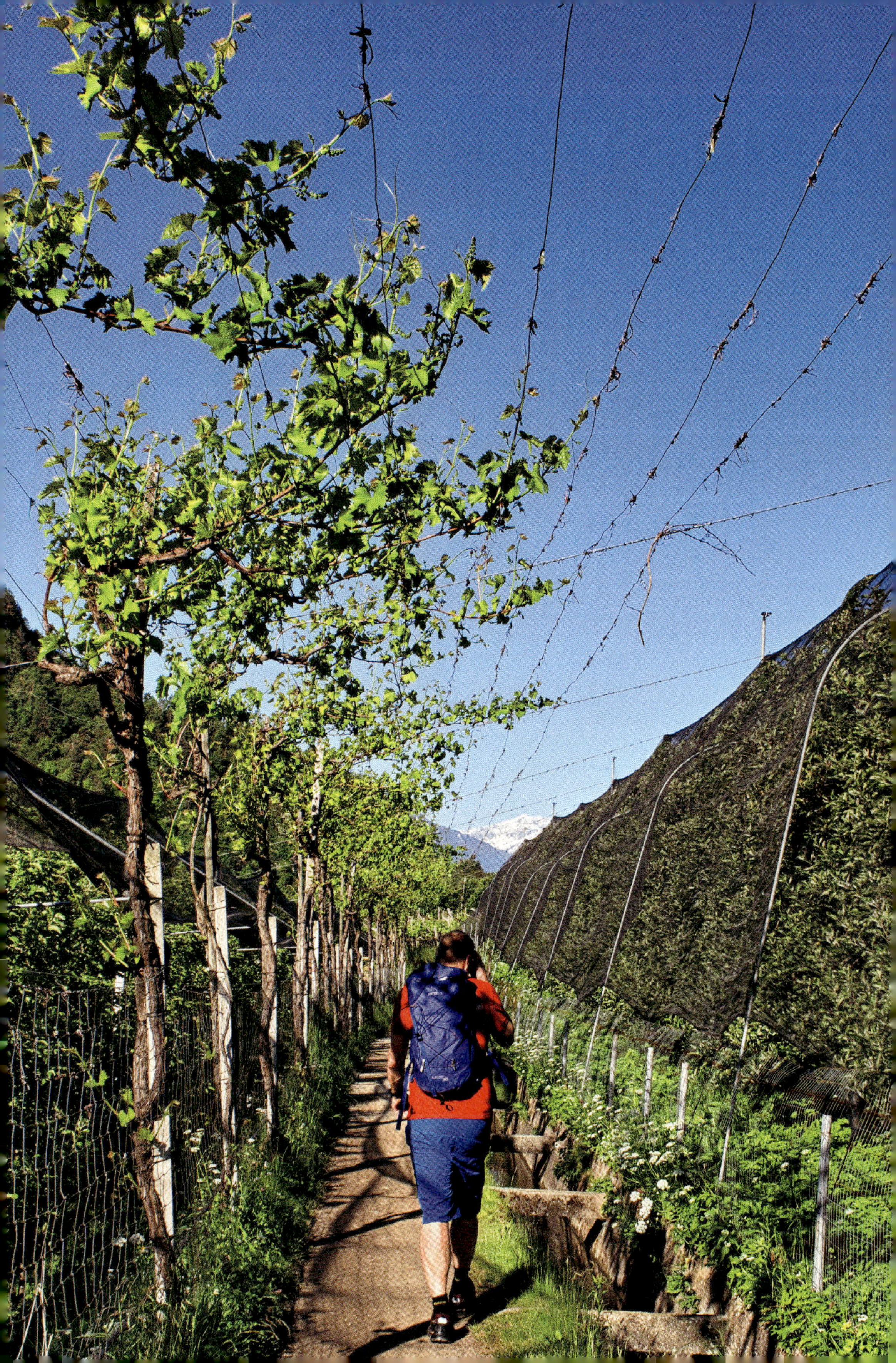

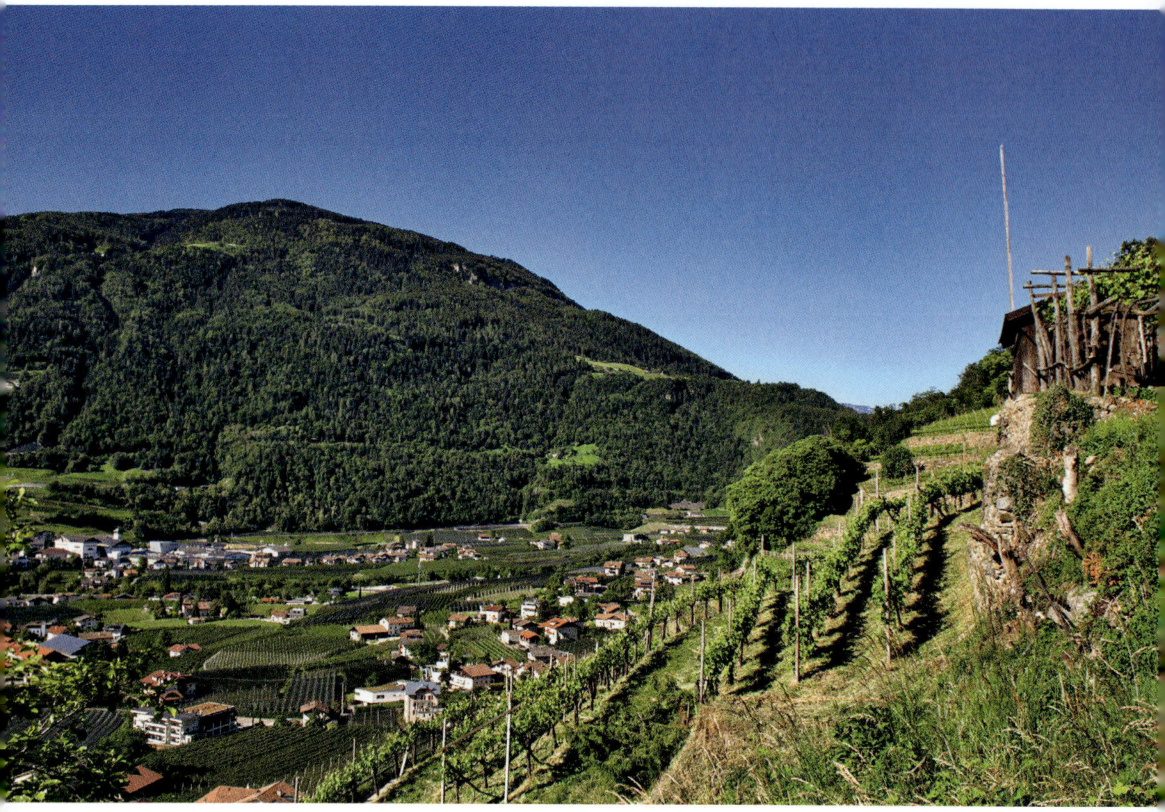

Tolle Aussicht am Algunder Waal

Auf einer kleinen Straße erreichen wir einen Tunnel, durch den wir gehen und wenig später am **Schloss Tirol** stehen (s. Tipp). Der Bau aus dem 12. Jahrhundert ist ein beliebtes Fotomotiv und daher entsprechend bekannt. Die Grafen von Tirol verlegten einst ihren Sitz auf diese Burg und ernannten Meran zur Hauptstadt des Landes.

Rückweg Vom Schloss steigen wir hinunter zu einem **Graben**, den wir durchwandern. An der nächsten Wegverzweigung gehen wir nach links, spazieren weiter bis nach St. Peter und erreichen den Ochsentodtweg, der oberhalb von Schloss Thurnstein vorbeiführt. Immer wieder blicken wir hinunter in Richtung Meran und genießen die Schönheit der umgebenden Landschaft. Der Weg verliert schnell an Höhe und bringt uns wieder hinunter zum **Algunder Waalweg**. Auf diesem wandern wir nun zurück zum **Parkplatz** an seinem westlichen Ende.

Wichtiges zur Tour

Tourencharakter

Leichte Wander- und Spazierwege. Beim Rückweg gilt es ein paar Höhenmeter im Anstieg zu bewältigen. Die Tour ist sehr sonnig und daher eher für das Frühjahr und den Herbst geeignet.

Ausgangs-/Endpunkt

Parkplatz (506 m) am westlichen Ende des Algunder Waalwegs, zwischen Töll und Plars
GPS: 46.682759, 11.095364

Anfahrt

ÖPNV: Mit dem Zug nach Meran und mit dem Bus zum Ausgangspunkt
Auto: Von Meran Richtung Vinschgau bis kurz vor die Töllbrücke, hier nach rechts zum Parkplatz

Einkehr

Mehrere Restaurants und Cafés entlang der Route, Café im Schloss Tirol

Informationen

Kurverwaltung Meran,
Tel. +39/0473/27 20 00,
www.merano-suedtirol.it

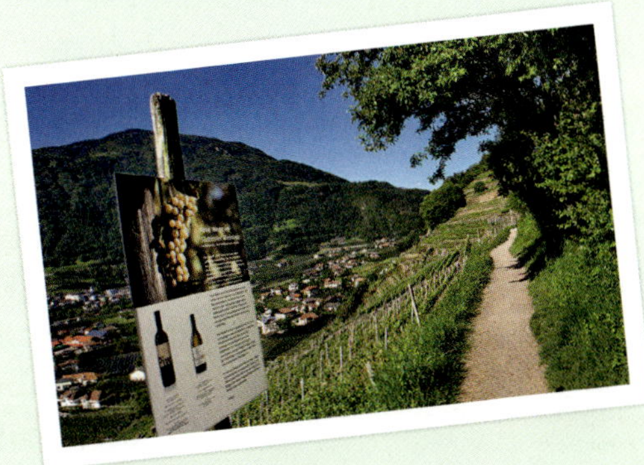

Gemütlich: der Waalweg

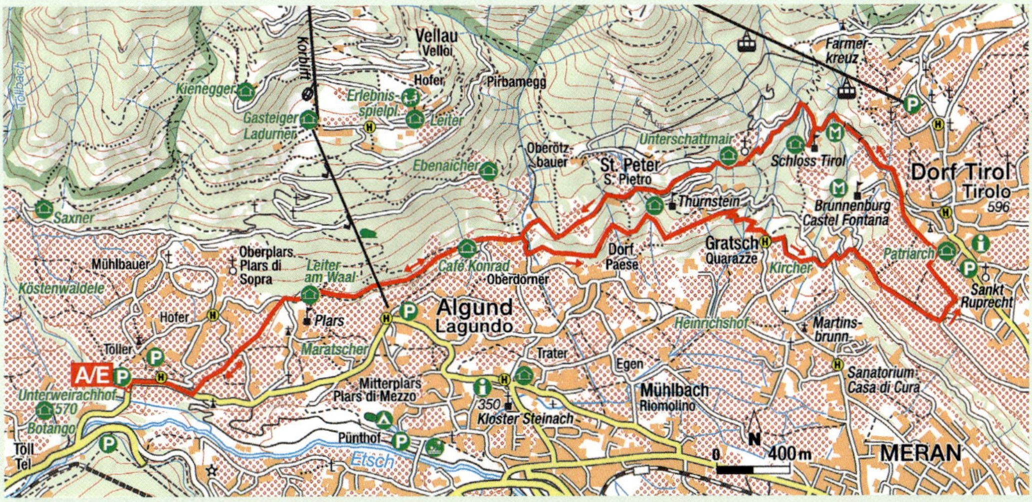

13 Am Tschermser Waalweg

Wasser, Buschenschank und eine Burg

mittel

2.30 Std.

300 Hm

7 km

nein

Der Tschermser Waalweg verlängert den Marlinger Waalweg zu einer traumhaften tagesfüllenden Streckenwanderung. Wir kürzen mit einer Rundtour ab, die das Beste vom Besten verbindet: malerischer Waalweg, Buschenschänken und eine der schönsten Burgen Südtirols.

Aufstieg von Lana Die **Talstation der Vigiljochbahn** haben wir nur als Ausgangspunkt gewählt, denn sie ist gut ausgeschildert und liegt für unsere Wanderung ideal. Wir werden die Seilbahn jedoch nicht benützen, drehen ihr deshalb den Rücken zu und wandern direkt von der Bahn das kurze Stück abwärts zum Villenerweg, dem wir nach links folgen. Vorbei an den ersten schönen Weingütern biegen wir am **Ansitz Schaller** links in die Raffeingasse, wo sowohl der Oberbrunnerhof als auch die Waalwege ausgeschildert sind. Steil geht es nun auf einem Fußweg neben der schmalen Straße aufwärts. Zypressen und Weingärten säumen unseren Weg, und die Aussicht wird immer besser. Wir ignorieren am Mini-Kreisverkehr mit dem Kopfsteinpflaster die Abzweigung nach rechts auf den Waalweg und bleiben geradeaus bis zum **Oberbrunnerhof**, in dem wir einkehren können.

Zum Haidenhof Von dort setzen wir unsere Wanderung fort, indem wir der Straße am Oberbrunnerhof vorbei treu bleiben. Wenige Schritte weiter mündet die Straße in einer Kurve in die nächste kleine Teerstraße. Hier geht es kurz rechts bergab und dann nach links, der Beschilderung zum Haidenhof in die Lebenbergerstraße folgend. Der Weg steigt immer noch an, zudem gibt es wenig Schatten, dafür ist die Aussicht über das Etschtal umso erfreulicher: endlose Apfelhaine und Weinberge, soweit das Auge blickt.

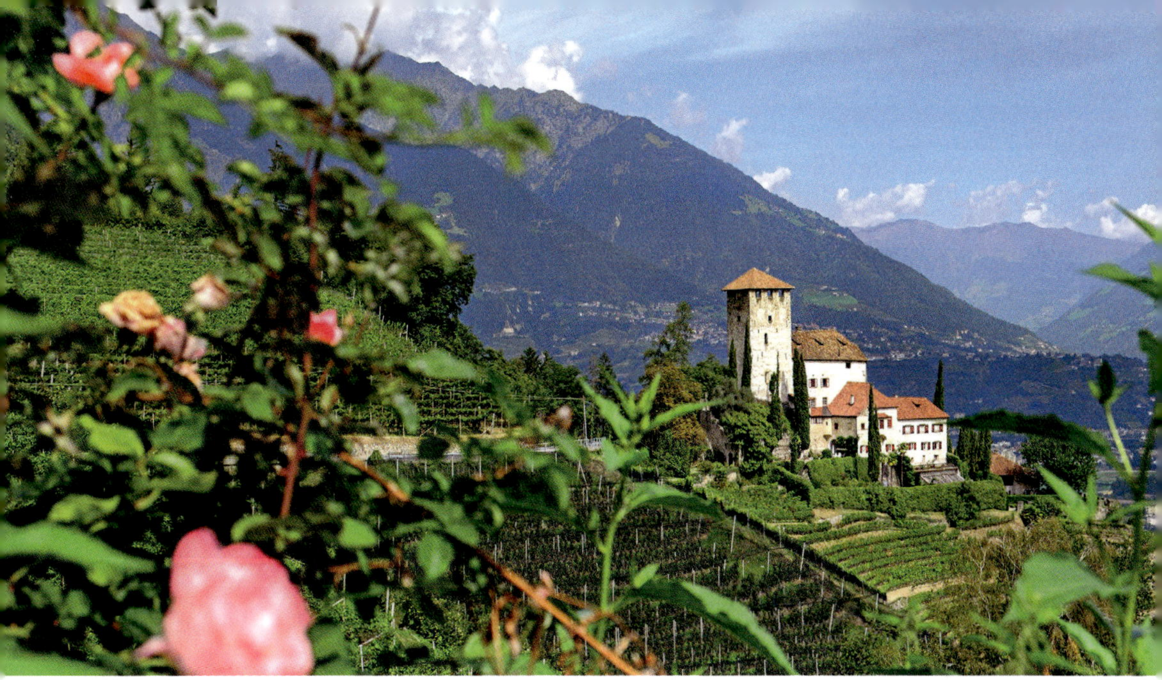

An einem Wegkreuz haben wir den anstrengendsten Teil der Runde hinter uns. Vor uns taucht das Schloss Lebenberg auf, und im Tal sehen wir Meran. Vorbei am **Peilerhof** erreichen wir zuerst das **Weingut Haidenhof** mit seinem schönen Buschenschank, das in traumhafter Lage auf einem kleinen Vorsprung über dem Tal liegt. Lauschig von Weinreben umrankte Plätzchen locken im Garten zur Pause. Bei einem süffigen Glas Weißburgunder, Kerner oder Gewürztraminer ist der gute Vorsatz, rasch weiterzuwandern, schnell vergessen – vor allem, wenn dazu Schlutzkrapfen in goldgelber Butter oder Südtiroler Graukäseknödel serviert werden.

Vom Weingut Haidenhof blickt man auf Schloss Lebenberg.

Schloss und Waalweg Gut, dass die Straße zum **Schloss Lebenberg** hin abfällt und wir keine Höhenmeter mehr zurücklegen müssen. Das Schloss, das wir schon von Weitem bewundern durften, zählt zu den schönsten Anlagen in Südtirol und kann zwischen Mai und Oktober täglich (außer sonntags) besichtigt werden. Die Straße führt am Schloss vorbei und bringt uns zu einem Wanderparkplatz. Hier halten wir uns rechts und steigen noch bis zur nächsten Serpentine an der Straße hinunter.
Genau in der Kurve beginnt dann der **Tschermser Waalweg**. Er führt sogleich über ein Brücklein, und vorbei an

einer Imbissstube treten wir kurz darauf in die Sonne. Von nun an begleitet uns das glucksende Wasser des Waals. Der Weg ist schmal, und bei wanderndem Gegenverkehr müssen wir sogar ausweichen. Aber dieser Wegabschnitt ist einfach ein Traum, und zum Glück gibt es viele Rastbänke, sodass wir alles ausreichend genießen können. Wir schlängeln uns mit dem Wasser um die Weinberge. Bald kommen wir zum **Gasthaus Leitenschenke**, eine gute Gelegenheit einzukehren, falls man es nicht schon im Haidenhof getan hat.

Waale und Waalwege

Ein Waal ist ein Bewässerungskanal, mittels dem man Wasser von hoch gelegenen Bächen auf tiefer liegende Felder bringt, die in der warmen Jahreszeit sonst austrocknen würden. Mit sanftem Gefälle werden die Waale an den Berghängen entlanggeführt, immer begleitet von einem Fußweg, den die Waaler einst für Kontrollgänge nutzten. Heute arbeitet man in Südtirol meist mit modernen Bewässerungsanlagen, aber auch die Waalsysteme sind immer noch im Einsatz. Überdies eignen sich die Waalwege perfekt für Wanderungen: Ohne große Höhenunterschiede ermöglichen sie mehr oder weniger ausgedehnte, aussichtsreiche Touren. Dabei führen sie an Bauernhöfen vorbei, die als Buschenschänken zur Marende (Brotzeit) einladen.

Durch die Weinberge Zum Finale geht es über einen Steg, dann erreichen wir etwas unterhalb des Oberbrunnerhofs wieder eine kleine Straße. Zunächst geht es kurz rechts aufwärts, und wir treffen auf die Kreuzung, die wir bereits vom Hinweg kennen. Auf bekanntem Weg wandern wir nun wieder über den **Oberbrunnerhof** bis zum Mini-Kreisverkehr mit dem Kopfsteinpflaster. Der einfachste Weg führt von hier über den Hinweg zurück.

Alternativ halten wir uns am Bildstock rechts und folgen dem Kultur- und Naturlehrpfad Aichberg kurz aufwärts. Wieder geht es durch die Weinberge, und wir erreichen den Törggelehof Lana, für heute unsere letzte Einkehrmöglichkeit. Die Zufahrtsstraße bringt uns zur großen Gampenpassstraße, die wir in einer Kurve erreichen. Unmittelbar davor schwenken wir links auf einen Feldweg ein. Bergab kommen wir, uns links haltend, zu zwei Häusern, halten uns davor rechts und wandern auf dem hier beginnenden Pfad direkt hinunter zur **Talstation**.

Wichtiges zur Tour

Tourencharakter

Sonniger Rundweg mit einem steileren Anstieg. Ein Teil des Wegs verläuft über wenig befahrene Privatstraßen sowie auf dem schmalen Waalweg. Viele Ruhebänke und Einkehrmöglichkeiten an der Strecke

Ausgangs-/Endpunkt

Lana, Talstation der Vigiljochbahn (333 m)
GPS: 46.620458, 11.140231

Anfahrt

ÖPNV: Mit dem Zug nach Meran und weiter mit dem Bus nach Lana zum Busbahnhof, von dort zu Fuß zum großen Kreisverkehr und in die Ultner Straße, dann rechts in den Villenerweg und dort die Wanderung beginnen

Auto: Lana liegt zwischen Bozen und Meran. Die Vigiljochbahn ist ausgeschildert, besser parkt man aber auf einem der Parkplätze am Ortsrand.

Einkehr

Oberbrunnerhof (www.oberbrunnerhof.it), Gasthaus Leitenschenke (www. leitenschenke.it), Weingut Haidenhof (Fr Ruhetag, www.haidenhof.it)

Informationen

Kurverwaltung Meran,
Tel. +39/0473/272000,
www.merano-suedtirol.it

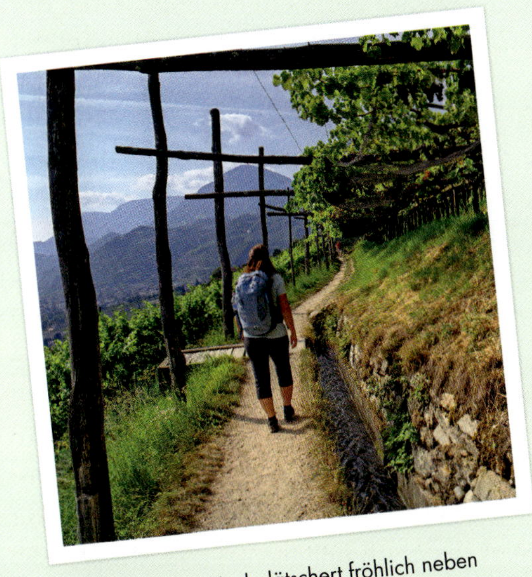

Der Tschermser Waal plätschert fröhlich neben unserem Weg.

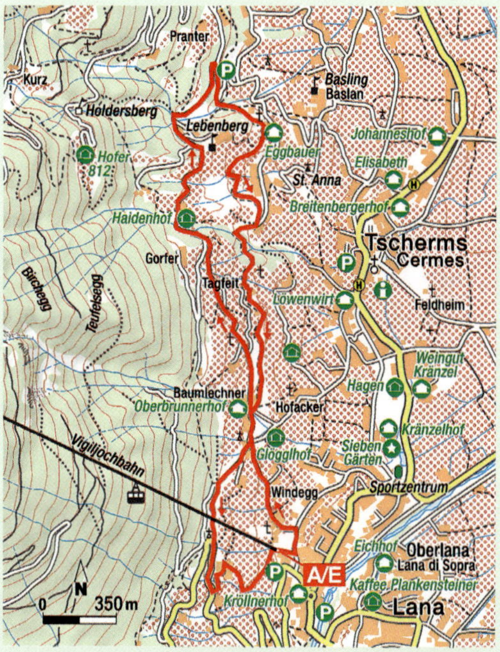

14 Langfenn und Salten

Lärchenwiesen und Kultplätze

- mittel
- 4 Std.
- 350 Hm
- 12 km
- nein

Zwischen Mölten und Jenesien erhebt sich hoch über dem Etschtal der Tschöggelberg, auch Salten genannt, mit seiner höchsten Erhebung, dem Langfenn. Der lang gezogene Höhenrücken ist für seine Lärchenwiesen und das grandiose Panorama bekannt.

Langfenn und St. Jakob Vom **Wanderparkplatz** weisen drei Wege in südliche Richtung. Wir wählen den mittleren und steigen auf einer kleinen Almstraße, der Beschilderung »1« folgend, aufwärts. Der Weg ist auch zum Salten und zum Gasthaus Langfenn ausgeschildert. Das erste Ziel, die Kirche **St. Jakob**, liegt bald direkt vor uns. Sie steht hinter dem Gasthaus Langfenn, zum Einkehren ist es jedoch noch zu früh. Trotzdem werfen wir einen Blick in das kleine Gotteshaus. Bis auf den neugotischen Altar, der den Kirchenpatron zeigt, ist das Innere sehr schlicht. Wer aber von dem kleinen Platz vor der Kirche ins Tal hinabblickt, spürt eine besondere Aura. Man vermutet, dass die Kirche auf einem früheren heidnischen Kultplatz errichtet wurde. Solche Orte wählte man immer mit Bedacht, und das spürt man heute auch noch.

St. Jakob

Der Sage nach stand einst auf dem Langfenn eine große Stadt, von der das Wirtshaus und die Kirche übrig blieben. Die um 1300 erstmals erwähnte romanische St.-Jakob-Kirche ist dem Patron der Wanderer und Pilger geweiht und zählt zu den ältesten Gotteshäusern Südtirols. Bis ins 19. Jahrhundert hinein war der Langfenner Kirchtag berühmt und berüchtigt: eine Feier, zu der das ganze Umland strömte, bis sie 1839 nach wilden Raufereien abgeschafft wurde. Heute gibt es im Sommer wieder einen kleinen Kirchtag mit Musik und Tanz am Gasthaus.

Berühmte Lärchenwiesen am Salten Nach dem Besuch von St. Jakob wandern wir vom Gasthaus auf dem Alm-

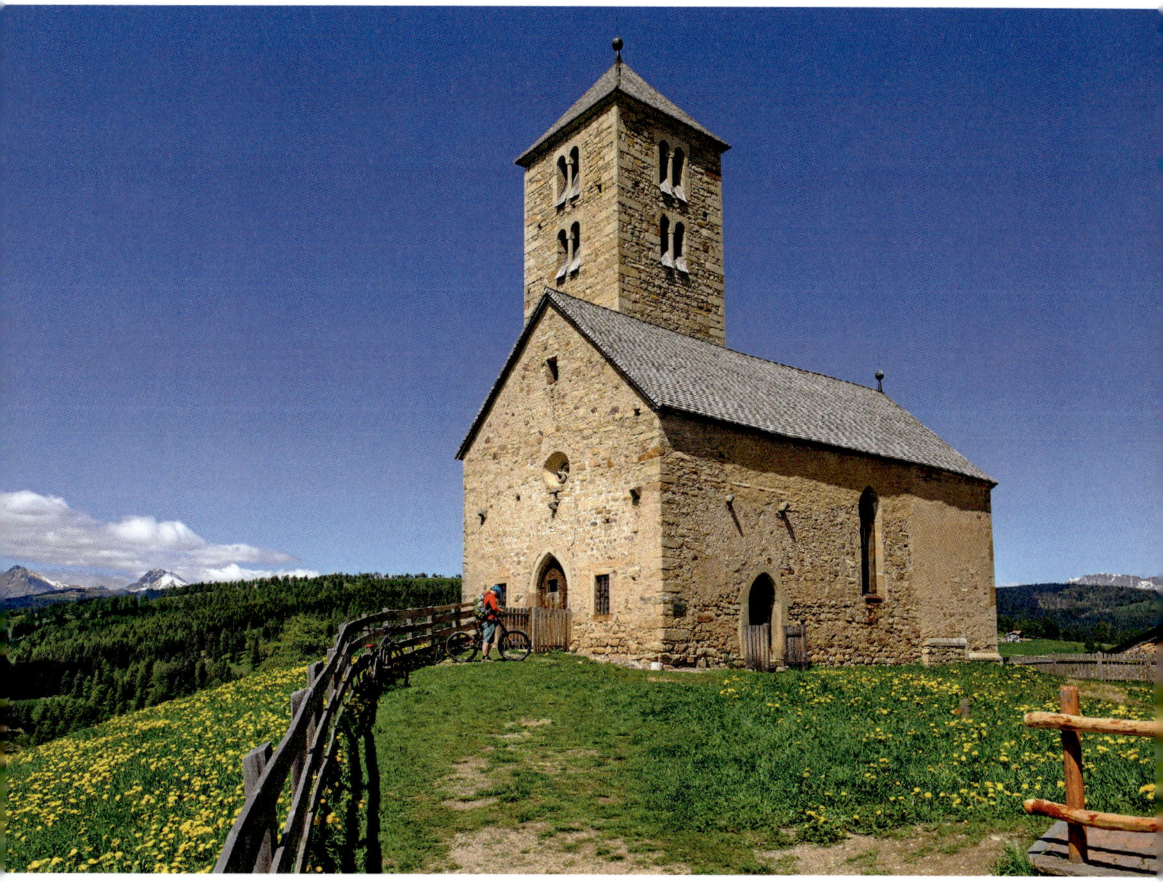

St. Jakob wurde an einem markanten Punkt am Hügel erbaut.

sträßchen leicht abwärts weiter. Damit sind wir in südlicher Richtung im leichten Auf und Ab zwischen Holzzäunen unterwegs. Auf unserer Strecke verläuft gleichzeitig der Europäische Fernwanderweg E5. Es geht nun über den lang gezogenen Hügelrücken, der **Salten** genannt wird. Links und rechts breiten sich die Almwiesen mit den großen Lärchenbeständen aus. Zum Schutz sind sie durch Zäune abgetrennt. Im Frühling verwandeln sich die Wiesen in ein weiß-lilafarbenes Meer aus Krokussen. Die jedoch mit Abstand schönste Jahreszeit, um den Salten zu besuchen, ist der späte Herbst – dann glühen die Lärchen in allen erdenklichen Orangetönen und ragen wie brennende Fackeln in den blauen Himmel. Dazwischen genießen wir immer wieder die Aussicht auf die Südtiroler Berge, die bis zu den schneebedeckten Gipfeln der Dolomiten reicht.

Einkehr im Gschnoferstall Die Beschilderung führt uns zunächst Richtung »Jenesien/Gasthaus Edelweiß«. Dabei wandern wir auch auf dem **Sagenweg**, den die Kinder der örtlichen Grundschule errichtet haben. Kurz bevor wir das Gasthaus Edelweiß erreichen (ein Abstecher dorthin ist wegen der guten Südtiroler Küche durchaus lohnenswert), senkt sich der Weg. An einer Kreuzung biegen wir dann rechts in den **Langfenn-Rundweg** ein, der Richtung Gschnoferstall und mit der Nummer »7« ausgeschildert ist.

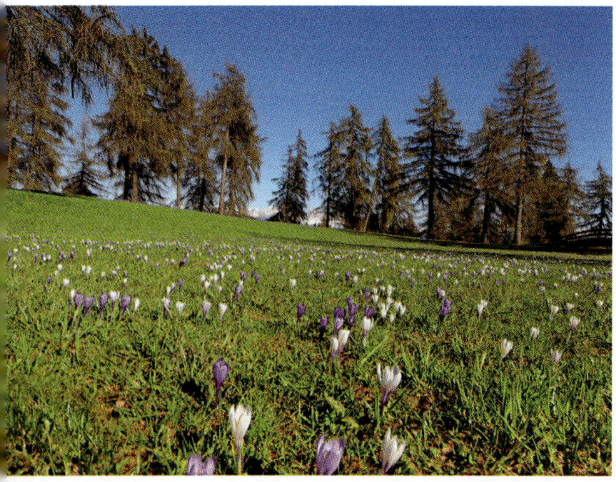

Im Frühjahr gesellen sich zu den zahlreichen Lärchen Krokusse.

Auf einem sonnigen Weg geht es leicht abwärts, an der Weggabelung geradeaus. Dann passieren wir den **Bauernhof Vordernobls**, der direkt an unserem Weg Nr. 7 liegt. Kurz danach macht die Straße eine starke Linkskurve; hier bleiben wir rechts und kommen dann gleich links haltend über ein Wiesenweglein durch ein kleines Hochmoor direkt zur netten **Alm Gschnoferstall** (1433 m). Hier gackern die Hühner, und wenn wir uns Zeit nehmen, erwartet uns eine bodenständige Südtiroler Küche mit Speckknödelsuppe, Hirtennudeln oder Kaiserschmarrn. Die Auswahl ist nicht groß, aber es ist für jeden etwas dabei.

Über das Tammerle Moos So gestärkt machen wir uns auf den Rückweg. Wir folgen der Straße von der Alm nach Norden, bis sie sich am Waldrand teilt. Rechts könnten wir wieder zum Salten aufsteigen, wir halten uns jedoch links und durchqueren ein größeres Waldstück. Wieder an der Sonne passieren wir das kleine **Tammerle Moos**, ein Hochmoor, zu dem rechts ein kleiner Stichweg führt. Unser Weg stößt aber gleich auf einen größeren, dem wir rechts ein kurzes Stück zu einer Straßengabelung folgen. Links haltend passieren wir den **Hof Pathoi**, dann geht es in einen Wald. In einer langen Rechtskurve umrunden wir den Hügel von Langfenn und wandern gemütlich abwärts, bis der Weg ganz plötzlich direkt am **Wanderparkplatz** endet, an dem wir gestartet sind.

Wichtiges zur Tour

Tourencharakter

Die etwas längere Rundwanderung verläuft ohne technische Schwierigkeiten auf angenehm breiten Alm- und Wanderwegen im steten Auf und Ab. Nach Regen ist vor allem der Rückweg z. T. sehr feucht.

Ausgangs-/Endpunkt

Wanderparkplatz Schermoos (1453 m)
GPS: 46.590125, 11.282003

Anfahrt

ÖPNV: Mit dem Zug nach Bozen oder Meran und weiter mit Bussen nach Mölten oder Jenesien bis Haltestelle Schermoos
Auto: Der Parkplatz Schermoos liegt östlich von Mölten an der SP 99 in Richtung Jenesien kurz vor dem Ort links und rechts der Straße. Mölten erreicht man auf der SP 98 von Meran über Hafling und Vöran.

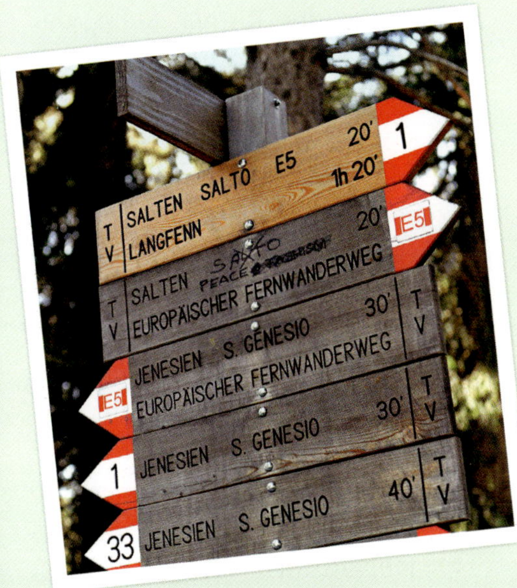

Die Wege sind gut ausgeschildert.

Einkehr

Gasthaus Langfenn (www.langfenn.it), Gasthaus Edelweiß (Abstecher; www.reiterhof-edelweiss.it), Gschnoferstall (Ostern bis Mitte Nov. täglich, danach nur am Wochenende, Tel. +39/0346/1746045)

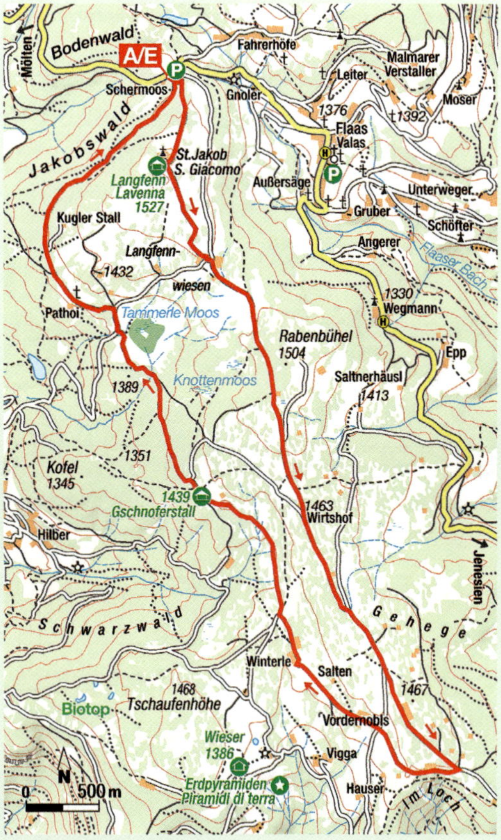

15 Oberbozen und der Ritten

Sommerfrische und ein Bähnle

mittel

3 Std.

200 Hm

8 km

nein

Zur Sommerfrische fährt man schon lange auf den Ritten – das Sonnenplateau, bestückt mit Promenaden, Aussichtslogen, Weinbergen und Gaststätten, ist ideal zum geruhsamen Wandern. Die Rückfahrt erfolgt bequem mit der historischen Rittner Bahn.

Die Oberbozner Bahnen Oberbozen liegt, wie der Name schon sagt, oberhalb von Bozen und ist durch eine Seilbahn mit der Südtiroler Hauptstadt verbunden. Genauer gesagt liegt Oberbozen auf einem Hochplateau, dem Ritten, dem Hausberg der Bozner. Zum Ritten gehört natürlich auch ein echter Berggipfel, der als Rittner Horn bezeichnet ist. Wir wandern auf dieser Rundtour über das Hochplateau und folgen dabei mehr oder weniger nahe der Rittner Bahn, der einzigen Schmalspurbahn Südtirols. Sie verbindet mit ihrem nostalgischen Triebwagen von 1907 die Orte Maria Himmelfahrt mit Oberbozen und fährt weiter bis Klobenstein, dem Endpunkt unserer Wanderung. Dabei sind die alten Züge vor allem am Vormittag im Einsatz. Wer einen erwischen möchte, muss entweder früh losgehen oder die Tour mit einer Zugfahrt ab Klobenstein beginnen.

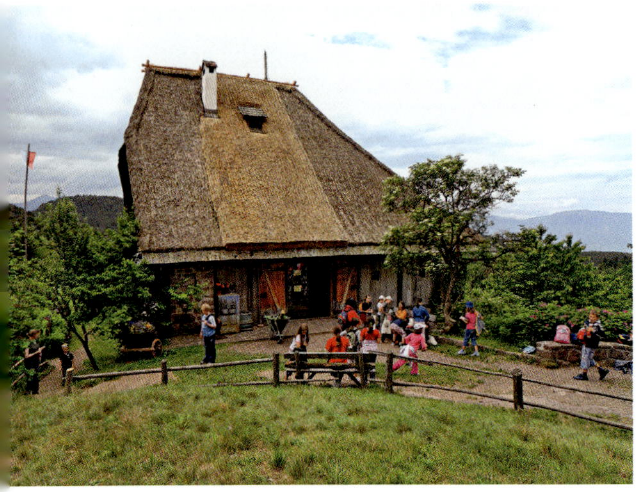

Das Bienenmuseum im Plattnerhof ist mit einem kleinen Abstecher erreichbar.

Freudpromenade und Bienenmuseum Zur Wanderung starten wir am **Bahnhof in Oberbozen** und folgen der Dorfstraße nach rechts. Autoreisende können gleich dorfauswärts wandern. Bald schon kreuzt die Bahn unseren

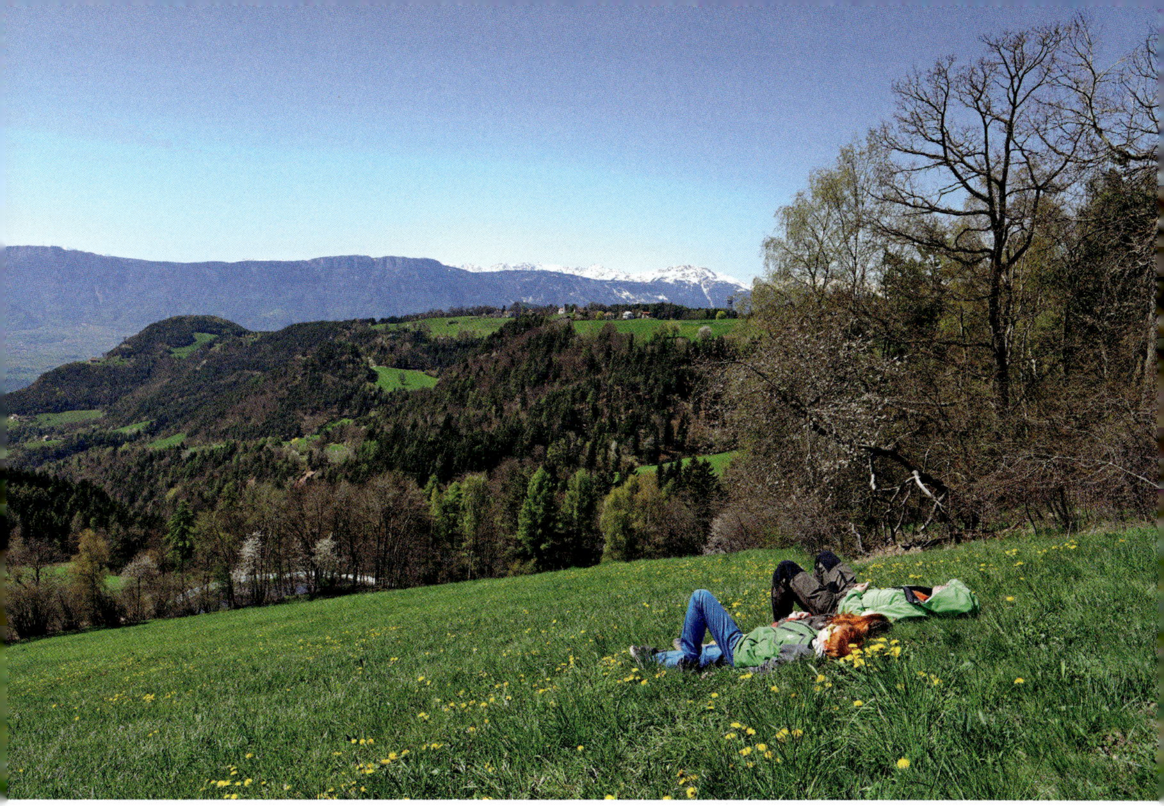

Jung und Alt genießen die Aussicht von der Freudpromenade.

Weg, und wir folgen dort der Beschilderung zur Freudpromenade (Weg Nr. 35), die uns den Weg nach links in den Alten Mühlenweg weist, um gleich wieder rechts abzubiegen. Vorbei an einigen schönen historischen Ferienhäusern gibt nun die **Freudpromenade** den Weg vor.

Bald kommen wir in den Wald und treffen auf eine Straße. Wer möchte, kann hier die Wanderung geradeaus auf der Freudpromenade fortsetzen und damit abkürzen. Es lohnt sich jedoch, rechts auf der Straße abzusteigen. Sie bringt uns über die Gleise nach **Wolfsgruben**, wo wir am Gasthaus Drei Birken links der Beschilderung zum **Bienenmuseum** folgen. Dieses befindet sich im historischen **Plattnerhof** und ist sehr sehenswert. Das Außengelände ist frei zugänglich, aber auch die Besichtigung im schönen alten Bauernhaus, wo wir alles Wichtige rund um Bienen und deren Haltung erfahren, lohnt sich.

Nach Klobenstein Im Anschluss wandern wir in der Nähe der Gleise etwas unterhalb des Bienenmuseums weiter und spazieren durch den Wald und über Wiesen bis zur nächsten **Haltestelle Lichtenstern** (Möglichkeit zur

Sommerfrische

Es gab Zeiten, da war es während der Sommermonate in Bozen unerträglich schwül. Damals gab es noch viele Feuchtgebiete rund um den Ort, denn vieles war noch nicht trockengelegt worden, und es fehlte die Flussregulierung. Im 18. Jh. gab es im Etschtal sogar Malaria – kein Wunder, dass jeder, der es sich leisten konnte, der Stadt im Sommer fernblieb. Deshalb bauten sich die vornehmen Patrizier schon ab dem 17. Jh. oberhalb von Bozen ihre prachtvollen Ferienhäuser. Dorthin zog man mit der ganzen Familie in die Sommerfrische und hatte es im Notfall nicht weit, um im Tal seinen Geschäften nachzugehen. Mit dem Bau der Rittner Bahn, die damals am Bozner Waltherplatz startete, lockte man Anfang des 20. Jh. auch die ersten Feriengäste aufs Rittner Hochplateau, und illustre Prominente wie Franz Kafka oder Sigmund Freud logierten in den Hotels und Pensionen. Heute schwebt man mit der Gondel auf den Ritten – immer noch ideal, um der sommerlichen Hitze zu entfliehen und die kühle, klare und saubere Bergluft zu genießen.

Abkürzung). Dort queren wir die Gleise, und nun geht es wieder leicht aufwärts zurück zur **Freudpromenade**, die etwas oberhalb des Hotels Lichtenstern verläuft. Jetzt ist die Aussicht schon wirklich gewaltig, und wir blicken auf den Reigen der Dolomiten, allen voran auf den Schlern mit der Santnerspitze, die leicht erkennbar sind.

Wir passieren die kleine **Waldkirche** und einige Hotels und Pensionen, dann führt unser Weg kurz in den Wald. Aber die nächste Aussicht lässt nicht lange auf sich warten, und schon geht es wieder am Rand von Almwiesen entlang. Dann lotst uns die Beschilderung der Freudpromenade nach links, um uns zum Finale auf ruhigen Wegen nach **Klobenstein** zu geleiten. Wir erreichen den Ort an einem Wegdreieck im Schlernweg. Diesen queren wir mit einem Links-rechts-Schwenk, und weiter geht es auf einem Pfad zwischen den Häusern zur Kemater Straße. Dort führt uns der Gehweg in Wanderrichtung zu einem Kreisverkehr. Auch diesen queren wir geradeaus und folgen dem Michael-Gamper-Weg bald über eine Rechtskurve zum **Bahnhof Klobenstein**, wo wir die Rückfahrt nach **Oberbozen** antreten.

Wichtiges zur Tour

Tourencharakter
Leichte Streckenwanderung auf fast ebenen Wegen, kann an allen Bahnhöfen der Rittner Bahn abgekürzt werden. Ohne Plattnerhof verkürzt sich die Tour um ca. 45 Min.

Ausgangspunkt
Oberbozen (1221 m), Bahnhof
GPS: 46.528252, 11.405985

Endpunkt
Klobenstein (1194 m), Bahnhof

Anfahrt
ÖPNV: Mit der Bahn bis Bozen und weiter mit dem Bus oder direkt mit der Rittner Bahn nach Oberbozen. Rückfahrt von Klobenstein mit der Bahn
Auto: A22 bis Ausfahrt Bozen-Nord, Richtung Bozen-Zentrum, dann rechts der Beschilderung zum Ritten über viele Serpentinen folgen, auf dem Plateau links nach Oberbozen; kurz vor dem Zentrum gibt es einige Parkplätze an der Straße.

Einkehr
Einige Möglichkeiten am Weg

Informationen
Tourismusverein Ritten,
Tel. +39/0471/35 61 00, www.ritten.com

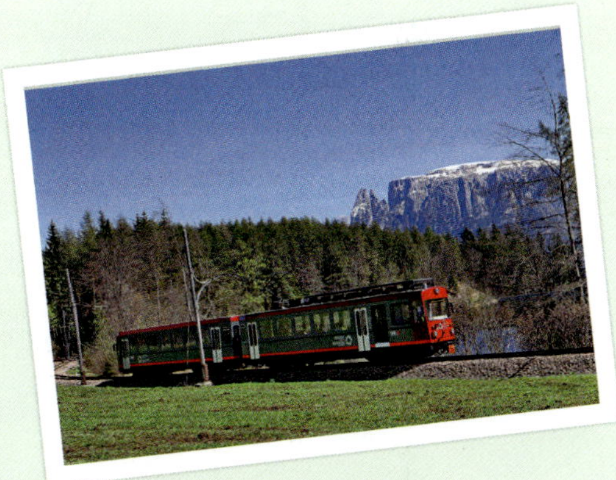

Die Rittner Bahn vor dem Schlern

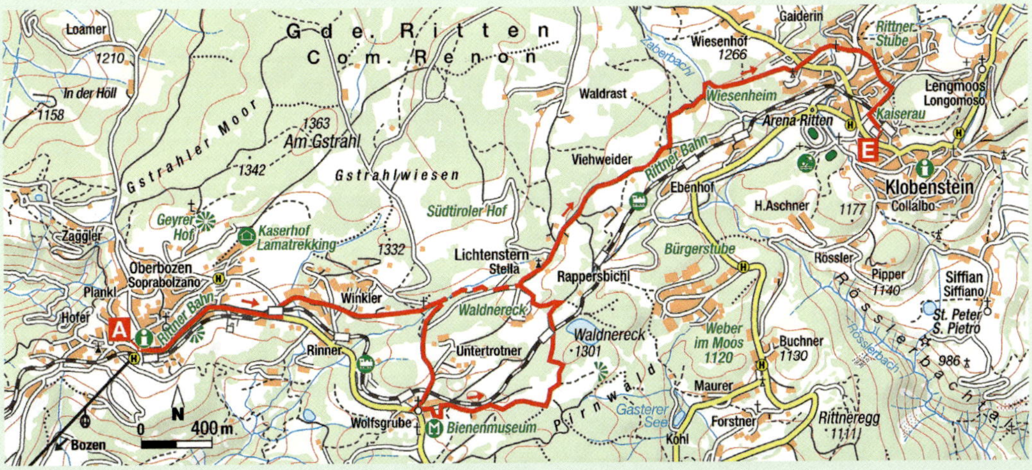

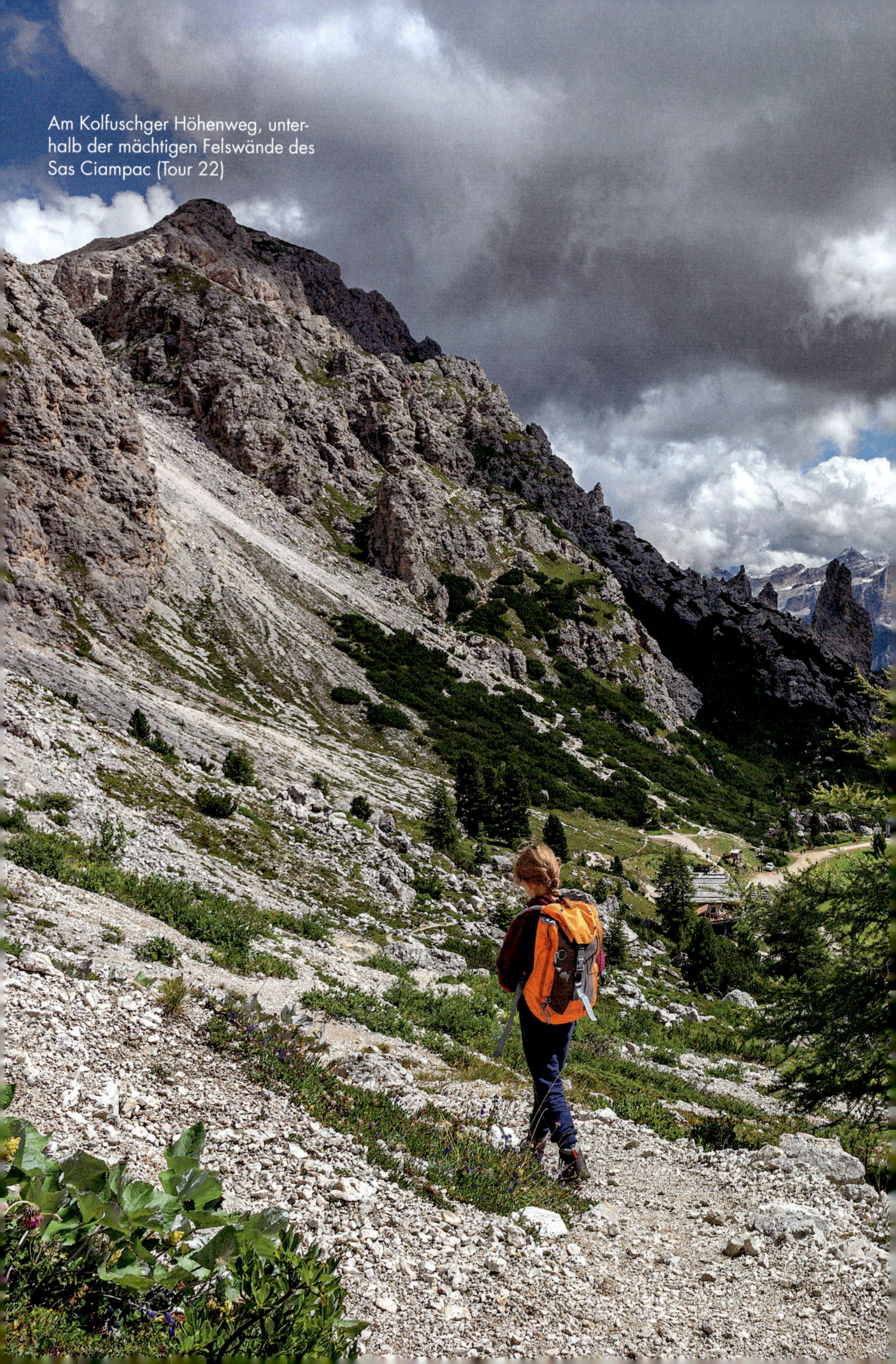

Am Kolfuschger Höhenweg, unterhalb der mächtigen Felswände des Sas Ciampac (Tour 22)

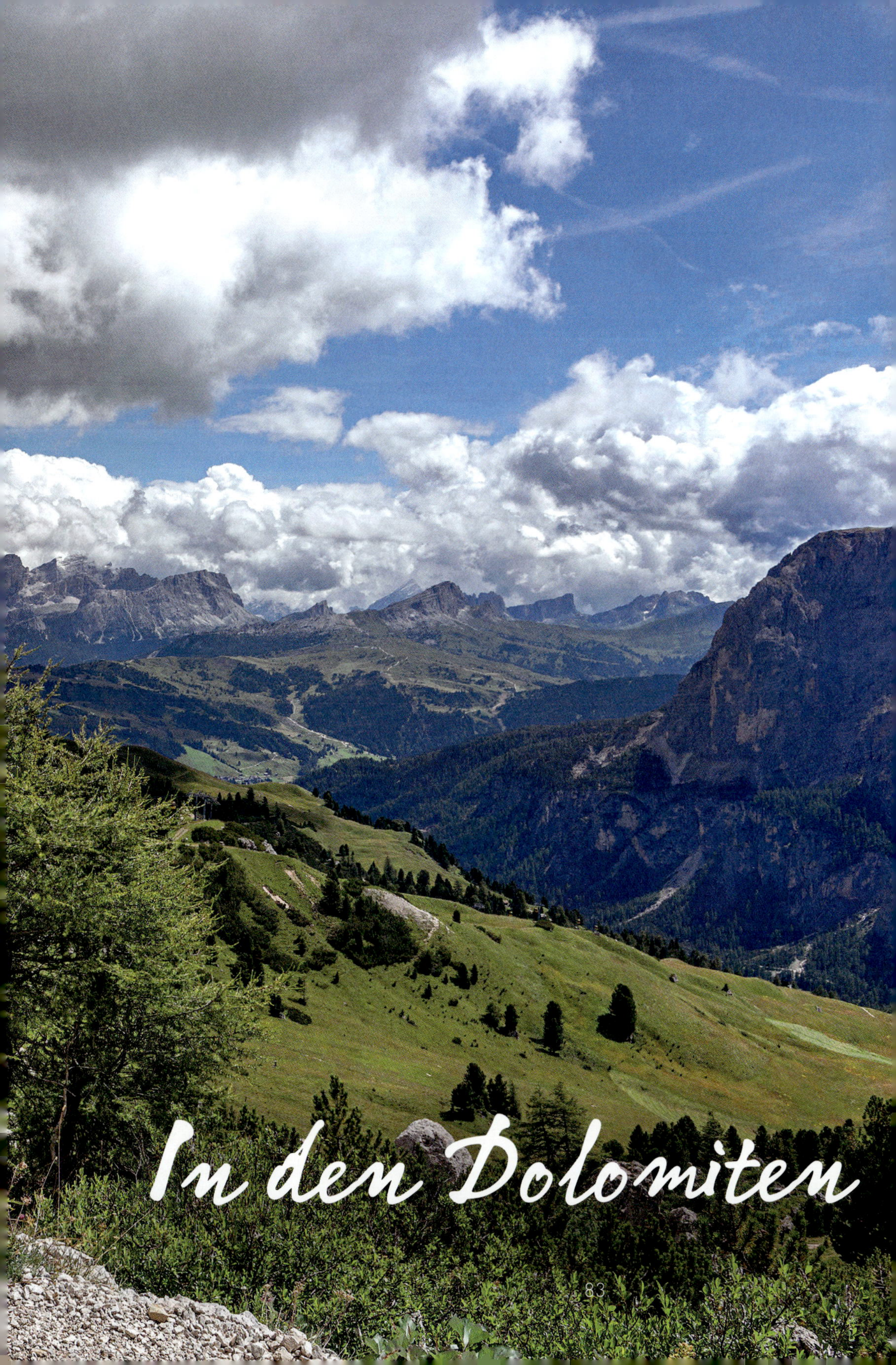

In den Dolomiten

16 Rundweg bei Maria Weißenstein

Auf sakraler Spurensuche

- leicht
- 2.15 Std.
- 250 Hm
- 6,5 km
- nein

Maria Weißenstein ist der bekannteste Wallfahrtsort in Südtirol und ein beliebtes Ausflugsziel im Eggental. Üppige Almblumenwiesen, unendliche Weitsichten und dazu der kulturelle Anziehungspunkt machen die Wanderung zu weit mehr als einem Pilgerziel.

Steiler Anstieg Von der **Bushaltestelle**, die gleich am Parkplatz liegt, steuern wir die große **Wallfahrtskirche** an. Eine Besichtigung lohnt sich definitiv, egal ob vor oder nach der Tour. Den Einstieg zur Wanderung finden wir mit Blick auf das Gotteshaus links, auf der Südseite des Hotels Weißenstein. Dort sind nach links die Schönrastalm und die Schmieder Alm ausgeschildert, die wir über den Sommerweg Nr. 15 erreichen wollen. (Von rechts, über den Winterweg werden wir später zurückkommen.) Am Rand einer Wiese führt unser Weg gleich bergan. Mit einem letzten Blick auf die Kirche wandern wir in den Wald und folgen nun dem steil ansteigenden Weg. Das treibt unseren Puls gleich einmal kräftig in die Höhe. Aber Schritt für Schritt kommen wir aufwärts und queren bald eine kleine Forststraße. Langsam wird der Weg flacher, und kurz vor der Schönrastalm haben wir das Gröbste schon geschafft.

Maria Weißenstein

Einer Legende nach soll die Jungfrau Maria 1553 dem todkranken Bergbauern Leonhard Weißensteiner erschienen sein und ihn von seiner Krankheit geheilt haben. Zum Dank errichtete er eine Kapelle und entdeckte beim Bau im Boden eine kleine Pieta aus weißem Marmor. Man sah sie als Geschenk der Muttergottes, als Gnadenbild an. Ganz klein und leicht zu übersehen steht sie heute am barocken Hochaltar der Wallfahrtskirche, die ab 1673 gebaut wurde und 100 Jahre später ihre heutige Form bekam. Sie wurde zur Basilika minor erhoben und ist bis heute Ziel vieler Pilger. Betreut wird sie von Servitenpatres, bei denen man auch übernachten kann.

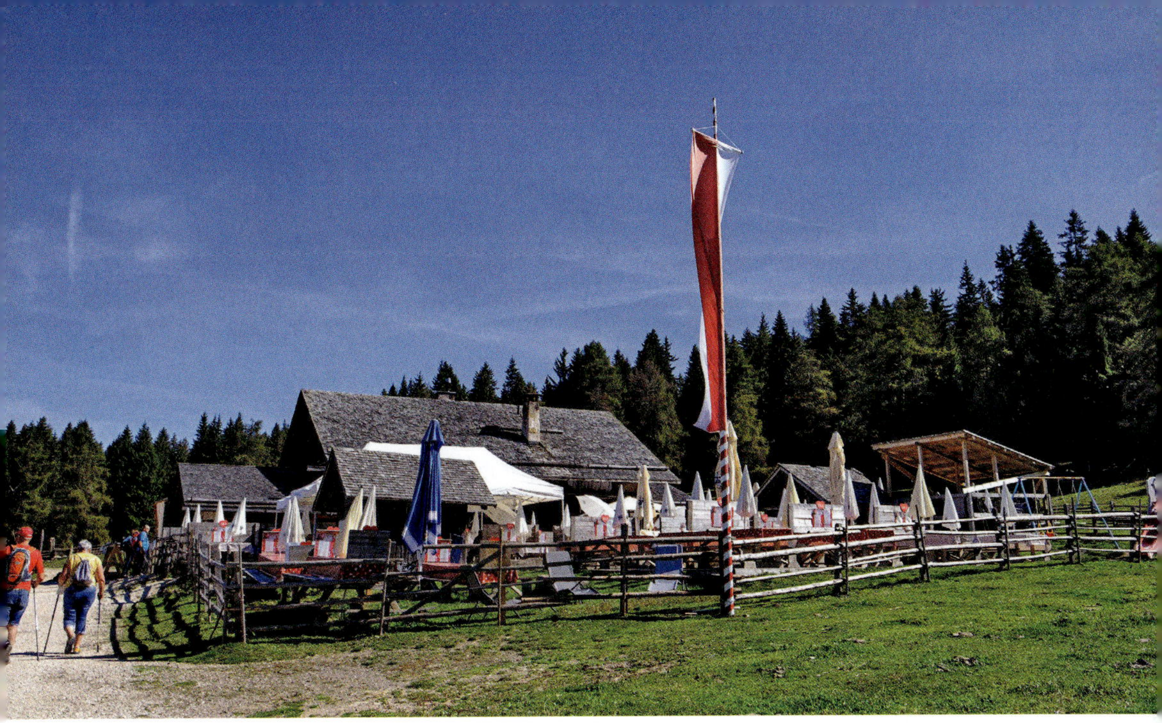

Die Schönrastalm liegt auf einer Lichtung im Wald.

Almenzauber Wir treten auf eine Almwiese und können direkt die **Schönrastalm** ansteuern. Wem das für eine Einkehr noch zu früh ist, folgt einfach dem nun breiten Weg weiter und erreicht ca. 30 Minuten später auf fast ebener Strecke den **Gasthof Schmieder Alm**. Vor uns öffnet sich nun eine gigantische Aussicht hinüber zur Brentagruppe, dem Ortlermassiv und dem Ritten. Selbst der Mendelpass erscheint aus dieser Perspektive niedrig und klein. Spätestens jetzt wäre Zeit für eine Rast und Einkehr – die frisch gebackenen Strauben sind ein Traum und auch die Latschenkiefernnudeln mit Wildragout etwas ganz Besonderes.

Wiesen- und Lärchenglück Nach der Pause wandern wir ein kleines Stück den Weg zurück, den wir gekommen sind. Kaum sind wir wieder im Wald, halten wir uns nach dem **Löschweiher** links und folgen jetzt der Beschilderung nach Aldein (Weg 8A), die uns kurz darauf nach rechts weist. Am Rand der Almwiese verlieren wir nun an Höhe und erreichen eine kleine Talsohle mit einer netten **Holzhütte**. Hier wählen wir nicht den nach Weißenstein ausgeschilderten Weg Nr. 8, sondern bleiben noch ein Stück in ursprünglicher Wanderrichtung.

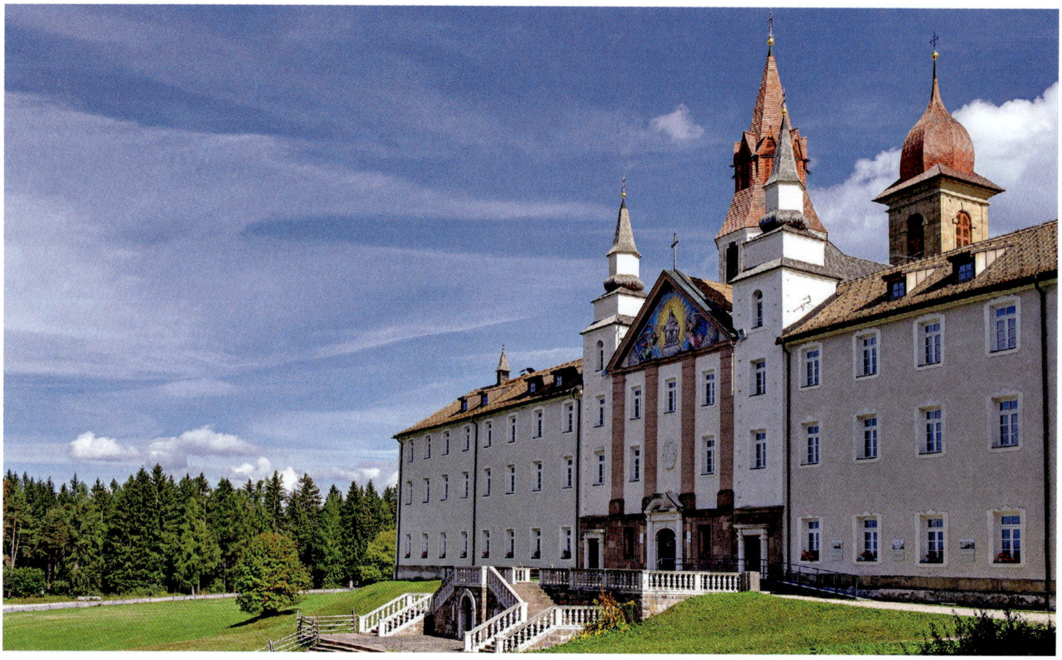

Spätestens nach der Wanderung ist Zeit für den Besuch der Wallfahrtskirche Maria Weißenstein.

Wir verlieren weiter an Höhe und kommen zu einer größeren Wegverzweigung. Hier geht es für uns nun nach rechts auf den Wanderweg Nr. 10, der ebenfalls nach Weißenstein ausgeschildert ist. Wir folgen einem alten **Kreuzweg**, der uns gleich an einer steil abfallenden, jedoch perfekt gesicherten Hangkante vorbei auf eine Almwiese führt. Sie gleicht ein bisschen dem Lärchenparadies am Langfenn (s. Tour 14), aber im Gegensatz zu dort sind wir hier sehr einsam unterwegs.

Wir passieren die nette private **Hütte Kofelschupf** und gleich darauf einen **Löschweiher**, wo wir uns links in den lichten Wald halten. Bald steigt unser Almsträßchen wieder leicht an und bringt uns zu einer Wegverzweigung im Wald. Hier halten wir uns geradeaus und wandern auf dem Winterweg Nr. 8 das letzte Stück zurück nach **Maria Weißenstein**.

Zusatzprogramm

Wer noch Kraft und Energie hat, kann vom hinteren Ende des Parkplatzes in ca. 20 Min. zur Einsiedelei und der Leonhardikapelle wandern – ein mystischer und gleichzeitig exponierter Platz, an dem der Bergbauer Leonhard Weißensteiner lebte.

Wichtiges zur Tour

Tourencharakter

Rundtour, anfangs mit steilerem, zum Glück schattigem Anstieg. Meist über Bergwege mit einigen Steinen und einem kurzen Stück auf einer Forststraße

Ausgangs-/Endpunkt

Maria Weißenstein (1520 m)
GPS: 46.391457, 11.413316

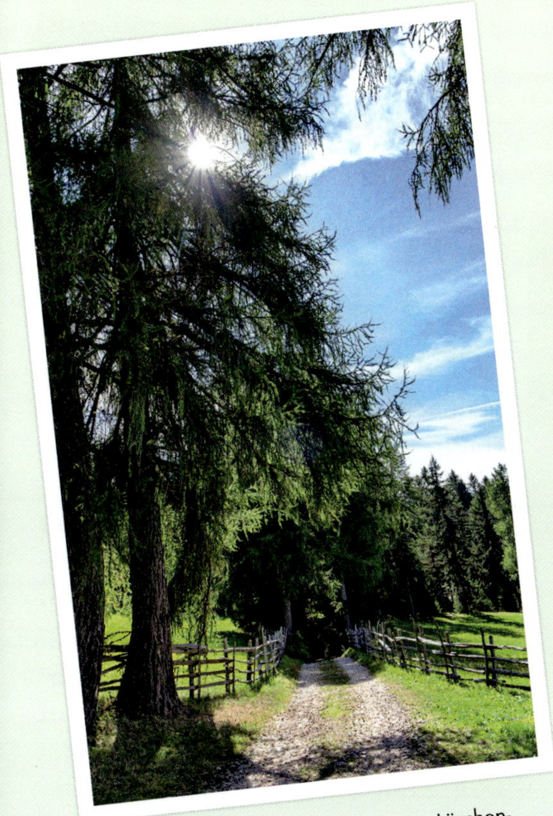

Am Rückweg wandern wir entlang von Lärchenwiesen.

Anfahrt

ÖPNV: Mit dem Zug nach Bozen und weiter mit dem Bus ins Eggental zur Wallfahrtskirche Maria Weißenstein
Auto: Von Bozen-Nord ins Eggental, in Birchbruck rechts halten und der Beschilderung zur Wallfahrtskirche Weißenstein folgen; großer Parkplatz

Einkehr

Schönrastalm (Tel. +39/0471/886731), Schmieder Alm (Do Ruhetag, www.schmiederalm.it)

Informationen

Eggental Tourismus,
Tel. +39/0471/619500,
www.eggental.com

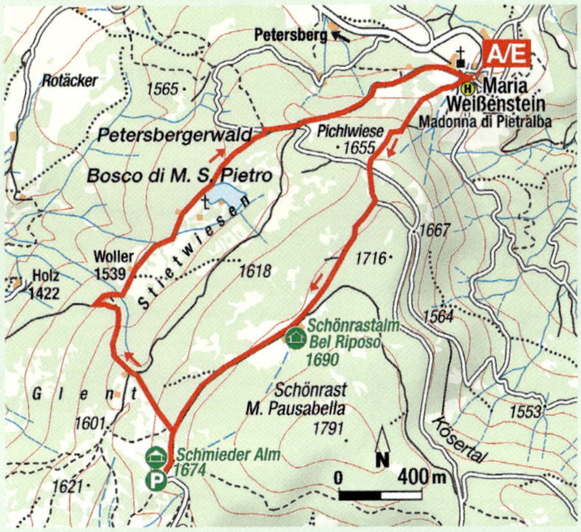

17 Am Themenweg Latemar.Panorama

Spektakuläres Dolomitenwandern

- mittel
- 3 Std.
- 400 Hm
- 8 km
- ja

Unter den dramatischen Felswänden des Latemarmassivs wandern wir durch die eindrucksvolle Natur der Dolomiten. Der Name des Themenwegs Latemar.Panorama ist Programm: Aussichtsreich und mit vielen Highlights wird die Tour zu einem unvergesslichen Erlebnis.

Spannendes Latemarium Bei Obereggen gibt es mehrere kürzere und längere Themenwege, die unter dem Begriff Latemarium zusammengefasst sind und eines gemeinsam haben: Sie führen in die herrliche Welt der Dolomiten und zu den schönsten Aussichtspunkten im Latemar. Unsere Wahl fiel auf den Themenweg Latemar.Panorama, der zwar nicht zu den allereinfachsten Wegen gehört, aber alles in sich vereint, was man sich unter einer gelungenen Bergtour vorstellt: spektakuläre Aussichten, viele interessante Infotafeln, jede Menge Rastplätze und einige tolle Einkehrmöglichkeiten.

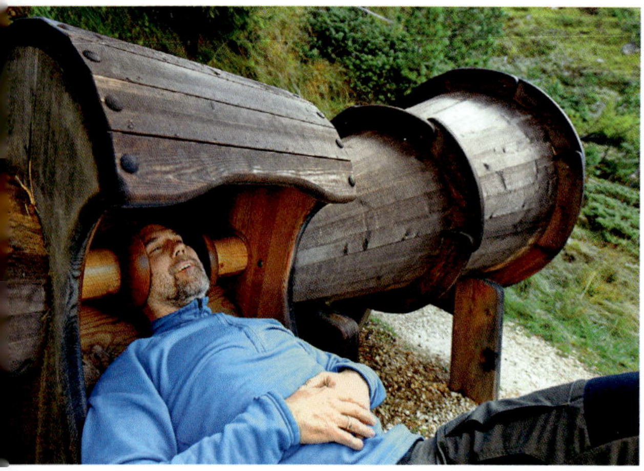

Auf dem Themenweg heißt es staunen, genießen und entdecken – dafür ist man nie zu alt.

Staunen und genießen Beschwingt fahren wir mit dem **Oberholzlift** hinauf zur **Bergstation** (2080 m), wo wir mit der Wanderung beginnen. Wir steigen hinter der Bahn zur Aussichtsstation Latemar 360° auf und verschaffen uns erst einmal einen Überblick über die uns umgebende Bergwelt. Zum Glück gibt es in dem Rondell eine Panoramakarte, die uns die unzähligen Gipfel erläutert: von der Brentagruppe ganz im Süden über das Ortlermassiv, die Ötztaler und die Stubaier Gletscher bis zu den Bergen im Norden rund um den Brenner.

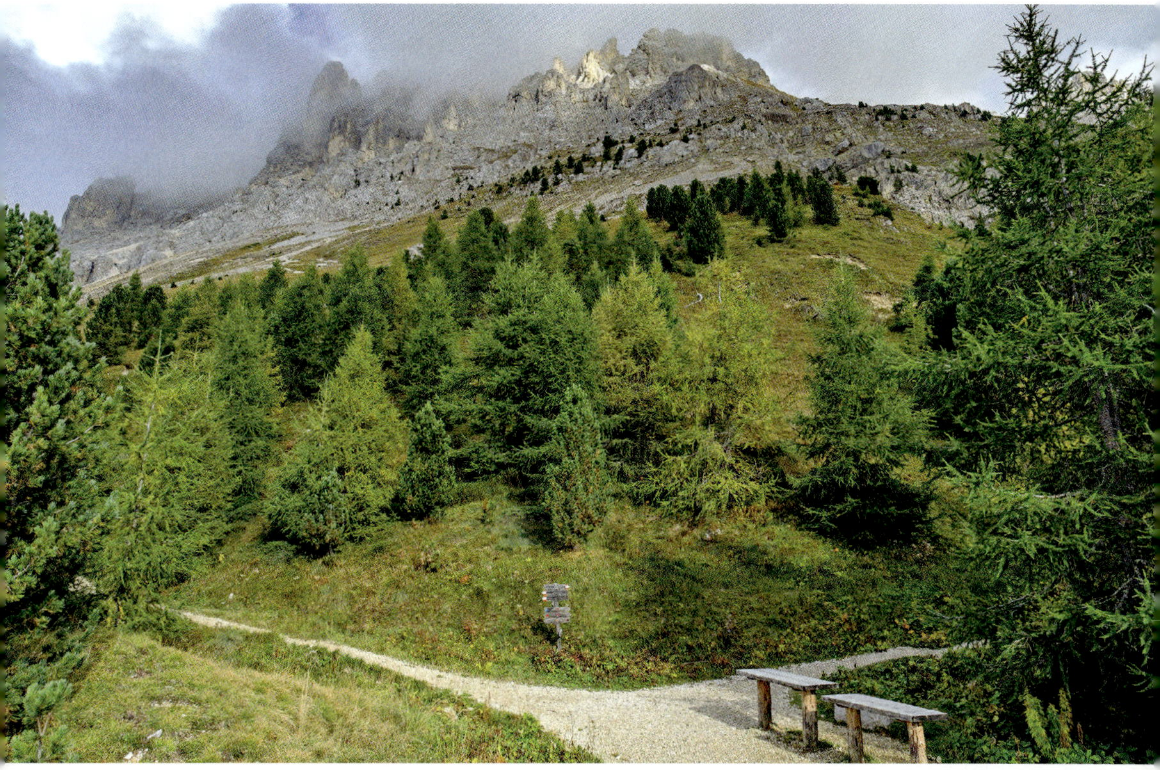

Die felsigen Riffe und Kanten des Latemargebirgsstocks sind das prägende Motiv der Landschaft.

Da es für eine längere Pause noch zu früh ist – wobei gerade die 360°-Doppelliegen äußerst verführerisch wären –, halten wir uns links und folgen dem Weg Nr. 22, der sowohl als **Panoramaweg** als auch zum Passo Feudo ausgeschildert ist. Leicht ansteigend führt er uns direkt unter den Felswänden des Latemars entlang und überrascht mit vielen lehrreichen, spannenden Infos zu einigen schönen Rastplätzen. Auf der gesamten Strecke begleiten uns beste Aussichten, und wir kommen aus dem Staunen gar nicht mehr raus.

Zur Feudo-Hütte Nach dem **Aussichtspunkt mit dem geschnitzten Adler** können wir das erste Mal abkürzen und direkt zur Maierlalm absteigen. Ansonsten bleiben wir auf dem Weg Nr. 22 und freuen uns weiterhin über die wunderbare Dramaturgie der Bergwelt. Schließlich erreichen wir das **Rifugio Passo Feudo** (Feudo-Hütte, 2167 m), unsere erste Einkehrmöglichkeit. Im Sommer stehen Sonnenliegen fürs Schaurasten bereit, und auch die große Terrasse verführt zum längeren Verweilen.

Spaziergang durch den Bergwald Die Feudo-Hütte ist der Umkehrpunkt unserer Tour, und so folgen wir der kleinen Almstraße, die uns bequem und leicht abfallend über saftige Almwiesen Richtung Reiterjoch führt. Dabei passieren wir die **Ganischgeralm** und die etwas tiefer gelegene **Zischgalm**, die ebenfalls zur Einkehr locken. Ein Almsträßchen bringt uns rechts zum **Reiterjoch** (1996 m), das von einem Bildstock markiert und einer hölzernen Kugel wird, einer Skulptur, die auch als »Auge der Dolomiten« bezeichnet wird. Kurz danach wechseln wir rechts haltend auf den Wanderweg Nr. 23 und steigen nun wieder etwas zur **Mayerlalm** auf, unserer vorletzten Versorgungsmöglichkeit.

Abstiegsvariante

Es besteht die Möglichkeit, ab dem Reiterjoch stets der kleinen Almstraße zu folgen, die uns direkt ins Tal nach Obereggen bringt (ca. 20 Min. länger als die beschriebene Tour, 400 Hm bergab, 4 km).

Nach der Pause setzen wir unseren Weg zwischen der Hütte und dem Nebengebäude fort. Jetzt geht es durch den Zirben- und Lärchenwald, und wer möchte, lauscht an **Themenstationen** den Vogelstimmen und bestimmt Tierspuren. Ein riesiges Hörrohr trägt uns die Geräusche des Bergwalds ans Ohr, und wir erkunden Schuttpflanzen und merken dabei gar nicht, wie schnell die Zeit verfliegt. Dann sind wir wieder an der **Bergstation** angelangt, wo wir ins Tal hinabschweben oder uns vorher erneut zur Einkehr verführen lassen, diesmal im architektonisch opulenten modernen Berggasthof Oberholz.

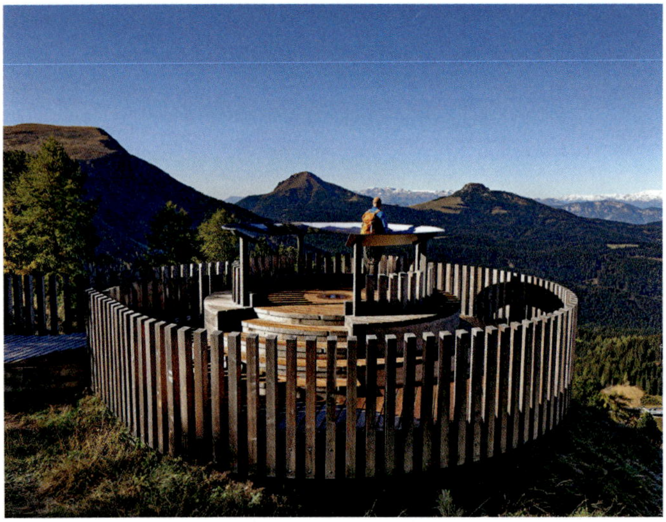

Unglaublich weit ist die Aussicht vom Latemar 360°.

Wichtiges zur Tour

Tourencharakter
Gut ausgeschilderte Runde unterhalb der Felswände des Latemars. Der Weg fällt jedoch stellenweise etwas ab. Eine Abkürzung ist möglich.

Ausgangs-/Endpunkt
Obereggen, Talstation des Oberholzlifts (1535 m)
GPS: 46.383803, 11.526617

Anfahrt
ÖPNV: Mit dem Bus von Bozen ins Eggental
Auto: A22 bis Ausfahrt Bozen-Nord, weiter ins Eggental und über Birchabruck nach Novale, dort links nach Obereggen

Einkehr
Viele Möglichkeiten entlang der Strecke, etwas ganz Besonderes ist das Restaurant Oberholz an der Bergstation mit seiner modernen Architektur und den großen Panoramafenstern.

Informationen
www.obereggen.com

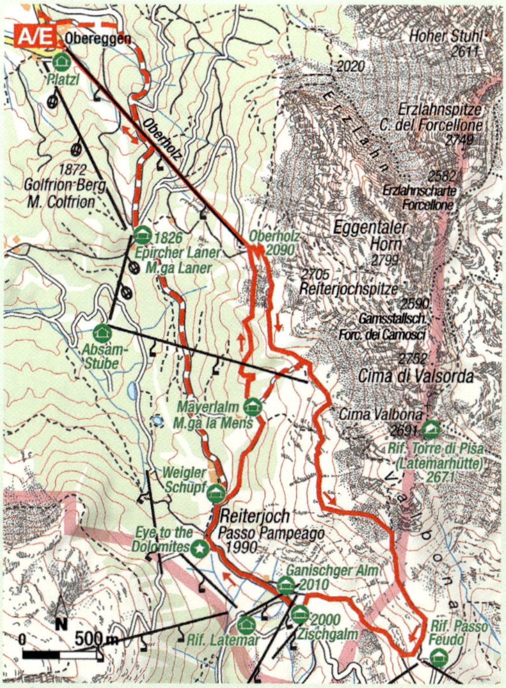

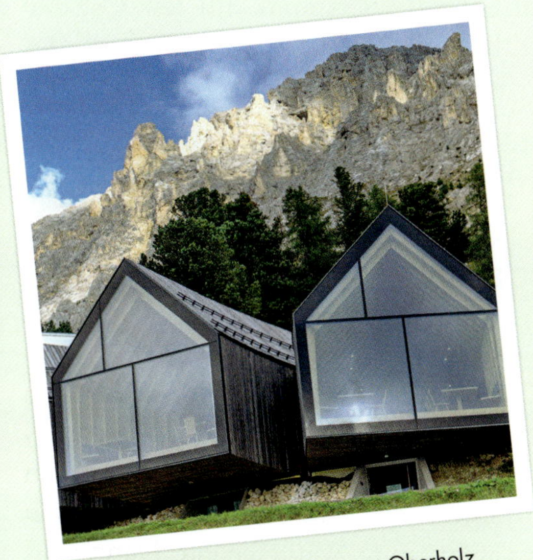

Etwas Besonderes ist das Restaurant Oberholz an der Bergstation mit moderner Architektur und Panoramafenstern.

18 Am aussichtsreichen Hirzelweg

Gemütlich im Rosengarten

- mittel
- 3.30 Std.
- 330 Hm
- 10,3 km
- ja

Der aussichtsreiche Hirzelweg verläuft unterhalb der mächtigen Felswände des Rosengartens. Mit wenig Höhenverlust und fantastischem Panorama wandern wir auf diesem schönen Weg zwischen Kölner Hütte und Rotwandhütte.

Gemütliche Rotwandhütte Wir starten nach der Auffahrt mit dem Sessellift an der **Paolinahütte**, steigen ohne Hektik kurz bergauf zum **Christomannos-Denkmal** und bewundern von dort die wunderschöne Aussicht. Weiter geht's auf dem einfachen Höhenweg hinüber zur gemütlichen **Rotwandhütte** (2283 m), wo wir einkehren und ladinische Spezialitäten genießen können.

Nebelschwaden im Rosengarten

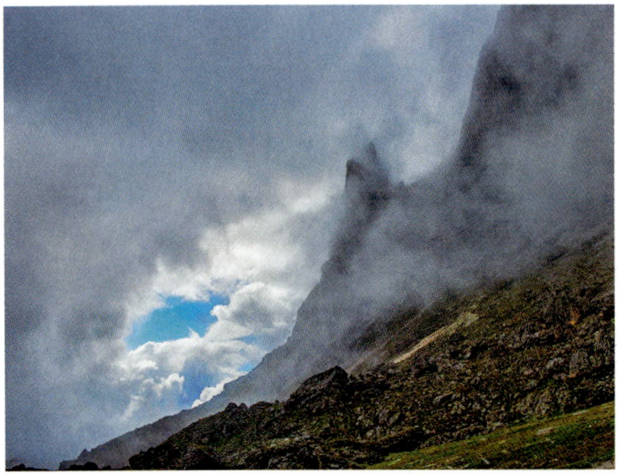

Die Hütte liegt am Sella del Ciampaz auf der Ostseite des Rosengartens. Erbaut wurde sie im Jahr 1906 von der Sektion Welschnofen-Karersee des Deutschen und Österreichischen Alpenvereins. Einer der Treibenden des Hüttenbaus war Theodor Christomannos, der sich auch für den Bau der Straße über den Karerpass verantwortlich zeigte. Durch eine Spende des Ludwigsburger Unternehmers Stockholm Karl Ostertag-Siegle wurde der Bau finanziert – daher hieß der Bau zunächst Ostertaghütte. In den Jahren 2007 und 2008 bekam sie eine umfassende Renovierung, bei der sie ihre Verschindelung und die blau-weißen Fensterläden erhielt. Seit 2005 arbeiteten Bruno Deluca und seine Frau Roberta Silva hier als Hüttenwirte, und seit dem Tod ihres Manns führt Roberta die Rosengartenhütte alleine weiter.

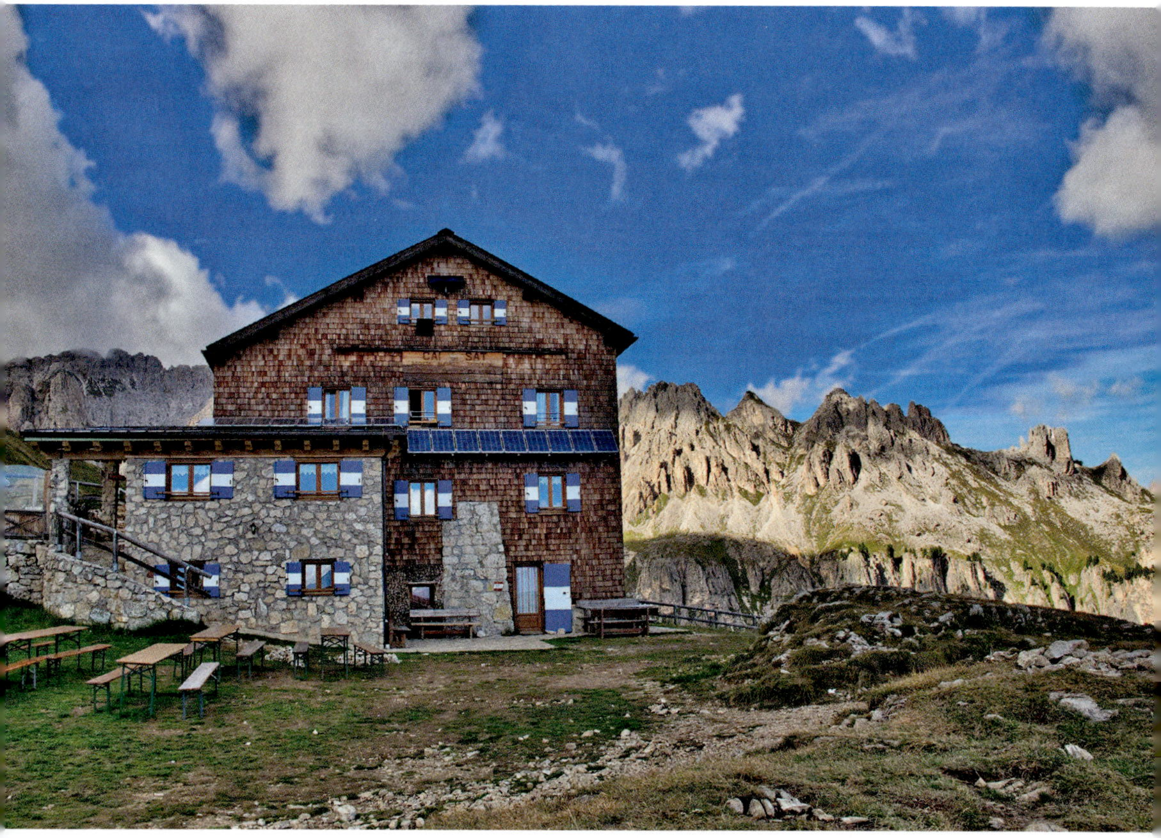

Die Rotwandhütte

Am Hirzelweg Von der Hütte wandern wir zurück zum **Christomannos-Denkmal** und nehmen hier nun den nach rechts abzweigenden **Hirzelweg**. Dieser führt unter der 400 Meter hohen Westwand der Rotwand (2806 m) hindurch, durch die viele anspruchsvolle Kletterrouten verlaufen. Wir bewundern die Felswand allerdings viel lieber von unten und wandern auf dem gut angelegten Weg weiter. Über eine steile Wiese und Geröllfelder gelangen wir zum Abzweig des Wegs zum Vajolonpass, den wir ignorieren und geradeaus weitergehen. Wenig später mündet von links der breitere Weg von der Paolinahütte in unseren Weg. Wir wandern in nördlicher Richtung weiter bis zu einem breiten Schotterweg, auf dem wir hinauf zur nahen **Kölner Hütte** (2339 m) gelangen. Die Aussicht von hier reicht an schönen Tagen bis zu den schneebedeckten Eisriesen der Ortlergruppe.

Traumhaft gelegene Kölner Hütte Die erste Hütte wurde 1899 von der Alpenvereinssektion Köln errichtet. Nach einem Brand baute man im Jahr 1969 die neue Hütte, damals im Besitz des CAI Verona. Mittels des Sessellifts Laurin von der Frommeralm kann die Hütte mühelos erreicht werden und ist dementsprechend beliebt. Auf der Hütte werden wir von Pier Paolo Trottner und seinem Team liebevoll umsorgt, dessen Familie die Hütte seit 1945 bewirtschaftet. Durch die freie Lage der Hütte an der Westseite des Rosengartens sind die Sonnenuntergänge hier oben besonders eindrucksvoll. Es lohnt sich also, einmal eine Nacht auf dieser traumhaft gelegenen Hütte zu verbringen.

In umgekehrter Richtung

Die Tour kann natürlich auch in umgekehrter Richtung begangen werden: Dafür folgt man dem Hirzelweg bis zum Christomannos-Denkmal, unternimmt dann noch den Abstecher hinüber zur Rotwandhütte und genießt dort die schmackhaften ladinischen Spezialitäten.

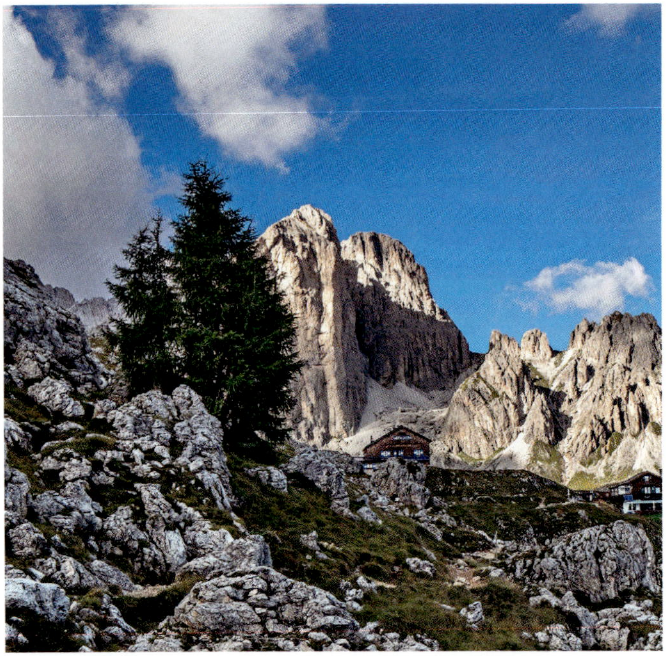

Bald ist die Rotwandhütte erreicht.

Rückweg Wer die Tour verkürzen möchte, kann nach der Einkehr mit dem Sessellift ins Tal schweben und mit dem Bus zurück zum Ausgangspunkt fahren. Zu Fuß wandern wir auf dem bekannten Weg zurück bis zur Abzweigung des **Hirzelwegs**, halten uns hier rechts und folgen dem breiten Wanderweg in Richtung Paolinahütte. Dabei ignorieren wir sämtliche Abzweigungen nach rechts. Der Weg bringt uns zu einem **kleinen Wasserfall** und aussichtsreich hinüber zur **Paolinahütte**. Mit dem Sessellift fahren wir hinunter zur Talstation an der Karerpassstraße.

Wichtiges zur Tour

Tourencharakter
Guter, teilweise aber etwas schmaler Steig. Wenige Höhenmeter, daher knieschonend. Sehr aussichtsreich

Ausgangs-/Endpunkt
Paolinahütte (2125 m), Bergstation des Sessellifts von der Karerpassstraße
GPS: 46.415666, 11.614643

Anfahrt
ÖPNV: Von Bozen mit dem Bus über Welschnofen zum Sessellift (Haltestelle direkt an der Talstation)

Auto: Von Bozen nach Welschnofen, weiter bis kurz vor den Karerpass und zur Talstation

Einkehr
Paolinahütte (Tel. +39/0471/612008, paolina-huette.com), Rotwandhütte (Tel. +39/0462/764450, www.rodadivael.it), Kölner Hütte (Tel. +39/0471/612033, www.rifugiofronza.com)

Informationen
Eggental Tourismus,
Tel. +39/0471/619500,
www.eggental.com

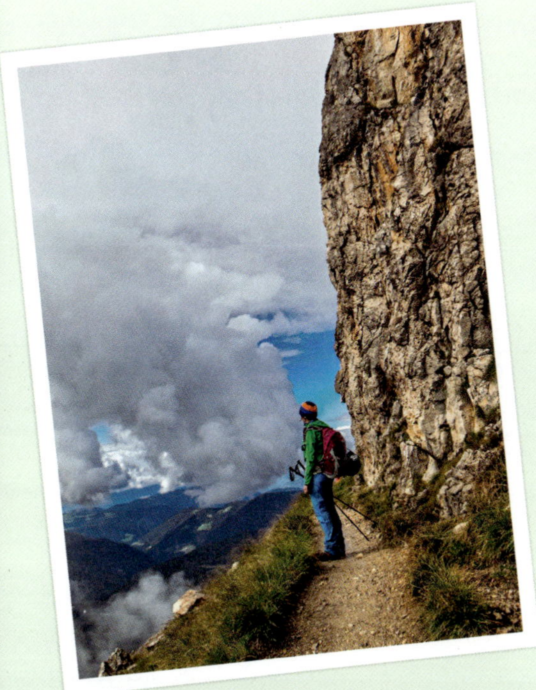

Am Hirzelweg

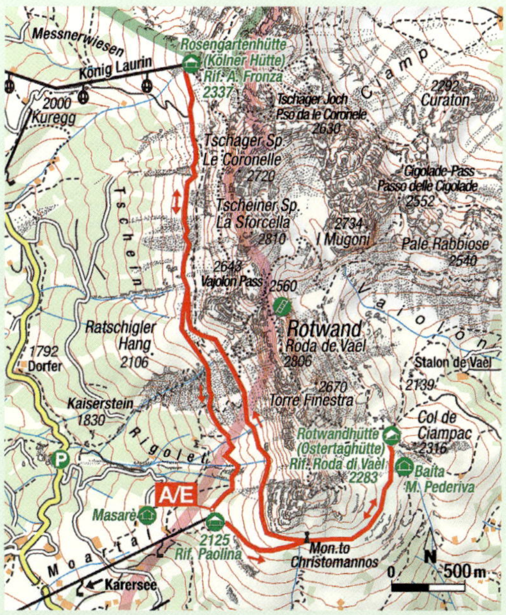

19 Im Norden der Seiser Alm

Rundwanderung zu Kultstätten mit Aussicht

leicht
2 Std.
140 Hm
4,5 km
ja

Die Seiser Alm am Westrand der Dolomiten ist die größte Hochalm Europas. Unsere Wanderung führt zum Nordrand der Seiser Alm auf den Puflatsch. Dabei genießt man schöne Blicke ins Grödnertal und kommt auch zu heidnischen Kultstätten wie den Hexenbänken.

Panoramarundweg zum Puflatsch Wir fahren mit der Seilbahn nach **Kompatsch** (1844 m) und gehen die wenigen Meter zum **Puflatsch-Lift** hinüber, mit dem wir hinauf zur **Bergstation** fahren. Hier bietet sich ein Bergrestaurant für eine erste kleine Einkehr an. Ein paar Meter weiter rechts befindet sich eine Aussichtsplattform, von der wir einen wunderbaren Rundumblick auf Langkofel und Plattkofel, den Rosengarten und den Schlern genießen.

Blick zu Langkofel und Plattkofel

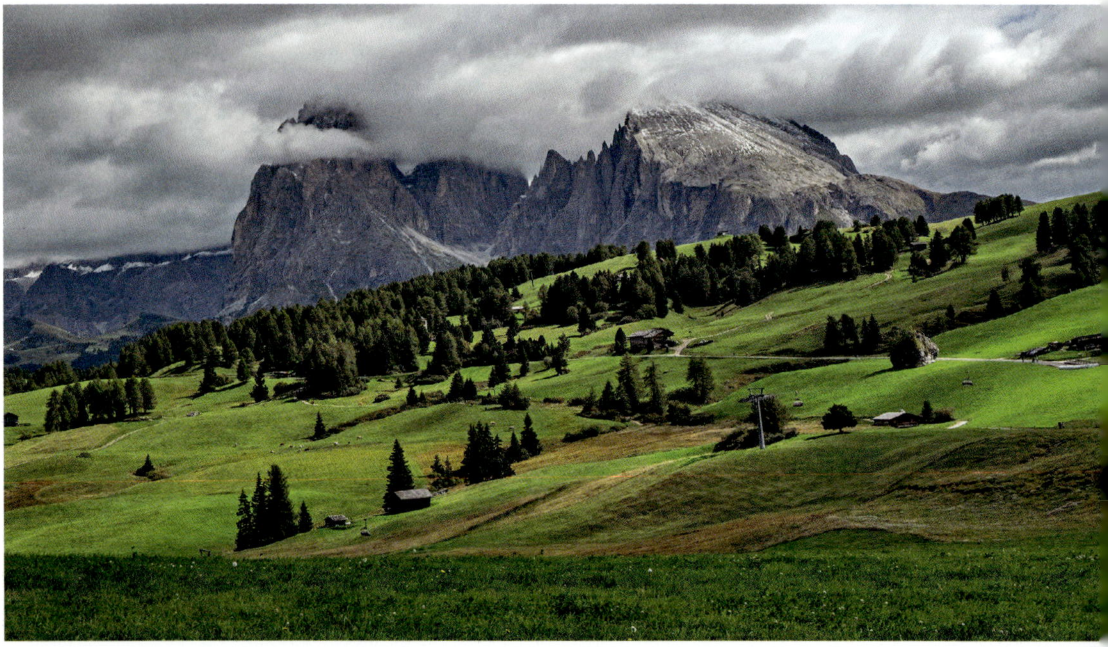

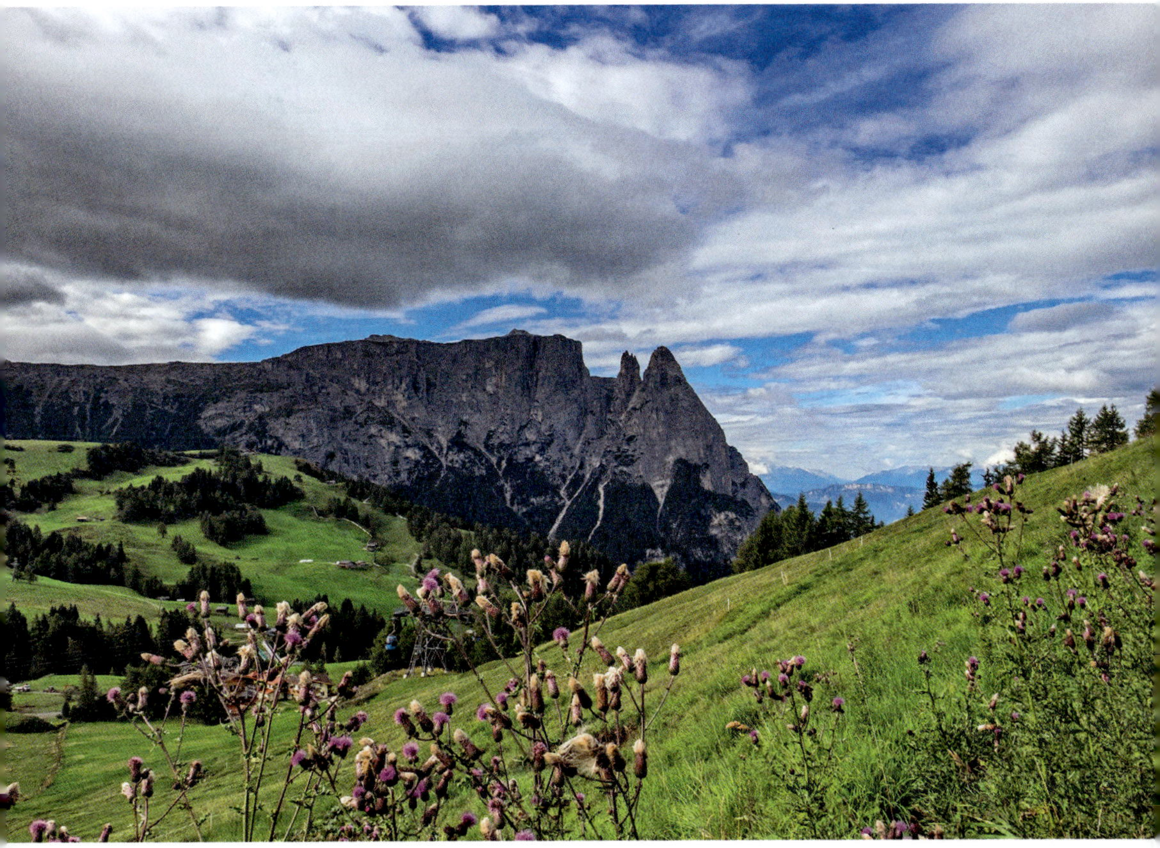

Prächtige Ausblicke auf den Schlern begleiten unseren Weg.

Anschließend schicken uns die Wegweiser »Puflatschumrundung« in nordöstlicher Richtung zum **Fillner Kreuz** (2150 m), von dem wir einen fantastischen Tiefblick auf das Grödnertal genießen. Nun wandern wir auf dem Steig zum höchsten Punkt des **Puflatsch** (2174 m) – hier oben rasten wir ein wenig und bewundern die schöne Dolomitenlandschaft.

Hexenbänke und Goller Kreuz Nach der Rast wandern wir weiter zu den **Hexenbänken**. Der Sage nach soll hier auf den Felsen die Oberhexe gesessen und mit ihren Zauberkünsten das Gebiet beherrscht haben. Die Steine selbst sind eine natürliche Anordnung des Augitporphyr und waren wohl schon früh ein heidnischer Kultort.
Wir spazieren weiter zum **Goller Kreuz** (2104 m), einem wunderbaren Aussichtspunkt. Beeindruckend ist der Tief-

Abkühlung an heißen Sommertagen

Der Völser Weiher am Fuß des Schlern gehört zu den saubersten Badeseen Italiens. Hier kann man einen gemütlichen Badetag verbringen oder einfach nur nach einer Wanderung schnell mal ins kühle Nass springen.

blick hinunter nach Kastelruth und Lajen, aber auch die Aussicht nach Westen und hinüber zu den Sarntaler Alpen mit dem Rittner Horn ist sehr schön.

Nach einer kleinen Pause hier oben steigen wir auf dem guten Wanderweg hinunter zur gemütlichen **Arnikahütte** (2051 m). Von dort wandern wir bequem auf dem Weg Nr. 14 über das flache Plateau des Puflatsch zur **Bergstation des Puflatsch-Lifts** und schweben mit ihm nach **Kompatsch** hinab. Mit der Gondelbahn geht es dann zurück ins Tal.

Pferde am Hochplateau

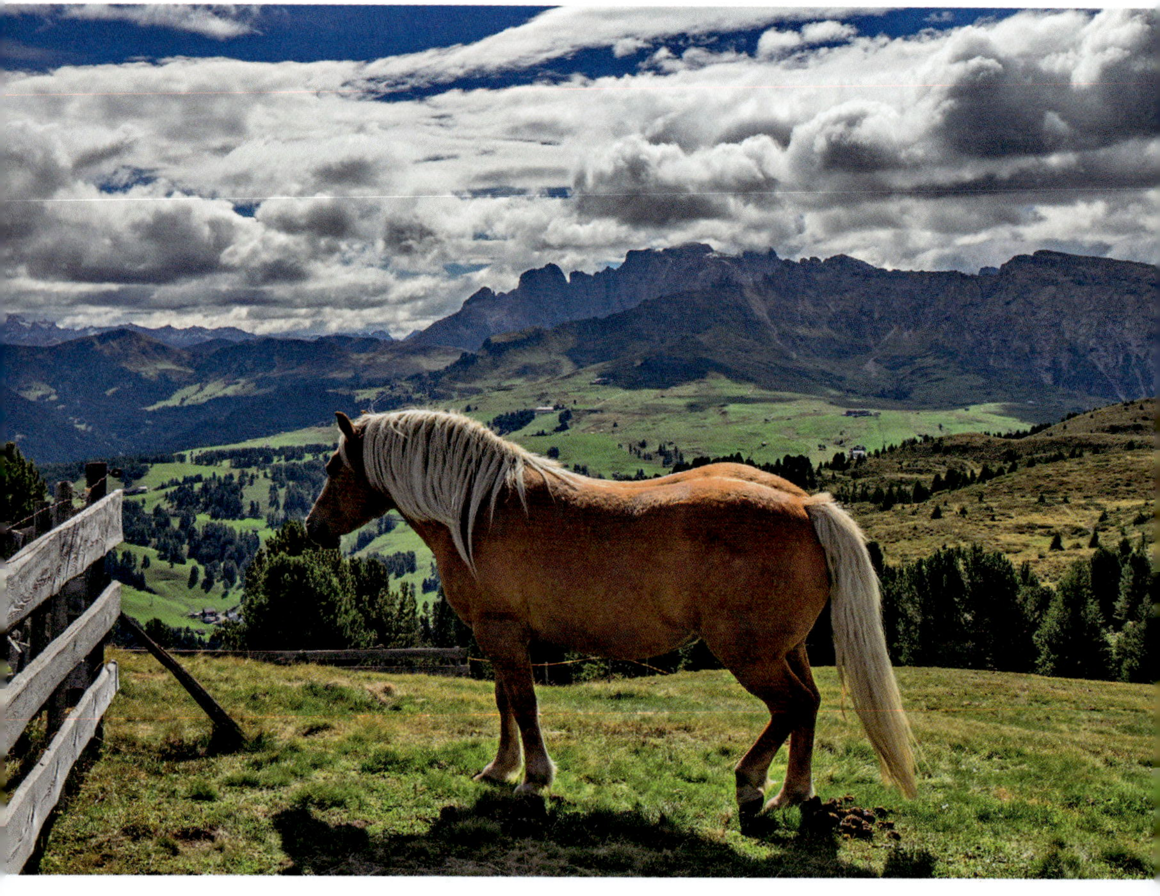

Wichtiges zur Tour

Tourencharakter
Leichte Wanderung auf breiten Fahr- und schmalen Wanderwegen, nur geringer Höhenunterschied

Ausgangs-/Endpunkt
Bergstation (2119 m) der Seilbahn Puflatsch am Nordrand der Seiser Alm
GPS: 46.551560, 11.617072

Anfahrt
ÖPNV: Mit dem Zug nach Brixen, weiter mit dem Bus nach Seis am Schlern und zur Talstation der Seilbahn Kompatsch, Auffahrt nach Kompatsch und dort zur Talstation des Puflatsch-Lifts
Auto: A22 bis Ausfahrt Klausen, weiter Richtung Kastelruth und noch davor nach Süden zur Seilbahn Kompatsch in Seis am Schlern

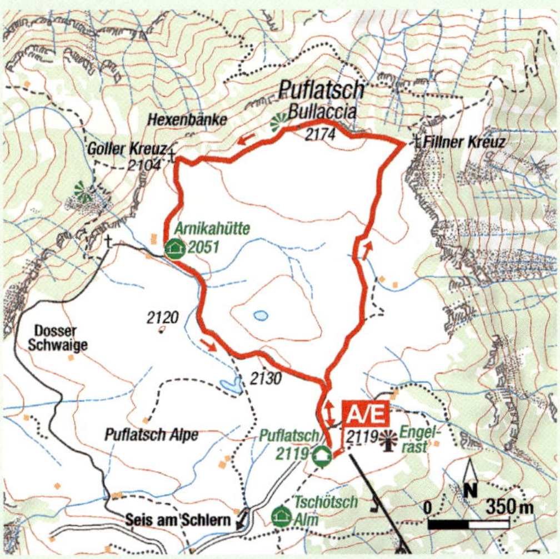

Einkehr
Restaurant Bergstation Puflatsch (Tel. +39/0333/904 71 82, www.puflatsch.eu), Arnikahütte (Tel. +39/0471/727 812, www.arnikahuette.com)

Informationen
Tourismusverein Seiser Alm, Tel. +39/0471/709 600, www.seiseralm.it

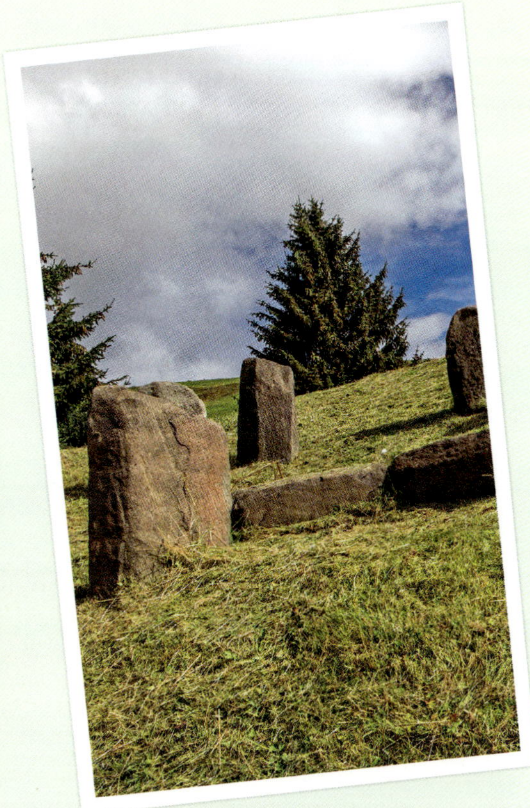

Die Hexenbänke – mystische Steine?

20 Der Friedrich-August-Weg am Plattkofel

Landschaftskino mit Premiumplätzen

leicht

4.30 Std.

450 Hm

12,3 km

nein

Vom Sellajoch führt der Friedrich-August-Weg entlang der Südseite des Plattkofels zur schön gelegenen Plattkofelhütte. Wir genießen dabei auf der gesamten Strecke eine großartige Aussicht.

Hüttenglück unter felsigen Gipfeln Der schönste Zustieg zur Plattkofelhütte verläuft auf dem aussichtsreichen Friedrich-August-Weg. Der Name des Wegs geht übrigens auf den ehemaligen König von Sachsen zurück – dieser residierte zehn Jahre lang in Seis und war sehr gern in den Dolomiten unterwegs.

Wir starten am **Sellajoch** und wandern auf dem Weg in südwestlicher Richtung bis zu einer Wegkreuzung. Hier folgen wir dem **Friedrich-August-Weg** nach Westen und erreichen nach wenigen Metern die **Friedrich-August-Hütte** (2298 m). Wir befinden uns hier bereits unter der eindrucksvollen Südseite der Grohmannspitze, die zur Langkofelgruppe gehört. Nun beginnt der aussichtsreiche Höhenweg unter den Südwänden von Grohmannspitze, Zahn- und Plattkofel. Zwischendurch kommen wir am kleinen **Rifugio Sandro Pertini** (2300 m) vorbei, wo wir eine erste Rast einlegen können. Andernfalls spazieren wir

Am Weg zur Plattkofelhütte

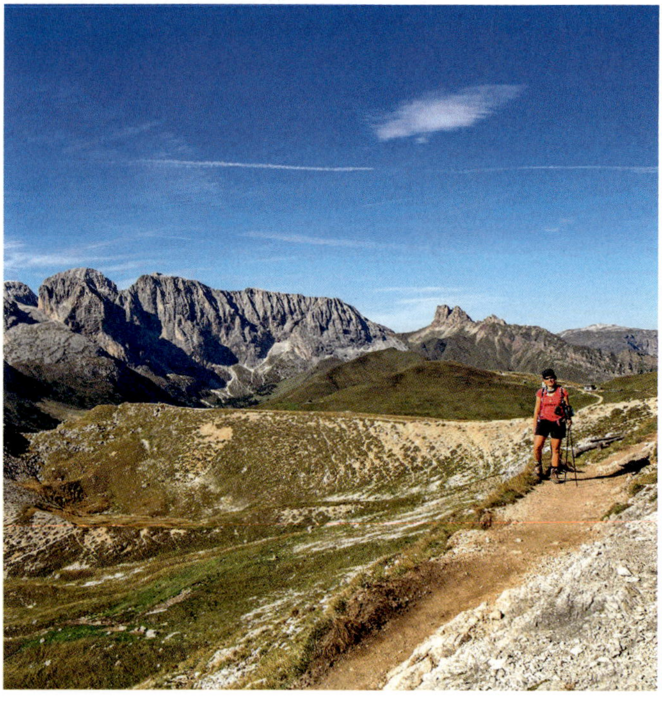

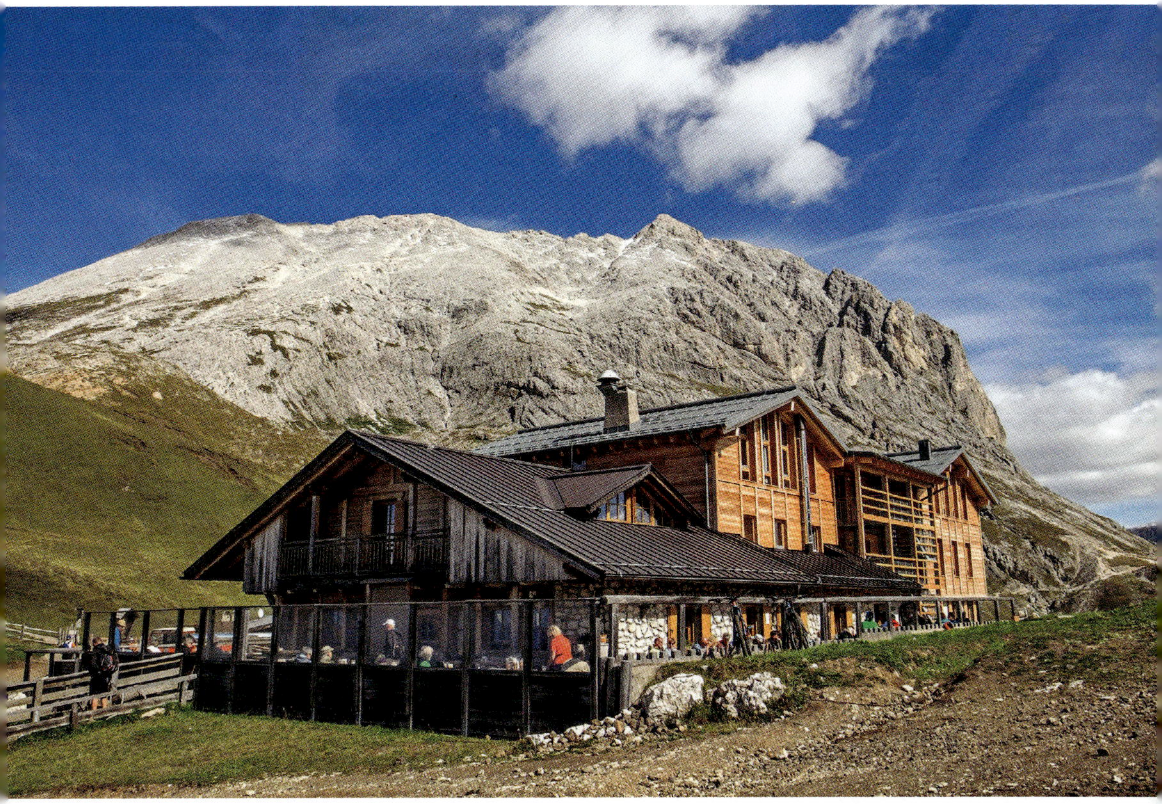

Verdiente Rast an der Plattkofelhütte

weiter am Höhenweg in Richtung **Plattkofelhütte** bis zu einem Sattel, steigen hier ein wenig bergab und gehen hinüber zur nahen Hütte. Wunderschön ist die Rast auf der sonnigen Terrasse, auch wenn die Hütte häufig sehr gut besucht ist.

Bellevueplatz Die private Plattkofelhütte wurde 1935 von Anton Kasseroler erbaut. Die Familie entschloss sich in den 1950er-Jahren zu einem Neubau, der 1971 erweitert wurde. Inzwischen hat sich die Plattkofelhütte zu einer modernen, komfortablen Hütte gemausert, die bei Wanderern sehr beliebt ist. Neben der wunderbaren Umgebung liegt dies vor allem an der leichten Erreichbarkeit über den Friedrich-August-Weg. Traumhaft ist natürlich auch die Lage der Hütte am Fuß des namengebenden Gipfels – das hat aber weniger mit dem Plattkofel selbst zu tun als mit der grandiosen Aussicht hinüber zur Dolomiten-Königin

Marmolada. Den Gegenpol dazu sehen wir auf der gegenüberliegenden Seite mit dem saftigen Grün der Seiser Alm. Der Rückweg zum **Sellajoch** erfolgt auf dem Hinweg.

In die Langkofelscharte

Eindrucksvoll ist die Landschaft in der Langkofelscharte (2681 m). Mit der kultigen Gondelbahn vom Sellajoch aus kann man bequem in die Scharte auffahren. Oben steht die Toni-Demetz-Hütte, die zur gemütlichen Einkehr lockt. Auch ein Abstieg zur Langkofelhütte (2253 m) ist möglich, allerdings verläuft dieser über ein steiles Schuttfeld (1 Std., 430 Hm Abstieg)

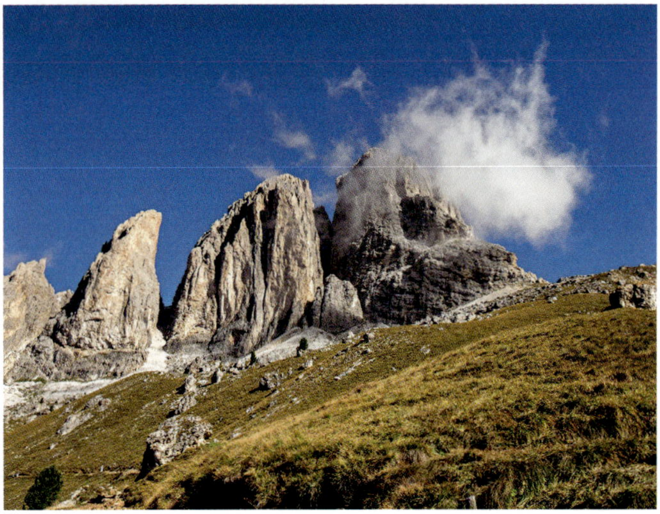

Der Weg wird umrahmt von eindrucksvollen Felsgipfeln.

Variante von der Seiser Alm

Wir möchten hier noch eine zweite, sehr aussichtsreiche, allerdings auch anstrengendere Variante von der Seiser Alm aus vorstellen. Mit der Seiser-Alm-Bahn fahren wir zur Bergstation Kompatsch (1844 m), von wo uns der Linienbus hinunter nach Saltria (1675 m) bringt, wo wir noch mit dem Sessellift zur Williamshütte (2100 m) auffahren. Von dort wandern wir zum Berghaus Zallinger (2037 m) und steigen alsdann recht steil und schweißtreibend hinauf zur Plattkofelhütte, in der wir gemütlich einkehren. Der Weiterweg verläuft als schöner Höhenweg auf dem Westteil des Friedrich-August-Wegs und zu Beginn auf der Nordseite, später südseitig durch die steilen Grashänge des Kamms bis ins Mahlknechtjoch (2168 m). Hier biegen wir nach rechts ab und wandern auf dem Forstweg bergab, bis nach links ein Steig abzweigt. Auf diesem erreichen wir die Mahlknechthütte (2054 m), von wo wir geradeaus weiter zur Almrosenhütte (2004 m) wandern. Dort biegen wir nach rechts ab und folgen dem Weg bis zur Straße, die nach Saltria führt. Von Saltria fahren wir wieder mit dem Bus zur Bergstation der Seilbahn Kompatsch zurück.

Wichtiges zur Tour

Tourencharakter
Gute Wanderwege ohne große Steigungen, daher einfach zu begehen

Ausgangs-/Endpunkt
Sellajoch (2213 m)
GPS: 46.508925, 11.757340

Anfahrt
ÖPNV: Mit Buslinie 471 aus dem Grödnertal oder von Corvara zum Sellajoch
Auto: Durchs Grödnertal über Wolkenstein zum Sellajoch, dort parken

Einkehr
Friedrich-August-Hütte (Tel. +39/0462/764919, www.fassa.com), Rifugio Sandro Pertini (Tel. +39/0328/8651993, www.rifugiopertini.com), Plattkofelhütte (Tel. +39/0462/601721, www.plattkofel.com)

Informationen
Conso al Gardena/Gröden Marketing, Tel. +39/0471/777777, www.valgardena.it

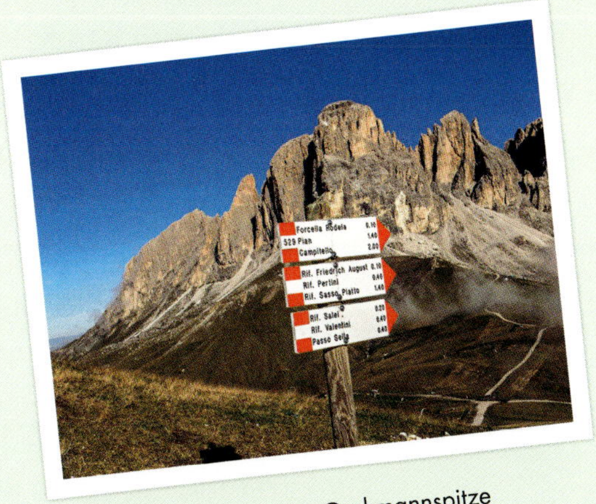

Wegweiser unterhalb der Grohmannspitze

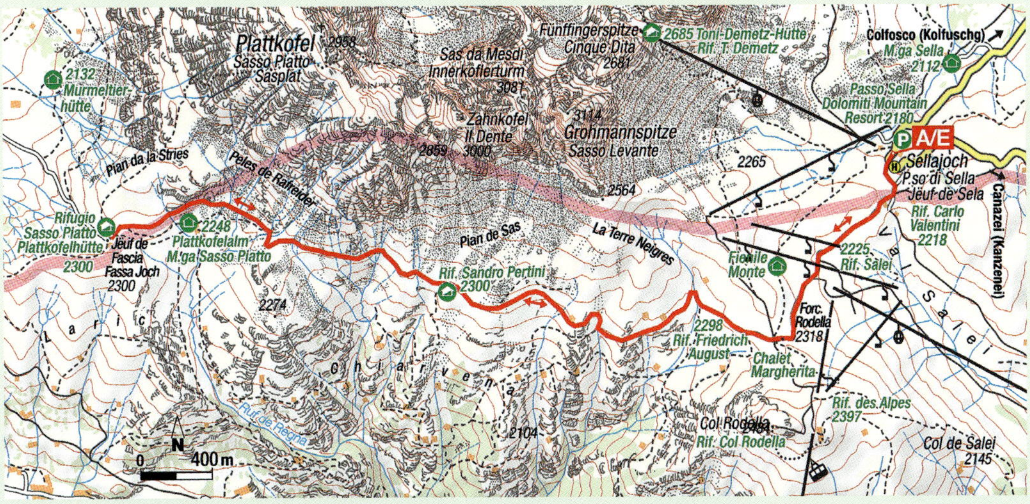

21 Zur Gipfelhütte auf dem Nuvolau

Die älteste Hütte in den Dolomiten

- mittel
- 3.30 Std.
- 500 Hm
- 8,4 km
- nein

Das Rifugio Nuvolau steht wunderbar gelegen auf dem gleichnamigen Gipfel und wird auf einem schönen, aussichtsreichen Höhenweg vom Falzaregopass aus erwandert. Dabei genießt man prächtige Blicke auf die Marmolada und den Sellastock mit dem Piz Boé.

Hoch droben Das Rifugio Nuvolau liegt wie ein Adlernest auf dem gleichnamigen Dolomitengipfel. Die Hütte wurde bereits 1883 errichtet und ist damit die erste in den Dolomiten. Erbaut wurde sie auf Initiative von Oberst Richard von Meerheim aus Dresden. Zum Dank an den edlen Spender wurde die Hütte von der Sektion Ampezzo des Deutschen und Österreichischen Alpenvereins Sachsendankhütte genannt. Seit dem Ersten Weltkrieg ist die Hütte Eigentum der Sektion Cortina des CAI.

Zum Rifugio Averau Der schönste Zustieg startet unserer Ansicht nach am **Falzaregopass**. Hier gibt es zwar auch ein paar Lifte, aber die Pisten sind nicht so dominant wie beim Cinque-Torri-Lift. Bevor wir loswandern, drehen wir uns aber zuerst einmal um: Hinter uns erhebt sich markant der Hexenstein – kaum zu glauben, dass er ein eher kleiner Dolomitengipfel ist. Alsdann wandern wir über grüne Wiesen in südöstliche Richtung und blicken immer wieder gebannt hinüber zur mächtigen Südwand der Tofana di Rozes.

Wenig später passieren wir den Abzweig zur Croda Negra und steigen durch ein Tälchen hinauf zur **Forcella Averau** (2435 m). Hier öffnet sich der Blick nach Süden, und vor allem die Marmolada mit ihrem (leider immer mehr schmelzenden) Gletscher begeistert uns. Wir stehen nun direkt neben dem Averau, den wir unterhalb seiner Südwand

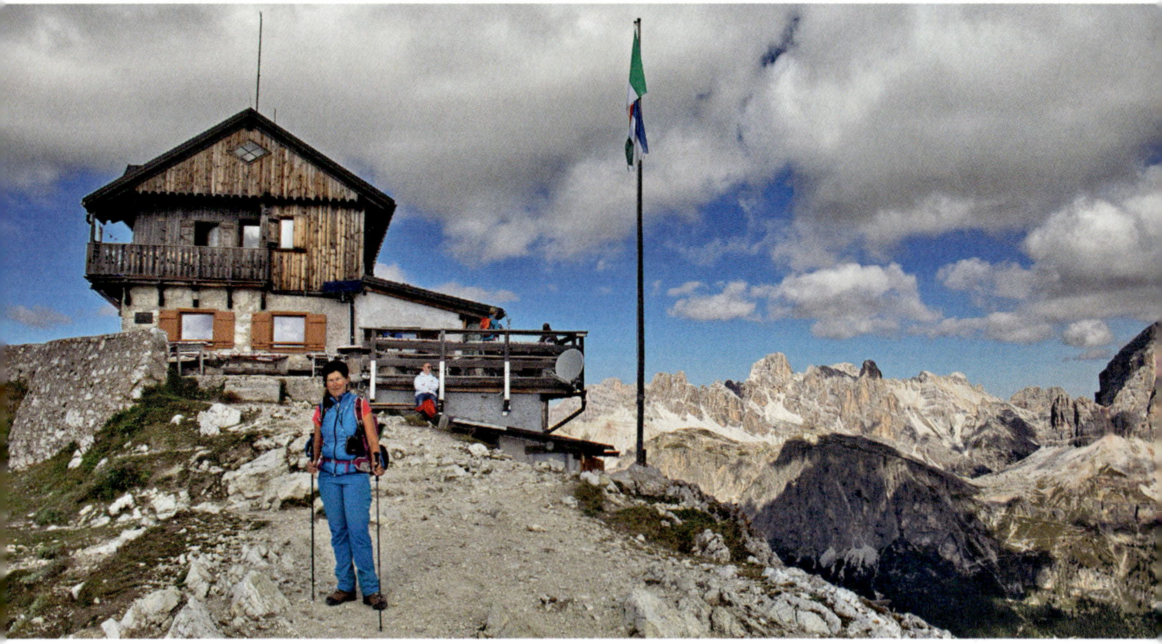

An der Nuvolauhütte

queren und so zum **Rifugio Averau** (2413 m) kommen. Die Hütte steht zwischen dem mächtigen Averau und dem lang gezogenen Rücken des Nuvolau.

Auf den Nuvolau Wir biegen nach links ab und folgen den Markierungen links über eine leichte Felsstufe. Das Gelände wird wieder flacher, und über den breiten Rücken wandern wir hinauf zum **Rifugio Nuvolau** (2575 m). Hier oben genießen wir die wunderbare Aussicht zu den wirklich großen Dolomitengipfeln. Oft kann man beobachten, dass Bergsteiger nach nur einer recht kurzen Pause vom Nuvolaugipfel nach Osten weiterwandern – allerdings begehen sie im Folgenden den leichten Klettersteig Via Ferrata Ra Gusela, der zwar nicht schwierig ist, aber dennoch entsprechende Erfahrung und Ausrüstung erfordert. Zudem ist der Rückweg vorbei am Cinque-Torri-Lift bis zum Falzaregopass ziemlich lang und anstrengend. Daher ist die hier vorgestellte Panoramatour zum Nuvolau für uns Genießer heute genau das Richtige, sodass wir nach ausgiebiger Rast auf der Hüttenterrasse wieder auf dem Anstiegsweg zurück zum **Falzaregopass** wandern.

Unten: Das Rifugio Averau mit dem mächtigen Averau

Kürzerer Zugang Der schnellste Zustieg erfolgt von der Bergstation des Cinque-Torri-Sessellifts. Hier beeindruckt zunächst einmal das Massiv der Cinque Torri, an dem wir häufig Kletterer in den Steilwänden beobachten können. Von der Bergstation wandern wir entlang der Skipiste hinauf zum Rifugio Averau und steigen von hier, wie oben beschrieben, zum Gipfel des Nuvolau mit der Hütte auf (dann 2.30 Std., 320 Hm).

Wer den Panoramaweg vom Falzaregopass genießen möchte, den Rückweg aber kürzer gestalten will, der wandert vom Rifugio Averau hinunter zur Bergstation des Sessellifts und fährt mit diesem zur Talstation. Mit dem Bus geht es zurück zum Falzaregopass (dann nur 320 Hm Abstieg, insg. 2.30 Std.).

Seilbahn zum Kleinen Lagazuoi

Am Falzaregopass ist der Parkplatz oft sehr voll, da sich hier auch die Talstation der Seilbahn zum Lagazuoi befindet. Aussichtsreich liegt die Gipfelhütte neben der Bergstation – zudem kann man hier oben den Wahnsinn des Ersten Weltkriegs nachempfinden, wurde doch der komplette Berg während der Kämpfe unterhöhlt.

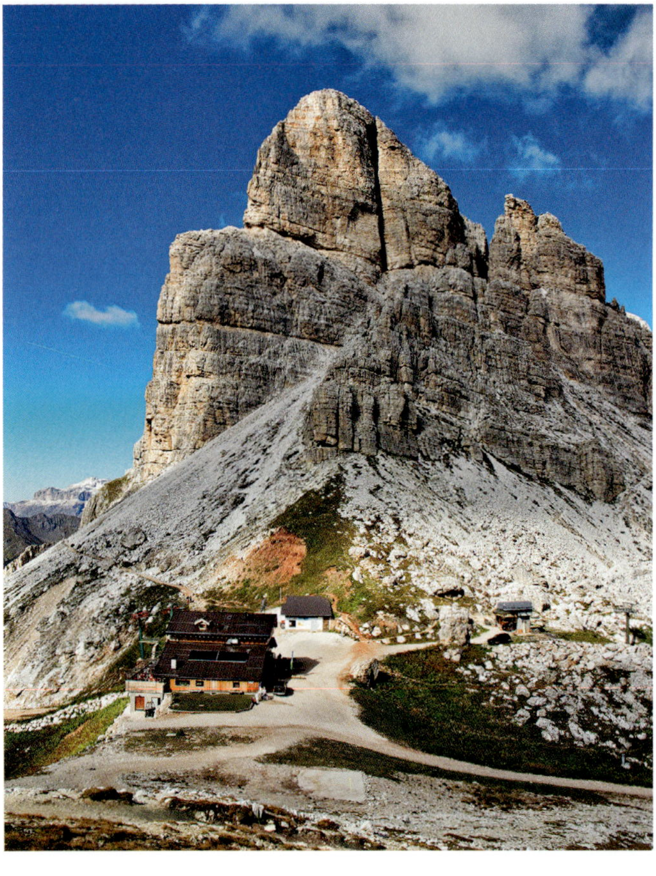

Alternativer Rückweg Es gibt noch einen weiteren Rückweg von der Bergstation des Sessellifts zum Falzaregopass – er ist etwas weiter als der direkte Rückweg vom Nuvolau. Hierfür wandern wir von der Bergstation auf dem recht einsamen Weg Nr. 440 bis in die Nähe der Passstraße. Der Weg führt dann durch eine schöne Landschaft hinauf zum Falzaregopass (insg. 4 Std.).

Wichtiges zur Tour

Tourencharakter
Gut markierte, sehr sonnige Wanderwege. Am Gipfelaufbau des Nuvolau etwas steinig, aber unschwierig

Ausgangs-/Endpunkt
Falzaregopass (2105 m)
GPS: 46.518895, 12.009533

Anfahrt
ÖPNV: Mit dem Bus nach Corvara und von dort mit Buslinie 465 zum Falzaregopass
Auto: Vom Puster- ins Gadertal und über St. Kassian zum Falzaregopass. Oder über das Grödnertal und das Grödner Joch nach Kolfuschg, dann nach Norden bis Stern und dort rechts hinauf zum Falzaregopass

Einkehr
Rifugio Nuvolau (Tel. +39/0436/867938, www.nuvolau.com)

Informationen
Tourismusverein Alta Badia, Tel. +39/0471/836276, www.altabadia.org

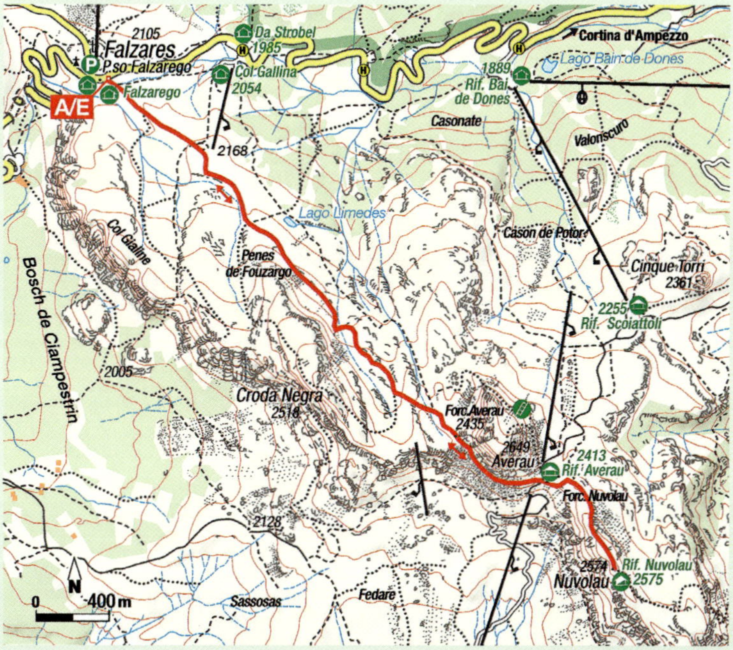

22 Der Kolfuschger Höhenweg

Aussichtsreich zum Grödner Joch

mittel

3.30 Std.

690 Hm Aufstieg,
190 Hm Abstieg

7 km

nein

Der Kolfuschger Höhenweg verläuft sehr aussichtsreich vom Edelweisstal bei Kolfuschg hinauf zum Grödner Joch. Wir genießen auf der Tour herrliche Blicke auf den Sassongher und vor allem auf den mächtigen Sellastock.

Durchs Edelweisstal Der erste Teil unserer Wanderung ist zwar relativ steil, wir haben uns aber bewusst für diese Variante entschieden, da sie knieschonender ist, als wenn man den steilen Abstieg durchs Edelweisstal nach Kolfuschg nimmt. Wir gehen also von **Kolfuschg** auf der Straße bergauf zur **Talstation der Col-Pradat-Seilbahn**, die wir heute

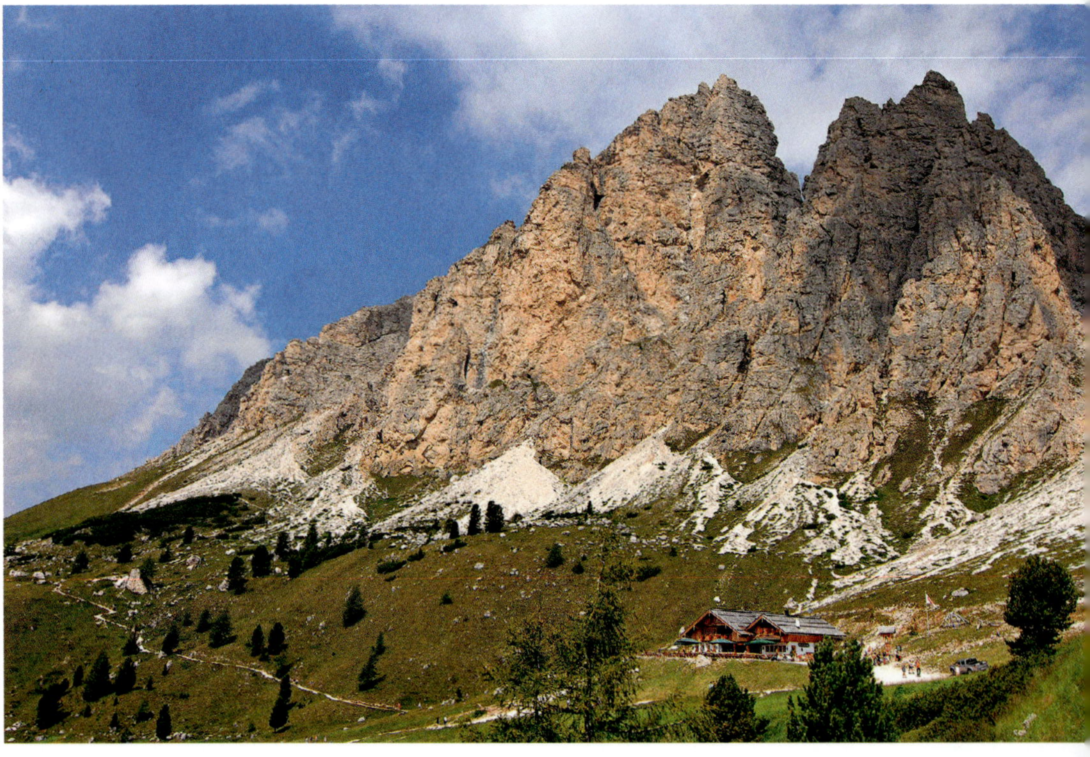

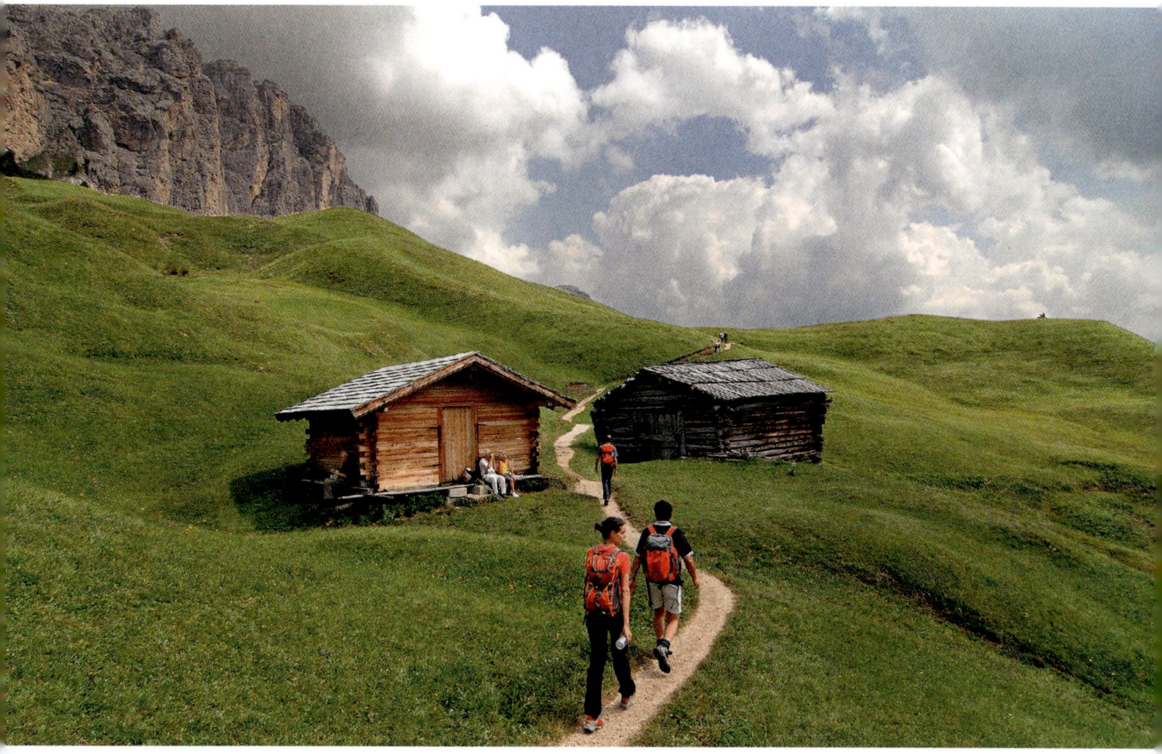

Wunderschöner Kolfuschger Höhenweg

Linke Seite: Die Cirspitzen über dem Grödner Joch

aber ignorieren und weiter durchs **Edelweisstal** steil hinauf zur **Edelweisshütte** (1832 m) wandern. Eindrucksvoll wird das Tal von den Felsen des Sassongher und des Sas Ciampac beherrscht.

Unter dem Sas Ciampac Nach der Hütte folgen wir dem breiten Weg, der nach links weiterführt. Bald mündet von rechts ein weiterer Weg ein, und gemeinsam mit diesem wandern wir zur **Ütia Forceles** (2101 m), die nur im Winter bewirtschaftet ist. Somit müssen wir auf unseren Einkehrschwung noch ein wenig warten. Aus dem breiten Weg wird nun ein Steig, der uns in stetem Auf und Ab unterhalb der mächtigen Felswände des Sas Ciampac entlangführt.

Kurz nachdem wir eine **Gondelbahn** passiert haben, erreichen wir eine weitere Wegverzweigung. Hier könnten wir geradeaus zum Sellajoch wandern, gehen stattdessen aber auf dem Weg Nr. 8A nach rechts zum **Rifugio Jimmi**

(2222 m). Die gemütliche Hütte liegt unter den Cirspitzen und bietet eine schöne Einkehrmöglichkeit. Zudem genießen wir von hier einen großartigen Blick hinüber zu Langkofel und Sellastock.

Mit Bus oder per pedes Nach der Einkehr wandern wir auf dem breiten Weg hinunter zum **Grödner Joch**, steigen dort in den Bus ein und fahren zurück nach **Kolfuschg**. Wer allerdings zu Fuß nach Kolfuschg absteigen möchte, wählt den Weg Nr. 650 – der Steig verläuft am Fuß des Sellastocks entlang, etwas abseits der Straße. Dabei kommen wir auch am Einstieg des Pisciadù-Klettersteigs vorbei, wo wir die Felskraxler in der Vertikalen bestaunen können.

Weniger Aufstiegsmeter

Von Kolfuschg kann man sich 300 Hm im Aufstieg sparen, wenn man mit der Col-Pradat-Seilbahn zur Bergstation auffährt und von dort im weiten Bogen unterhalb des Sassongher entlangwandert, bis man auf den Weg trifft, der von der Edelweisshütte herüberzieht.

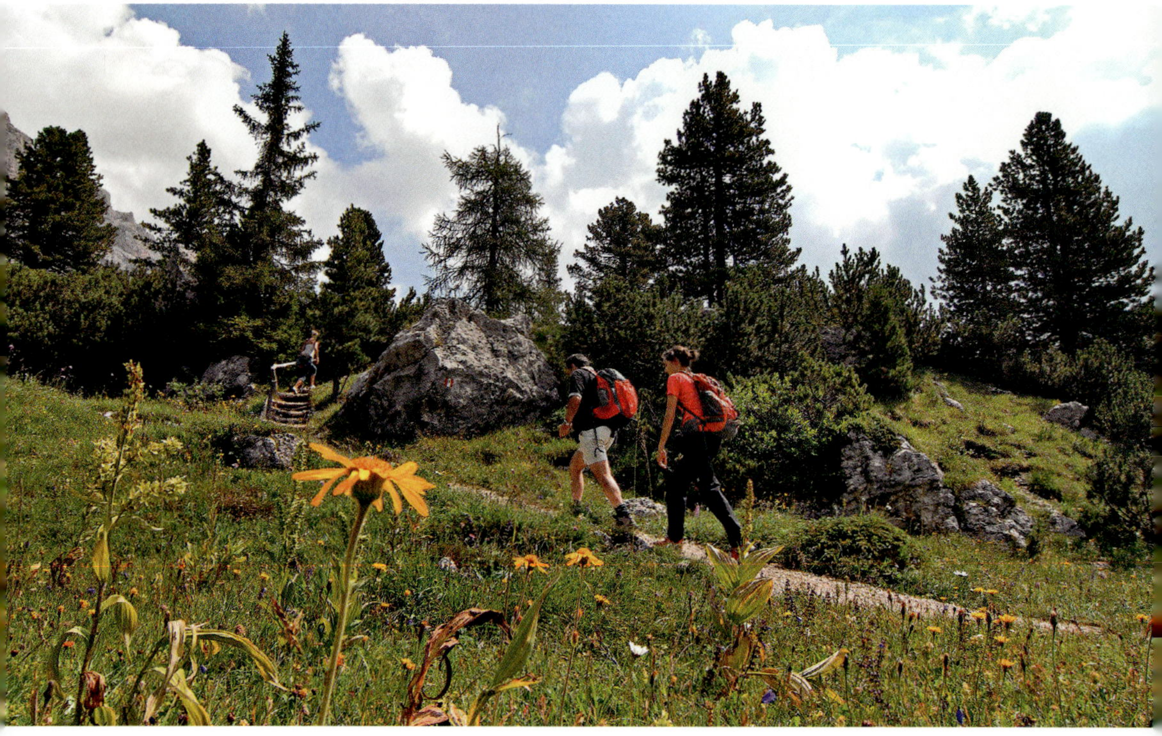

Unten: Blühende Wiesen am Höhenweg

Wichtiges zur Tour

Tourencharakter
Gute, sehr aussichtsreiche Wanderwege in einer eindrucksvollen Landschaft. Durch die Seilbahnen kann die Tour kürzer gestaltet werden.

Ausgangspunkt
Kolfuschg, Ortszentrum (1640 m)
GPS: 46.554191, 11.851690

Endpunkt
Grödner Joch (2121 m)

Anfahrt
ÖPNV: Von Bruneck mit Buslinie 460 nach Kolfuschg und zu Fuß zur Talstation der Col-Pradat-Seilbahn. Vom Grödner Joch mit dem Bus zurück nach Kolfuschg
Auto: Aus dem Puster- ins Gadertal und bis nach Kolfuschg

Einkehr
Edelweisshütte (Tel. +39/0471/83 60 24, www.rifugioedelweiss.it), Rifugio Jimmi (Tel. +39/0471/83 67 76, www.jimmyhuette.com)

Informationen
Tourismusverein Alta Badia,
Tel. +39/0471/83 62 76,
www.altabadia.org

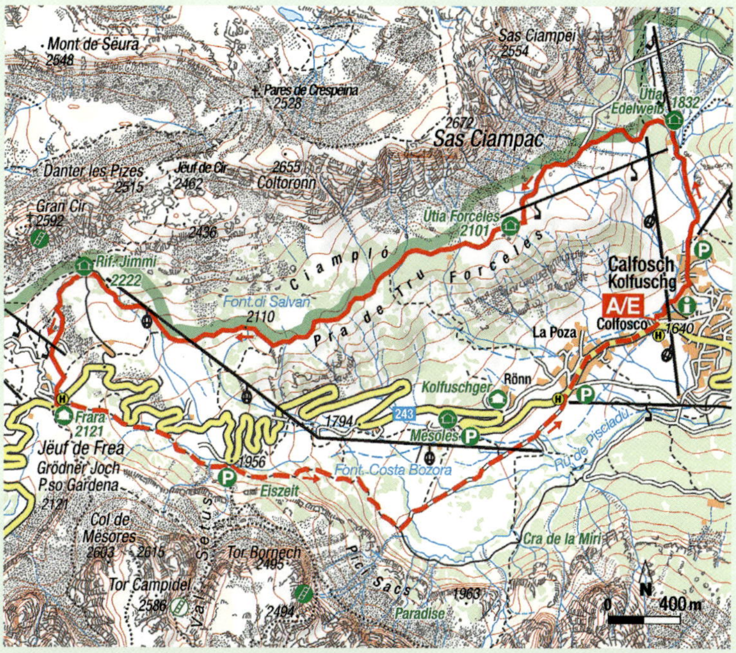

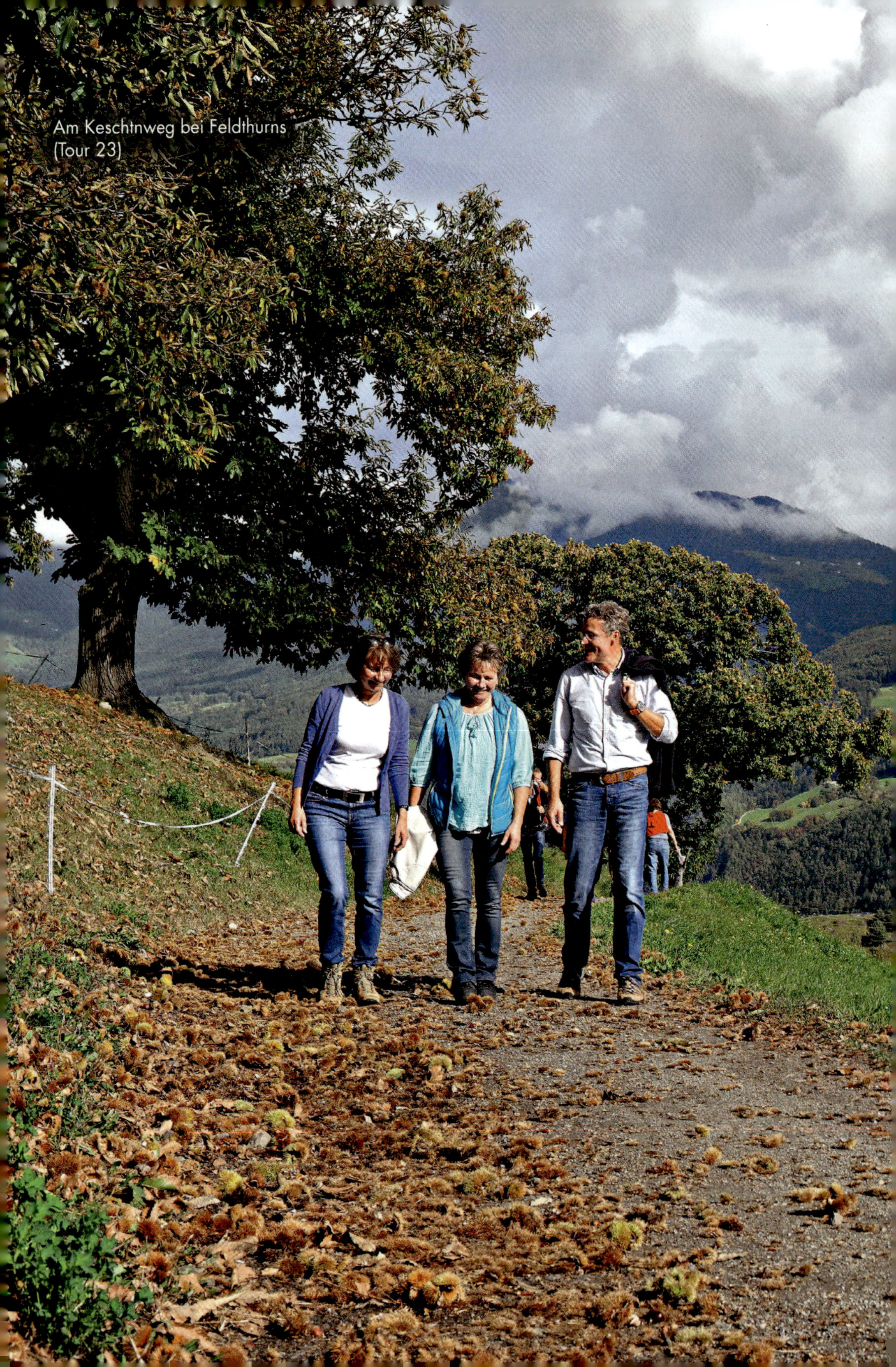

Am Keschtnweg bei Feldthurns (Tour 23)

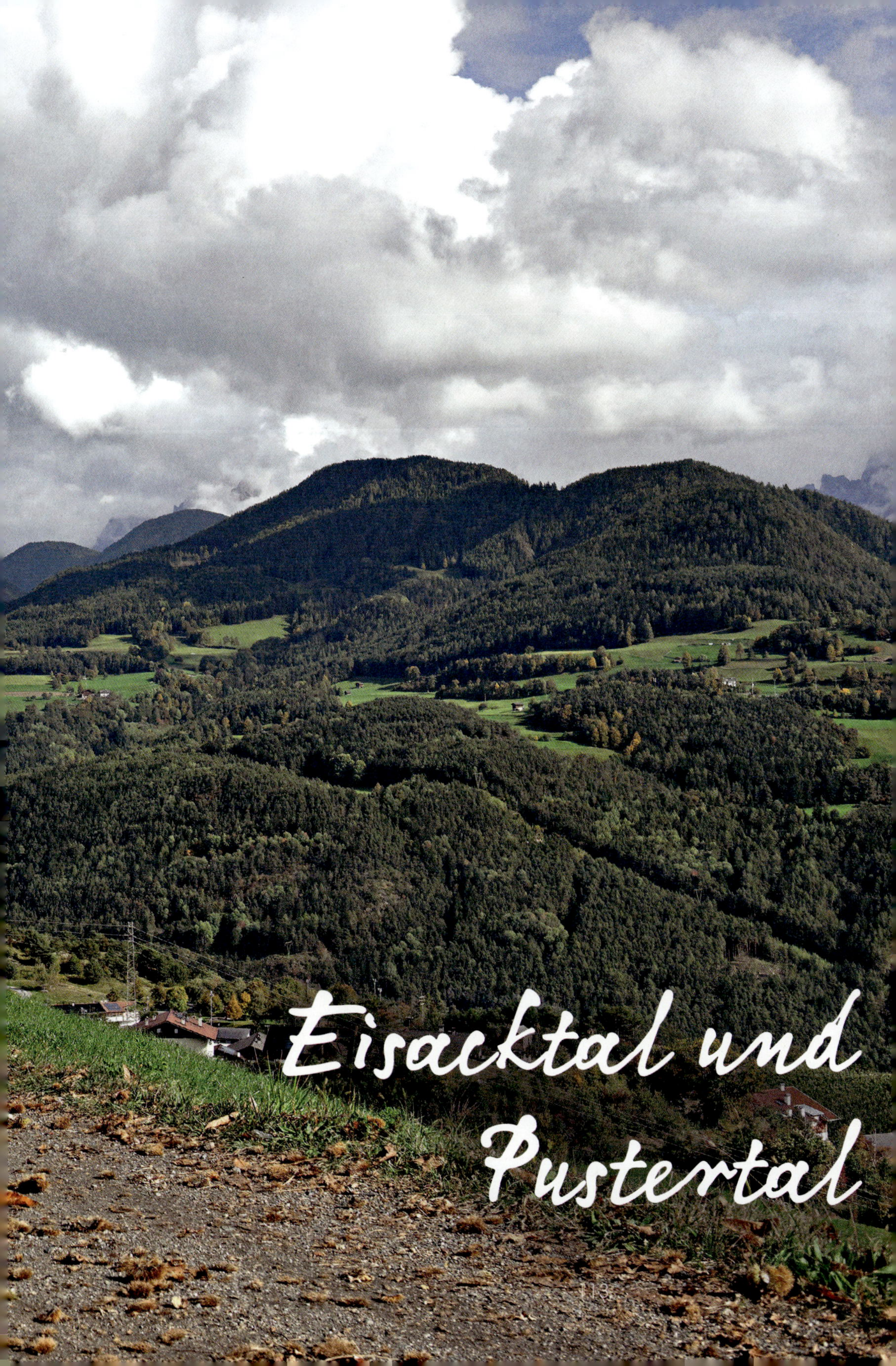

Eisacktal und Pustertal

23 Von Feldthurns nach Säben

Keschtn, Kirchen und eine Klosterburg

- mittel
- 3.30 Std.
- 550 Hm
- 12 km
- nein

Keschtn nennt man in Südtirol die Esskastanien, die an den sonnigen Hängen über dem Eisacktal reichlich wachsen. Die teils uralten Bäume säumen den Keschtnweg, dem wir auf einem seiner schönsten Abschnitte zwischen dem Kloster Säben und Feldthurns folgen.

Hoch über dem Eisacktal Mit einer Gesamtlänge von mehr als 60 Kilometern ist der Eisacktaler Keschtnweg eigentlich eine Mehrtageswanderung, die in ihrer gesamten Länge vom Kloster Neustift bei Brixen bis nach Bozen führt. Wir wollen einen Teil des Wegs als aussichtsreiche Rundtour genießen und wandern über Verdings zum Kloster Säben, sodass auch Kunstsinnige auf dieser Tour nicht zu kurz kommen.

Am Moar zu Viersch haben wir mehr als die Hälfte der Wanderung geschafft.

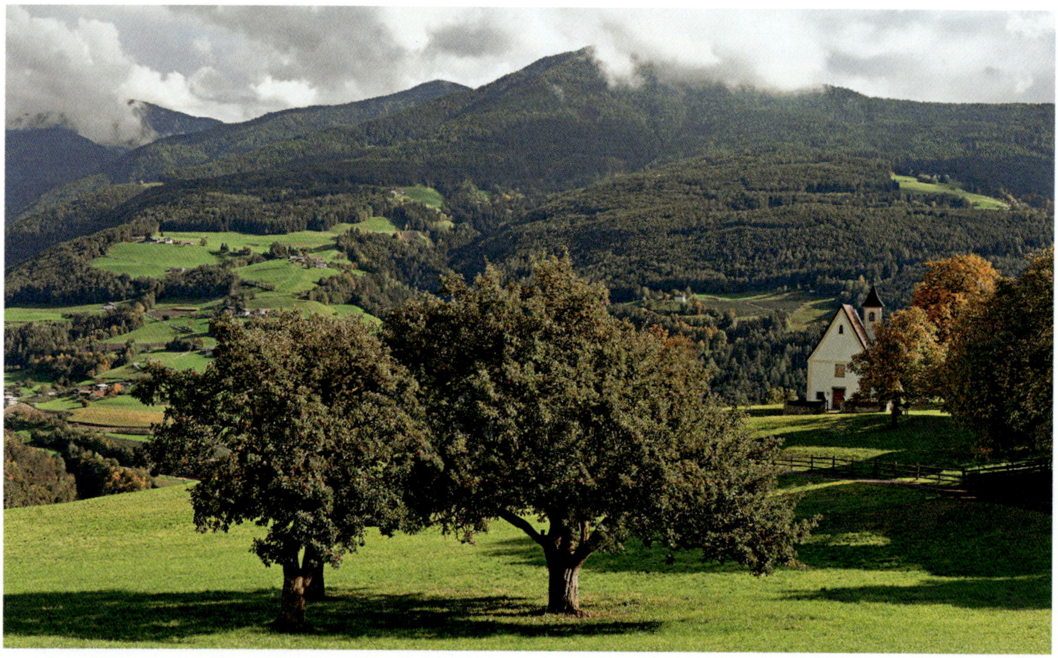

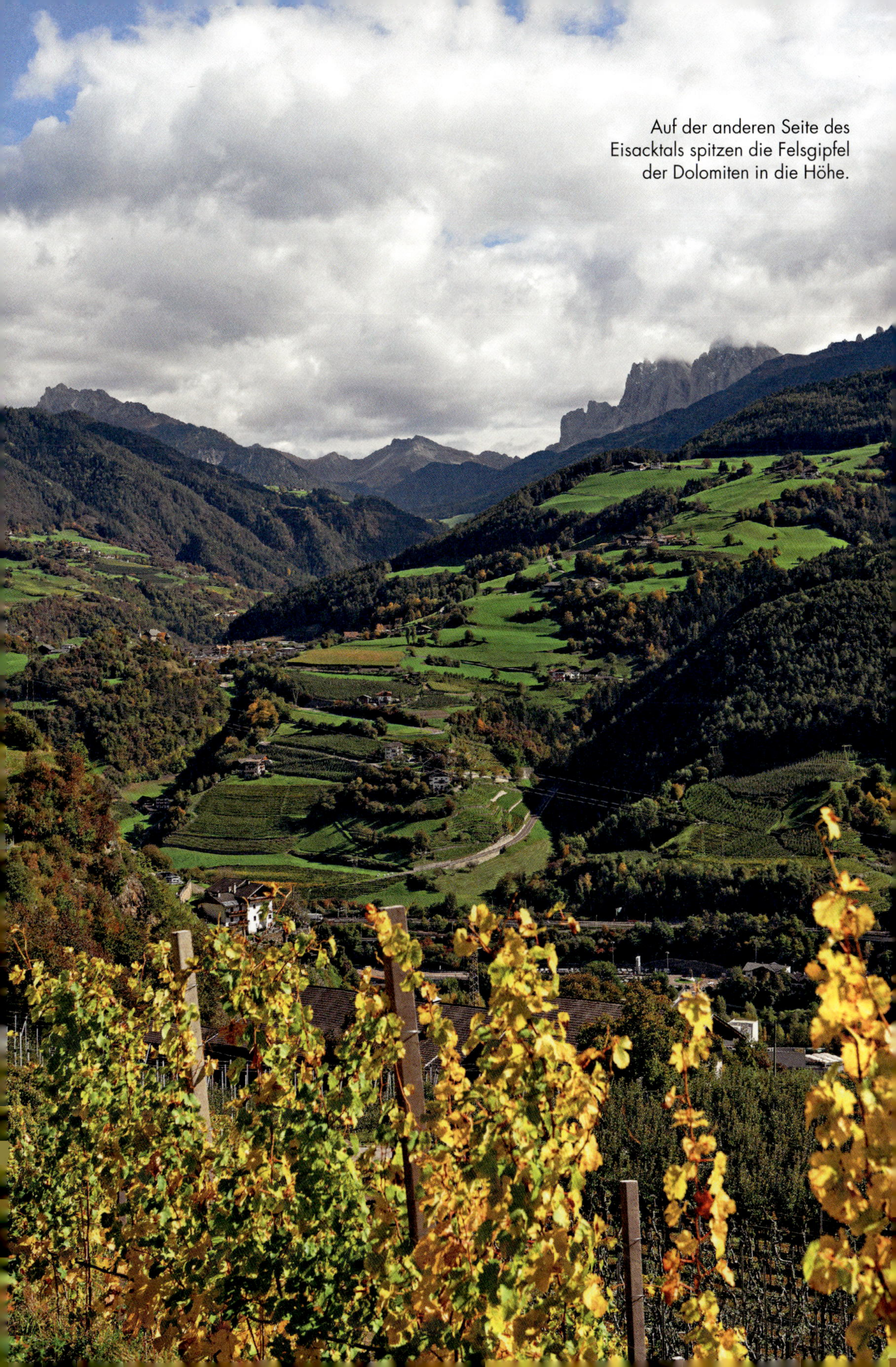

Auf der anderen Seite des Eisacktals spitzen die Felsgipfel der Dolomiten in die Höhe.

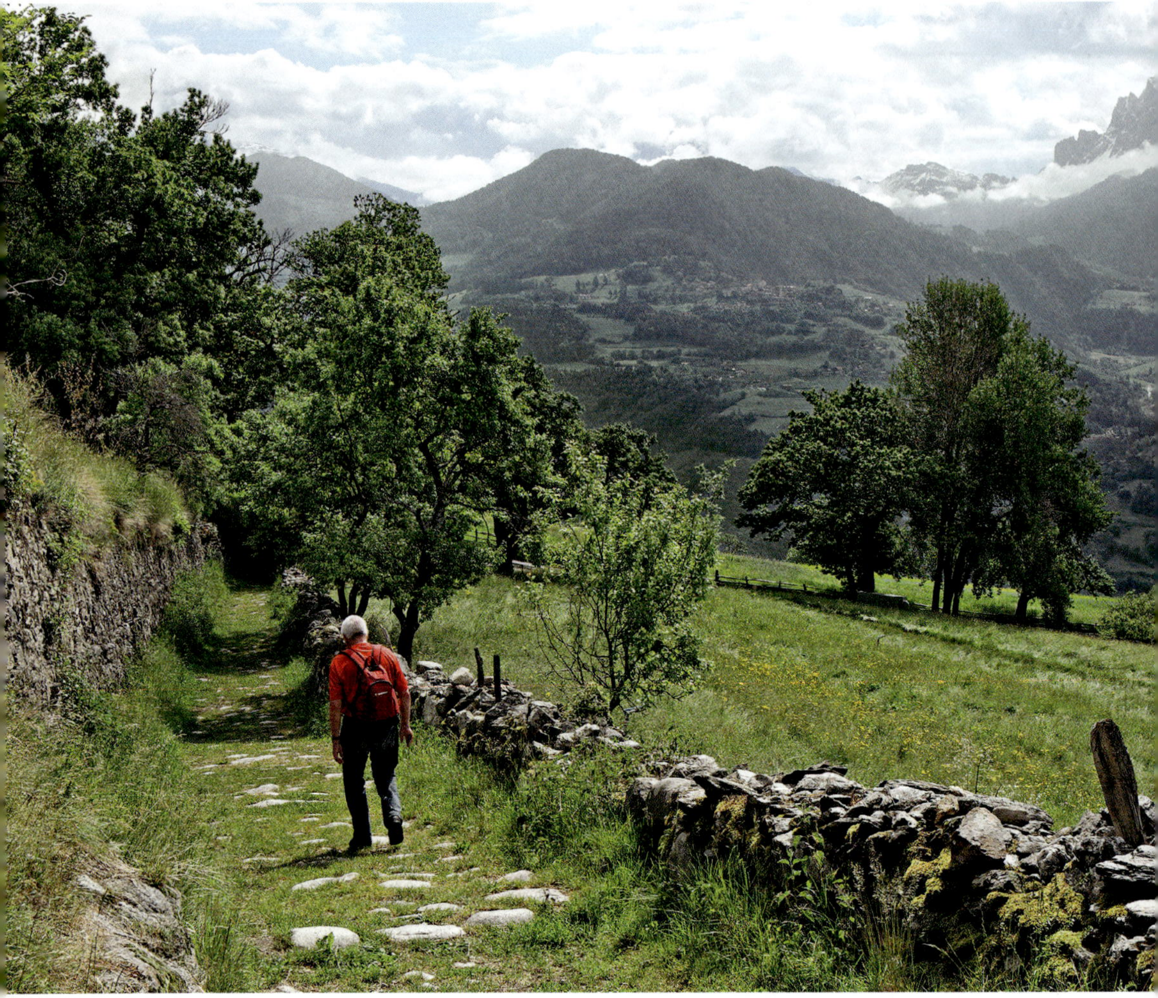

Wanderweg bei Verdings

Ausgangspunkt unserer Wanderung ist das **Schloss Velthurns in Feldthurns**, der alte Sommersitz der Bischöfe von Brixen. Wir nehmen die Straße, die gegenüber dem Schloss beginnt, und folgen dem Wanderschild »Schnauders« bergauf. Von rechts stößt der Keschtnweg aus Brixen kommend zu uns, doch wir ignorieren ihn und biegen kurz danach in der Kurve links von der Straße ab. Ein Feldweg bringt uns steil den Hang aufwärts. Wir erreichen erneut eine Teerstraße, der wir für ca. 200 Meter nach rechts folgen. Die Aussicht ist bereits jetzt überwältigend schön. An einer **Rastbank** biegen wir dann in spitzem Winkel nach links zurück in eine Feldstraße ein (Schild des Wanderwegs 16 nach Garn). Wir kommen wieder in den Wald, dann wird der Weg zu einem Pfad, der uns schließlich an den Ortsrand des Dorfes **Garn** bringt.

Nach Verdings Wir wandern links die Teerstraße abwärts und genießen den wunderbaren Weitblick über das Eisacktal und auf die felsigen Spitzen der Dolomiten im Osten. Nach der ersten Serpentine können wir die Straße auf einem rot-weiß markierten Weg abkürzen und erreichen bald die ersten Häuser von **Verdings** (960 m). Dort queren wir die Straße erneut, gehen die wenigen Schritte zum Bacherweg und folgen diesem nach rechts. Er bringt uns über eine Kurve in die Dorfmitte, wo wir das Gasthaus St. Valentin und die gleichnamige Dorfkirche finden. Die romanische Kirche **St. Valentin** steht auf einem kleinen Hügel, der schon in vorchristlicher Zeit besiedelt war. Noch älter als die Kirche ist die kleine Friedhofskapelle, in der wir eine seltene Darstellung bewundern können: Der Tod dreht das Lebensrad des Menschen; auf der Felge des Rades ist der Mensch in all seinen Lebensaltern dargestellt.

Zum Kloster Säben Von der Kirche geht es zurück über den kleinen Platz mit dem Gemeinschaftshaus, dann folgen wir rechts der Straße, passieren das Feuerwehrhaus und wandern auf einem Wiesenweg sanft abwärts zu einer Teerstraße. Dieser folgen wir nach rechts und erreichen den großen

Kloster Säben

Der markante Berg, auf dem das Kloster Säben hoch über dem Eisacktal steht, gehört zu den historisch wichtigsten Stätten des südlichen Tirols: Funde belegen, dass er bereits zu vorchristlicher Zeit besiedelt war. Und schon im 4. Jh., also kurz nachdem der römische Kaiser Konstantin das Christentum zur Staatsreligion erklärt hatte, stand dort eine christliche Kirche. In den nachfolgenden Jahrhunderten wurde Säben zum Bischofssitz, von dem aus man das umliegende Land christianisierte, bis dieser um das Jahr 1000 herum nach Brixen verlegt wurde. Säben blieb jedoch die Burg der Bischöfe, die oft umkämpft wurde, bis sie schließlich nach einem Blitzschlag fast völlig abbrannte. 150 Jahre lang verfiel Säben zu einer Ruine, dann gründete man auf dem Berg ein Benediktinerinnenkloster, das rasch zu einem geistigen Zentrum wurde. Mehrere Kirchen stehen heute verschachtelt auf dem Klosterberg; die Wichtigste ist die Heiligkreuzkirche mit ihren raffinierten perspektivischen Fresken.

Bauernhof Moar zu Viersch mit seiner Hofkirche St. Josef. Wir sind nun am **Keschtnweg** angekommen – wer jetzt schon genug hat, kann hier vorzeitig die Wanderung beenden und links nach Feldthurns zurückwandern.
Wir wollen jedoch noch weiter nach Pardell und zum Kloster Säben. Dafür folgen wir dem Keschtnweg nach rechts, der zwischen den Gebäuden weiterführt, wandern entlang von Weingärten und erreichen abwärts den Ortsteil **Pardell** (770 m) mit seinem urigen Gasthaus Huber. Von hier sind es nur noch 20 Minuten, und wir haben (den Wegweisern folgend) mit einem kleinen Gegenanstieg unser Ziel erreicht: die **Klosterburg Säben**, gut 200 Meter über dem Städtchen Klausen im Eisacktal gelegen (s. Tipp).

Schloss Velthurns

Im ausgehenden 16. Jh. ließ sich der Brixner Fürstbischof Thomas von Spaur das Schloss als Sommersitz erbauen. Die burgähnliche Anlage besteht aus einem durch eine hohe Mauer gesicherten Innenhof, dem an der Ostseite ein zweiter angeschlossen ist. Dieser diente dem Fürstbischof als Hirschgarten, denn er war ein leidenschaftlicher Jäger. Im Haupthof stehen zwei fast gleich große Gebäude: Das Stöcklgebäude an der Südseite war die Wohnung der Dienstboten, im eigentlichen Schloss wohnte der hohe Herr persönlich. Die drei Etagen waren klar gegliedert: Im Erdgeschoss lagen die Kapelle und die Wirtschaftsräume, im ersten Stock wohnte der Kaplan und ganz oben residierte der Fürstbischof in kostbar vertäfelten und bemalten Räumen (Besichtigung mit Führung: www.schlossvelthurns.it).

Über den Keschtnweg Auf demselben Weg kehren wir nach **Pardell** und zum **Moar zu Viersch** zurück. Jetzt brauchen wir nur noch den Wegweisern des Keschtnwegs zu folgen, der uns im leichten Auf und Ab über Wiesen und durch kleine Wälder führt. Immer wieder freuen wir uns über alte knorrige Kastanienbäume, wobei die Aussicht ebenfalls keine Wünsche offenlässt. Bereits in Sichtweite von Feldthurns biegen wir noch einmal scharf rechts ab, gehen um einen Obstgarten herum und können (sofern wir hier im Herbst unterwegs sind) im wunderbaren **Buschenschank Radoar** ein finales Glaserl Wein genießen. Von dort sind es nur noch wenige Minuten durch den Ort, und wir haben wieder unseren Ausgangspunkt, **Schloss Velthurns**, erreicht.

Wichtiges zur Tour

Tourencharakter
Schöne Rundtour auf guten, sicheren Wanderwegen. Der Großteil des Anstiegs liegt im ersten Drittel, aber auch danach gibt es einiges an Auf und Ab. Tolle Einkehrmöglichkeiten und sensationelle Aussichten.

Ausgangs-/Endpunkt
Schloss Velthurns in Feldthurns (860 m)
GPS: 46.669929, 11.600001

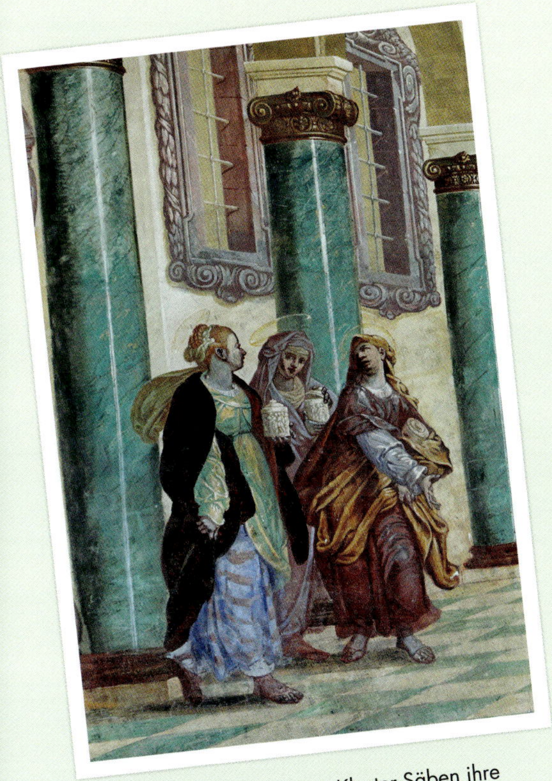

Kunstinteressierte haben am Kloster Säben ihre Freude.

Anfahrt
ÖPNV: Mit dem Zug nach Klausen und weiter mit dem Bus nach Feldthurns
Auto: A 22 bis Ausfahrt Klausen, kurz nach links auf die S 12, dann rechts ab nach Feldthurns

Einkehr
Gasthaus St. Valentin (www.stvalentin.net), Gasthaus Huber (Tel. +39/0472/85 5479, www.gasthaus-huber.it), Buschenschank Radoar (geöffnet nur Sept./Okt., www.radoar.com)

Informationen
www.feldthurns.info

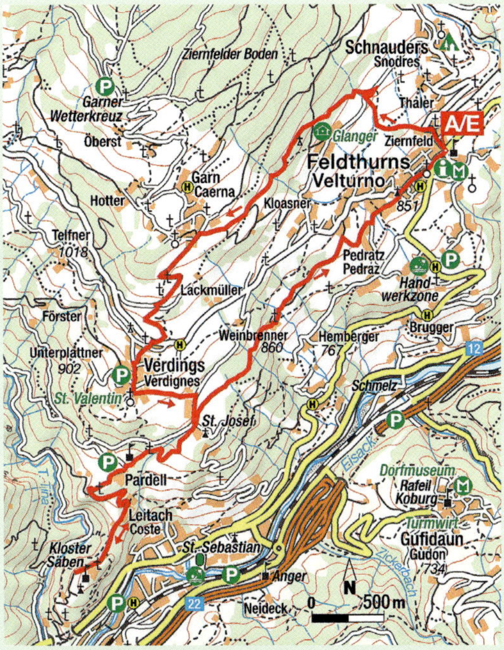

24 Über die Lüsner Alm

Unvergessliche Wandermomente

leicht
3 Std.
350 Hm
10 km
nein

Die Mischung aus stiller Naturidylle mit buntem Blütenmeer, gut besuchten Almgasthäusern und dem kunstvollen Schöpfungsweg, dazu beste Aussichten auf Plose und Peitlerkofel – all das sorgt für einen perfekten Wandergenuss.

Aufstieg zur Lüsner Alm Wir starten in Sichtweite zum Hotel Herolerhof am gleichnamigen **Parkplatz** und folgen von dort dem Feldweg leicht aufwärts (Beschilderung Nr. 3 zur Lüsner Alm). Nach wenigen Schritten passieren wir eine kleine private Alm und kommen in den Wald. Der Schatten ist für den Aufstieg ganz willkommen. Wer möchte, folgt dem Forstweg, den wir aber einige Male über einen

Lüsner Alm

Lüsen liegt abseits in einem Seitental östlich von Brixen. Eingerahmt von der Plose, dem Naturpark Puez-Geisler und der Lüsner Alm ist es ein idealer Ausgangspunkt zu Wanderungen und Urlaubsort für alle, die Ruhe und Erholung suchen. Besonders die Lüsner Alm ist im Sommer mit ihren Blumenteppichen, den Hochmooren und den weiten, sanft geschwungenen Wiesenkuppen ein wunderbares Wandergebiet. Auch im Herbst, wenn die Heidelbeerbüsche sich rot färben, oder im Winter bei gespurten Wanderwegen lohnt sich der Besuch.

Die weite Almfläche zieht sich in einem halbrunden Bogen hoch über dem Dorf Lüsen zwischen 1800–2000 m Höhe entlang. Nach Norden fällt sie ins Pustertal hin ab, im Osten ins Gadertal. Von mehreren Parkplätzen aus kann man zu Wanderungen über die Almfläche starten. Am bekanntesten ist der Zumisparkplatz, den man auch von Rodeneck im Pustertal aus erreichen kann. Stiller, einsamer und genussvoller ist unser Parkplatz Herol, zu dem eine kleine Bergstraße von Lüsen aus hinaufführt – die Auffahrt ist gut zu meistern, aber etwas abenteuerlich.

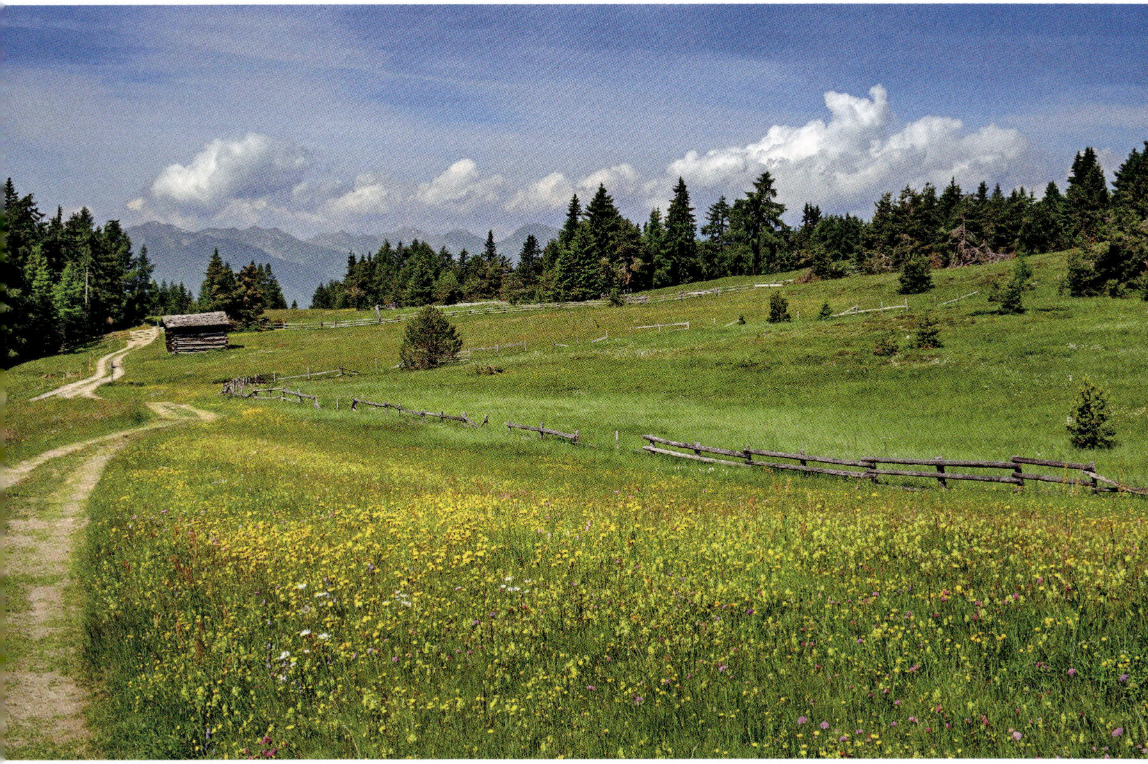

Einsame Wege, vorbei an alten Heustadln, beim Auf- und Abstieg

Wanderpfad abkürzen können. So dauert es gemütliche 45 Minuten, bis wir den Wald wieder verlassen – die ersten 100 Höhenmeter haben wir nun bereits geschafft. Mit wenigen Schritten nach rechts ist eine erste Verschnaufpause auf einer **Rastliege** angesichts der großartigen Aussicht auf den Peitlerkofel sehr willkommen. Vor uns fällt die Bergflanke steil ab, und die Luft ist frisch und klar. Wir haben nun die Hochebene der **Lüsner Alm** am **Tulper Gampis** (1806 m) erreicht.

Durchs Blütenmeer Jetzt wollen wir die Lüsner Alm erobern und folgen vor dem Heustadl dem Weg nach rechts. Nur noch leicht aufwärts wandern wir über die weitläufige, panoramareiche Almlandschaft, die sich im Frühsommer in ein einzigartiges buntes Blütenmeer verwandelt. Links von uns sehen wir ein abgezäuntes Hochmoorgebiet mit wogendem weißem Wollgras. Die Abzweigung nach rechts ignorieren wir und steigen weiter bergauf, bis wir

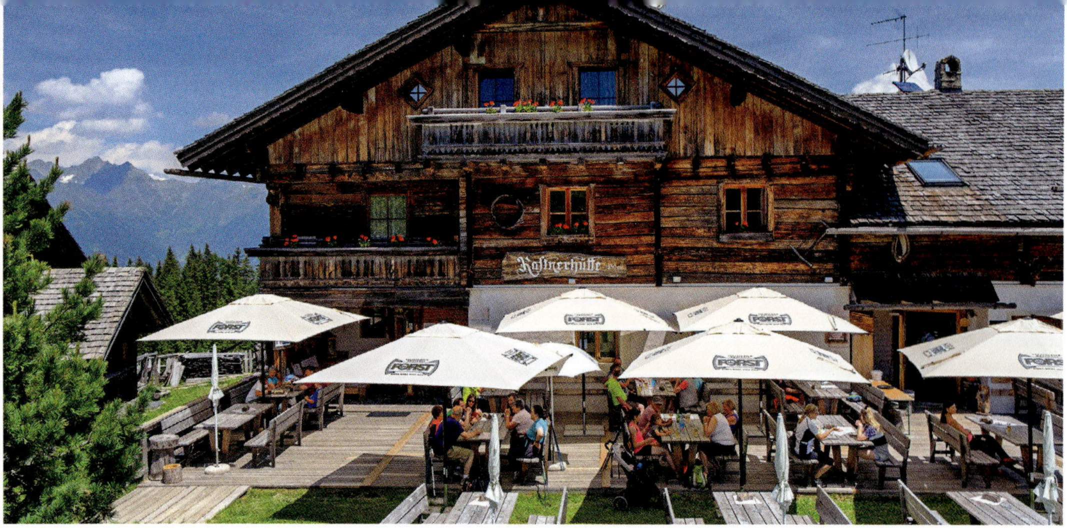

Die Rastnerhütte eignet sich gut für eine Einkehr.

auf den großen querenden Wanderweg Nr. 2 treffen, der vom Zumisparkplatz auf die Lüsner Alm führt (Abkürzungsmöglichkeit nach links zum Pianer Kreuz). Nun gesellt sich zu den fantastischen Wiesen noch eine unglaublich schöne Aussicht, auch wenn es jetzt mit der Ruhe und Einsamkeit erst einmal vorbei ist.

Für uns geht es auf dem bequemen Weg nach rechts weiter, die Starkenfeldhütte oder die Rastnerhütte sind unsere nächsten Ziele – für eine Einkehr können wir uns zwischen den beiden entscheiden. Die Abzweigung nach links zur Rastnerhütte (1931 m) kommt als Erstes, es lohnt sich aber, den Weg noch für wenige Minuten bis zur **Starkenfeldhütte** fortzusetzen – sie punktet mit ihrer großartigen modernen Architektur sowie der schönen Aussicht.

Im Anschluss drehen wir dann um und wandern zur **Rastnerhütte**, die uriger ist und deren sonnige Terrasse windgeschützt in einer kleinen Mulde vor dem Haus liegt. Die Alm gehört genau genommen nicht mehr zur Lüsner Alm, sondern liegt bereits auf dem Rodenecker Gemeindegebiet.

Zum Pianer Kreuz Vor der Rastnerhütte führt unser Weg Richtung Westen weiter. Er wird schmäler, und wir genießen den lichten Wald. Die Luft schmeckt harzig nach Zirben, Kiefern und Wacholder. Links von uns liegen die Reste eines **Moors**, was man unschwer an einigen Wassertümpeln erkennt. Auch nachdem wir den Wald verlassen haben, bleibt der Boden feucht und federt mit jedem Schritt.

Unweit der Kapelle **Pianer Kreuz** treffen wir wieder auf die Almstraße und sind nun mit wenigen Schritten nach rechts bei dem Gotteshaus angelangt. Die Lüsner und Rodenecker sind stolz darauf, dass Kardinal Ratzinger, der spätere Papst Benedikt XVI., im Jahr 2002 den Grundstein dafür segnete. Schon lange zuvor stand an dieser Stelle eine kleine Kapelle, die für viele Wanderer und Besucher ein Ort der Besinnung und Begegnung war – das ist bis heute so geblieben.

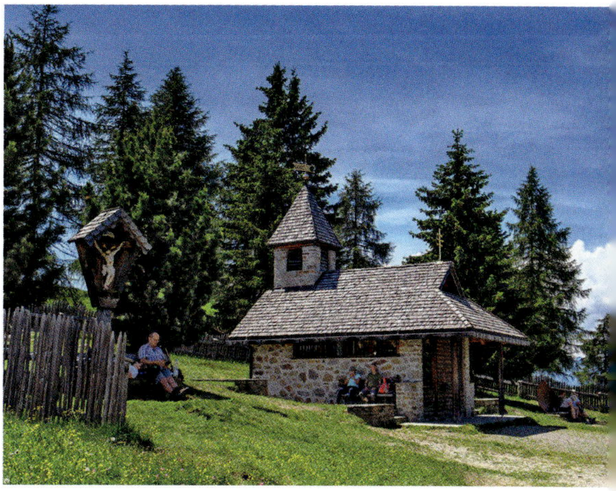

An der Kapelle Pianer Kreuz

Am Schöpfungsweg Obendrein ist die Kapelle heute der Endpunkt des beliebten **Schöpfungswegs**. Dieser führt vom Zumisparkplatz (1725 m) entlang sieben Kunstinstallationen hier herauf, wobei jede der Stationen für einen Tag aus der biblischen Schöpfungsgeschichte steht. Wir werden ihm nun ein kleines Stück in umgekehrter Richtung folgen und gehen somit an der Kapelle weiter nach Westen. Der Weg teilt sich gleich darauf, jetzt halten wir uns rechts auf dem Schöpfungsweg (links wäre die Abkürzung für den Abstieg möglich). Vorbei an der **Station »Menschwerdung«** wandern wir abwärts und erreichen wieder die Almstraße. Auch hier ist eine Abkürzung nach links zum Abstiegsweg möglich. Rechts weiter abwärts und nach wenigen Schritten erneut rechts haltend, lohnt sich ein zusätzlicher Wanderkringel über die **Station des »Fünften Tages«** zur **Roner Alm** (1832 m). Spätestens dort biegen wir dann links auf die Almstraße ein und folgen ihr nun wieder ein Stück aufwärts.

Abenteuer-Wandern Ab jetzt müssen wir aufpassen, denn als Abstieg erwartet uns ein einsamer und wenig begangener Weg, der etwas Gespür und Orientierungssinn verlangt. Zunächst geht auf der Almstraße wieder aufwärts in Richtung Pianer Kreuz; die Abzweigung zum Abstieg über den Wanderweg Nr. 14 ignorieren wir, ebenso wie wir an der Stelle vorbeiwandern, an der wir zum Kringel über die Roner Alm gestartet sind. Die Almstraße vollführt noch drei kleine Kurven, dann lichtet sich der Wald und das Pianer Kreuz ist nun fast schon in Sichtweite. Links und rechts von uns breiten sich Almwiesen aus, wobei die zu unserer rechten Seite deutlich kleiner ist und bald von Bäumen begrenzt wird. Dorthin führt ein kleinerer Feldweg (2021 ohne Beschilderung) – diesen nehmen wir, er bringt uns zu den Bäumen und setzt sich auf der anderen Seite fort.

Vor uns liegt eine private **Almhütte**, der Weg führt zwischen ihr und einem Nebengebäude leicht nach Südosten. So erreichen wir die nächsten Hütten und müssen nun noch einmal aufpassen, denn der Weg, der nur noch ein kleiner Pfad ist, verliert sich bei hochstehendem Gras fast völlig. Er führt südlich der Hütten schräg links über die Wiese bis zum Zaun, wo wir einen Überstieg finden und auf die nächste Wiese queren. Dort setzt sich das Spiel in Wanderrichtung fort, und wieder bringt uns eine Stufe am Zaun über diese Hürde. Unmittelbar hinter diesem Zaun halten wir uns rechts und wandern zur bereits sichtbaren **Plansolalm**, die einsam auf der Wiese steht.

Abkürzungsmöglichkeiten

Die Wanderung lässt sich an einigen Stellen sehr gut abkürzen. Wer nicht einkehren möchte, kann gleich nach dem Aufstieg zum Hauptweg Nr. 2 nach links zur Pianer Kapelle gehen. Wem der Abstieg über die Almwiesen zu abenteuerlich ist, wandert auf vom Hauptweg Nr. 2 bleibend weiter und dann rechts auf demselben Weg wieder zum Aussichtspunkt Tulper Gampis, auf dem wir hinaufgestiegen sind.

Zurück zum Tulper Gampis Jetzt hat das Abenteuer ein Ende, und wir wandern auf der bequemen Almzufahrtstraße weiter. Wir queren den **Gostnerbach** und erreichen wieder den Wald. Die Forststraße bringt uns vorbei an der Rodelbahn über den Winterparkplatz und an dessen Ende nach links zurück zum Heustadl und zum Aussichtspunkt **Tulper Gampis**. Nun geht es zum Abschluss auf dem Hinweg zurück, bis wir wieder am **Parkplatz Herol** angelangt sind.

Wichtiges zur Tour

Tourencharakter

Rundtour auf z. T. gut ausgeschilderten Wanderwegen, mit einem kurzen schattigen Anstieg. Der Rest der Tour verläuft sehr sonnig über aussichtsreiche Almwiesen. Der Abstieg ist anfangs etwas abenteuerlich, dafür einsam. Abkürzung möglich

Ausgangs-/Endpunkt

Lüsen, Parkplatz Herol (1650 m)
GPS: 46.761440, 11.760524

Anfahrt

ÖPNV: Mit dem Zug nach Brixen, weiter mit dem Bus nach Lüsen und von dort mit dem Wanderbus zur Haltestelle Herol. Der Wanderbus verkehrt nur an bestimmten Tagen zwischen Juni und Anfang Nov.

Auto: A22 bis Ausfahrt Brixen, nach Brixen und von dort hinauf nach Lüsen, durch den Ort und nach der Kirche links auf einem sehr schmalen Bergsträßchen aufwärts mit der Beschilderung »Herolerhof«, dann rechts Richtung Hotel; nach wenigen Metern finden wir einen Wanderparkplatz auf der linken Seite.

Einkehr

Einige Berggasthäuser am Weg; Hotel Herolerhof (www.hotel-herol.com)

Informationen

Tourismusverein Lüsen,
Tel. +39/0472/41 37 50, www.luesen.com

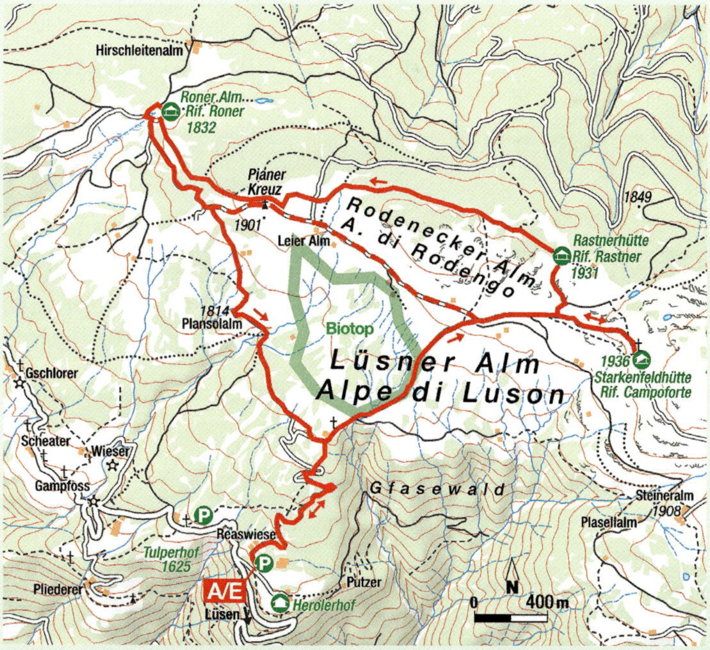

25 Zur Kreuzwiesenalm

Sonniges Wandern auf der Lüsener Alm

mittel

5 Std.

710 Hm

12,4 km

nein

Die Lüsener Almen sind ein märchenhaftes Almgebiet, das den eigentlichen Dolomitengipfeln etwas vorgelagert ist. Mittendrin liegt die Kreuzwiesenalm, die wir wandernd entweder direkt erreichen oder vor deren Besuch wir als fitte Senioren noch das Astjoch »mitnehmen«.

Schönster Schaurast-Platz Die schönste Tour in der Umgebung der Lüsner Alm ist die Wanderung über das Astjoch (2194 m). Vom **Parkplatz** folgen wir dazu kurz dem breiten Almweg, bis nach rechts eine Abkürzung abzweigt. Auf dieser wandern wir, bis wir wieder den Schotterweg erreichen und aussichtsreich zur **Genaideralm** (1913 m) spazieren. Wir bleiben noch ein kurzes Stück auf dem breiten Weg, bis er in einen schmalen Steig übergeht. Auf diesem wandern wir mit großartigem Blick auf die Geislergruppe bergauf in den Sattel zwischen Jakobskopf und Campill. Hier steht etwas versteckt das **Jakobsstöckl**, eine Kapelle.

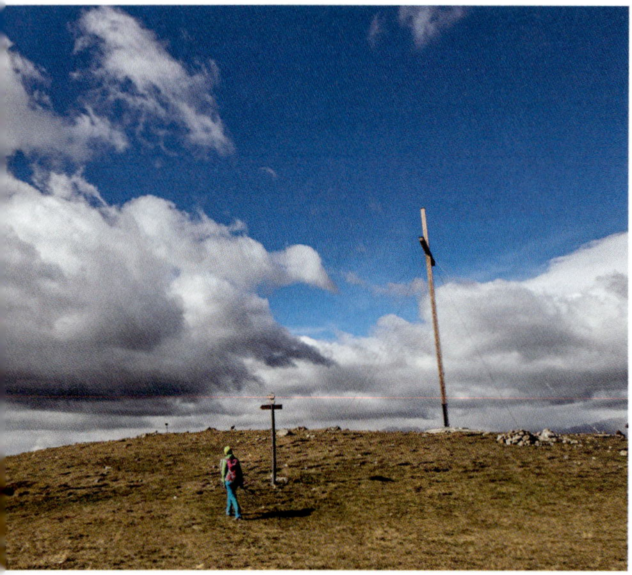

Die letzten Meter zum Astjoch

Ab dem kleinen Kircherl ist der folgende Wegverlauf nicht ganz eindeutig – wir spazieren erst kurz auf dem breiten Schotterweg bergab, verlassen ihn dann aber gleich wieder nach links. Der Weg verläuft über einen schönen Rücken bis kurz vor den Gipfel. Den Abzweig ignorieren wir und wandern auf dem Hauptweg geradeaus in Richtung **Astjoch** und in eine Senke, von der aus wir gemütlich hinauf zum breiten Gipfel steigen. Dort genießen wir eine wirklich umfassende Aus-

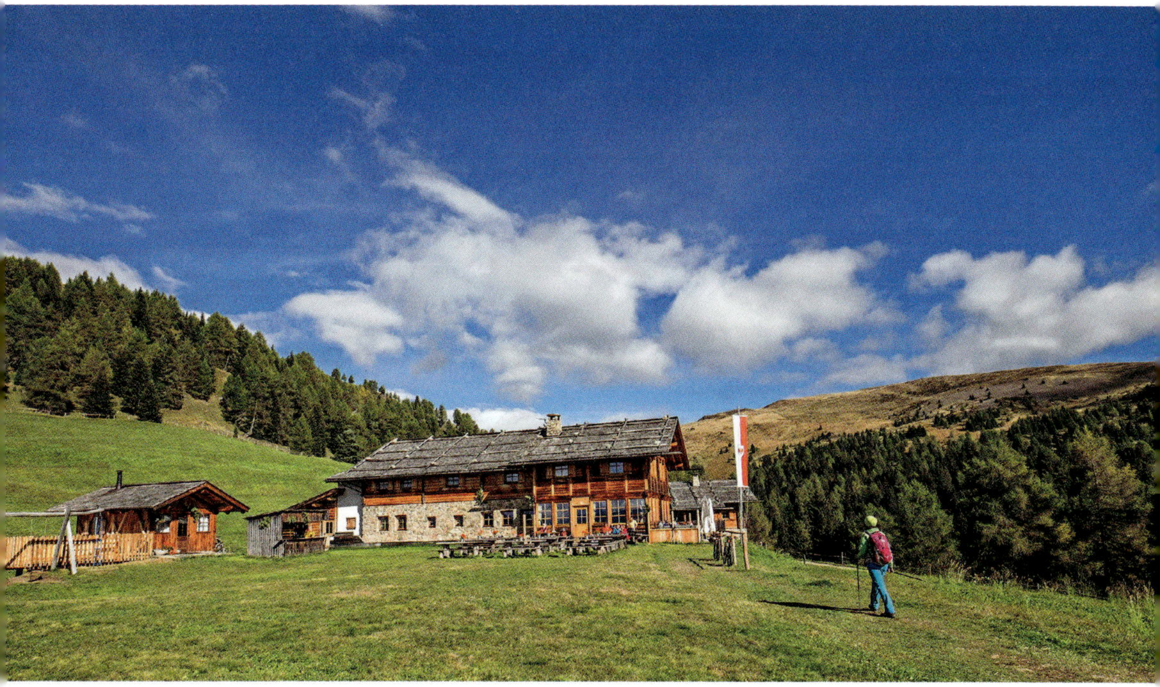

Wir haben die gemütliche Kreuzwiesenalm erreicht.

sicht: Im Norden blicken wir auf die Pfunderer Berge, und im Süden präsentieren sich die nördlichsten Gipfel der Dolomiten. Wunderbar rasten können wir hier oben!

Zur Kreuzwiesenalm Nun wollen wir noch hinunter zur sonnigen Terrasse der Kreuzwiesenalm und folgen dem direkten Weg nach Süden, der steil durch die Grashänge bergab zieht. Wir queren einen Weg und erreichen weiter unten einen breiten Forstweg, auf dem wir nach links zur **Kreuzwiesenalm** (1924 m) wandern.
Die **Lüsner Almen** sind schon seit vielen Jahren ein beliebtes Urlaubs- und Erholungsziel. Schöne Almwiesen, einfache Gipfel, gemütliche Hütten und eine grandiose Aussicht zeichnen die Gegend aus. Einiges hat sich hier oben jedoch im Lauf der Jahre verändert – die kleine Almhütte, die 1932 von der Familie Hinteregger erbaut wurde, hat sich inzwischen zu einer modernen Almwirtschaft gemausert. Trotzdem ist es hier oben immer noch sehr gemütlich, zudem schaffte man es sehr gut, bei der Renovierung eine Verbindung zwischen Tradition und Moderne herzustellen. Die

Almhütte bietet neben gemütlichen Matratzenlagern und nostalgischen Mehrbettzimmern auch Unterkünfte gehobener Kategorie wie Kuschelnester, Romantikzimmer und eine Suite. Eine Besonderheit ist die Sauna in einem Blockhaus vor der Hütte – hier oben kann man neben einer traumhaften Aussicht sogar Almwellness erleben. Besondere Abkühlung verspricht dabei der Erfrischungsteich, allerdings nur für Abgehärtete!

Über die Rodenecker Almen

Ebenfalls großartig ist eine Wanderung vom Parkplatz Zumis aus: Auf einem schönen Waldweg geht es zu den freien Wiesen vor der Roner Alm. Hier bietet sich ein spektakulärer Blick zum Peitlerkofel. Der Weg führt weiter zum Pianer Kreuz, der Rastnerhütte und dem Berggasthof Starkenfeld. Ein guter Wanderweg bringt uns über die Rafreider Alm bis zur Kreuzwiesenalm. Man muss aber nicht zwingend bis zur Alm gehen, da die Landschaft und Aussicht davor bereits wunderschön sind (insg. 4.30 Std., 500 Hm).

Regionaler Käsegenuss

Überhaupt, die Aussicht: Die Lüsener Almen befinden sich nördlich der Geislergruppe und bieten dadurch einen grandiosen Blick auf die dunkle Nordseite dieser Dolomitengruppe. Wunderschön ist die Aussicht von der sonnigen Terrasse der Kreuzwiesenalm zu den mächtigen Dolomiten.

Unbedingt probieren sollte man den Käse auf der Kreuzwiesenalm aus der eigenen Almkäserei. Auch wenn heute die junge Generation für die Käserei zuständig ist, so stammen die Rezepte doch noch von den Großeltern des heutigen Senners Johannes. Es gibt alle erdenklichen Käsesorten wie Frisch-, Schnitt-, Berg- oder Graukäse. Typisch für die Gegend ist der Ziggolan, ein Sauermilchkäse. Und wenn man auch daheim noch etwas vom Geschmack der Lüsner Almen erleben möchte, kann man sich sein Stückchen Käse mitnehmen.

Auf dem normalen Zustiegsweg wandern wir nach dem Almgenuss dann ohne besondere Schwierigkeiten zurück zum **Parkplatz**. Dieser Weg eignet sich im Übrigen auch wunderbar für einen direkten Zustieg zur Alm für alle, denen die Gipfelrunde zu weit erscheint.

Wichtiges zur Tour

Tourencharakter

Schöne, aussichtsreiche Wanderung auf guten Bergpfaden. Abstieg kurzzeitig etwas steil. Sehr sonniges Wandergelände

Ausgangs-/Endpunkt

Parkplatz Schwaiger Böden (1720 m) über Lüsen
GPS: 46.741416, 11.792772

Anfahrt

ÖPNV: Keine Zufahrt mit öffentlichen Verkehrsmitteln möglich
Auto: Von Brixen nach Lüsen und weiter auf einer schmalen Bergstraße zum Wanderparkplatz

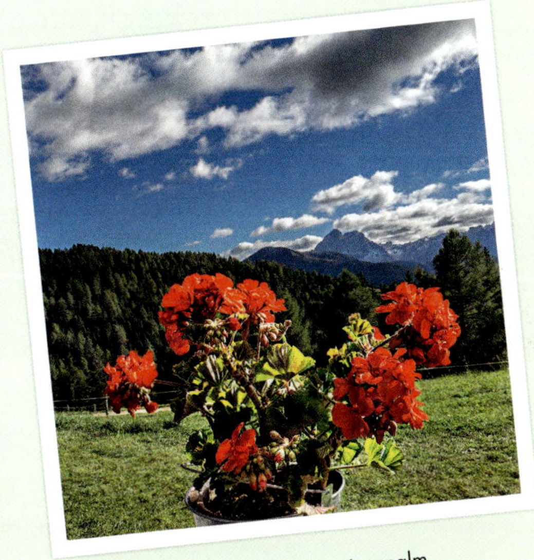

Blumenschmuck auf der Kreuzwiesenalm

Einkehr

Kreuzwiesenalm
(Tel. +39/0333/
748 48 80,
www.kreuzwiesenalm.com)

Informationen

Tourismusverein Lüsen,
Tel. +39/0472/41 37 50,
www.luesen.com

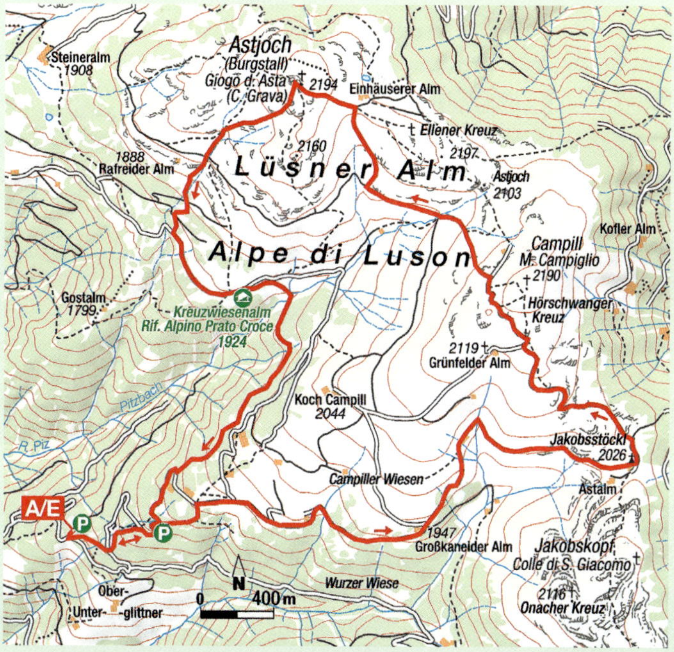

26 Von der Fane-Alm zur Brixner Hütte

Im Reich der grünen Berge

- leicht
- 3.15 Std.
- 570 Hm
- 8,6 km
- nein

Die gemütliche Brixner Hütte des Südtiroler Alpenvereins ist umgeben von grünen Hängen – wir haben selten eine Alpenregion erlebt, die bis in die Dreitausenderregion so begrünt ist. Von der Hüttenterrasse aus genießen wir die schöne Landschaft rundum.

Auf der Fane-Alm Erstes Ziel unserer Wanderung ist die **Fane-Alm**. Das romantische Almdorf im oberen Valsertal ist ein beliebtes Ausflugsziel. Es besteht aus schindelbedeckten Wohn- und Heuhütten, einer kleinen Kirche und drei Almschenken. Entstanden ist das Dorf im Mittelalter als Lazarett für Pest- und Cholerakranke. Heute weiden im Sommer über 300 Kühe auf der Alm, die schmackhafte Milch geben. Diese wird auf der Alm zu Käse verarbeitet und kann direkt hier oben verkostet werden.

Das Almdorf Fane

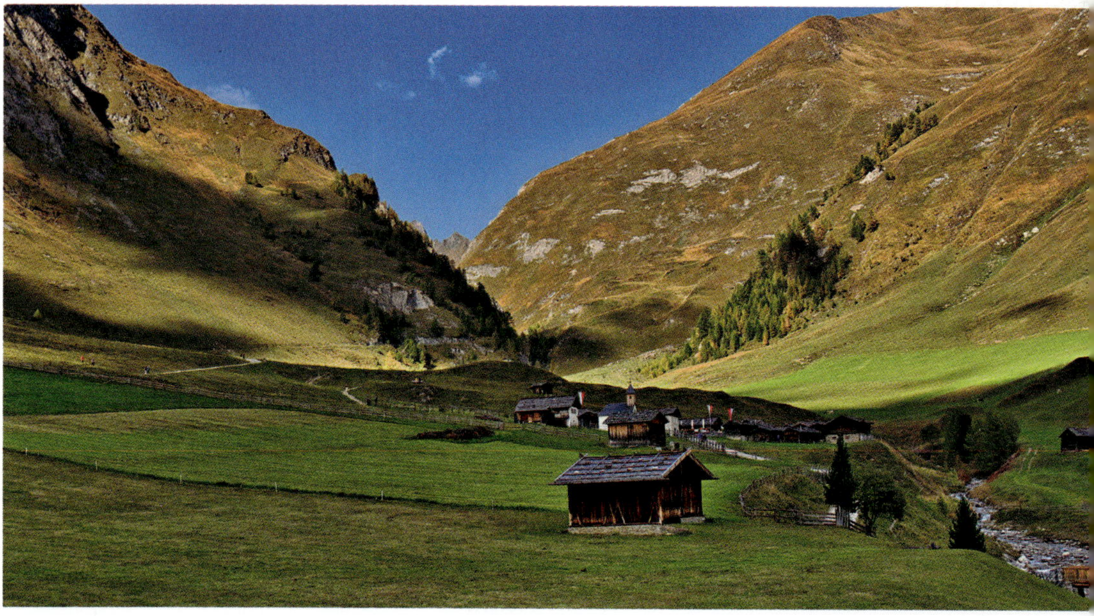

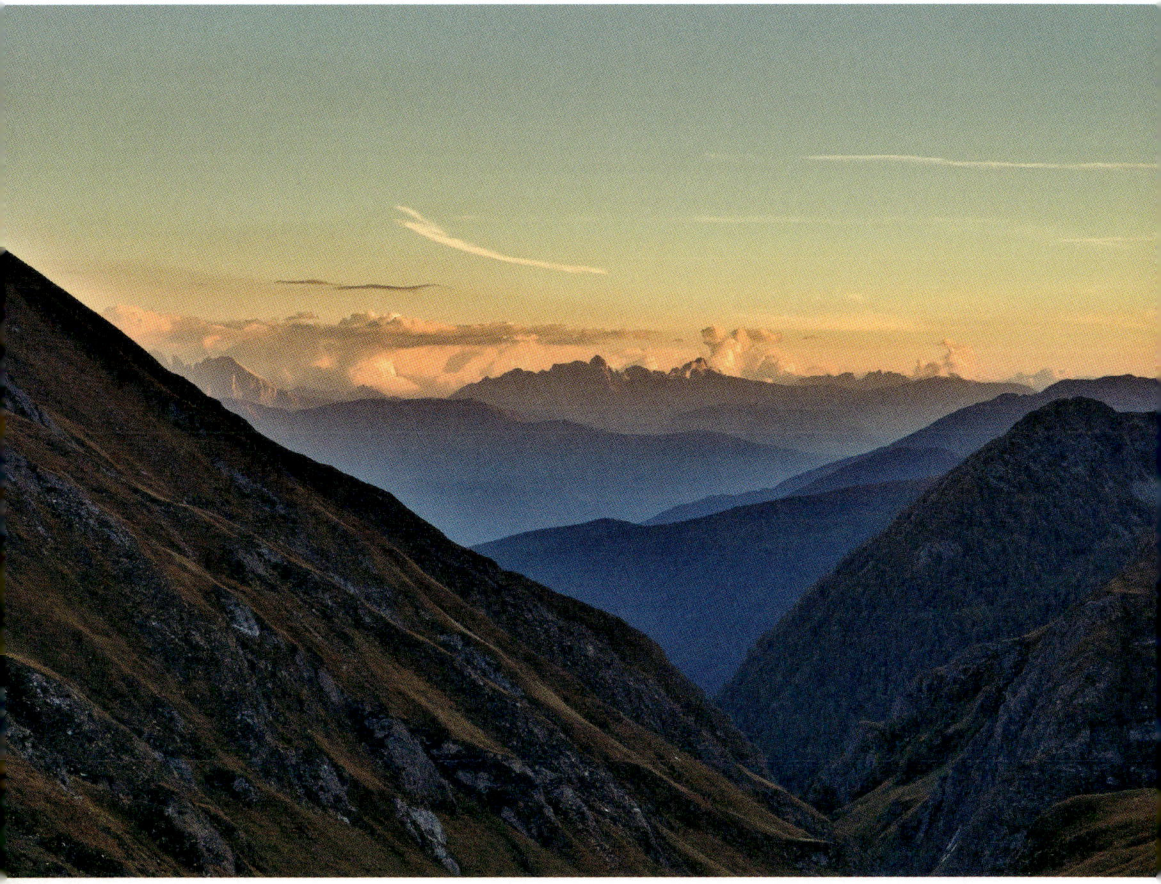

Abendstimmung an der Brixner Hütte

Zur Brixner Hütte Hinter dem Almdorf folgen wir dem breiten Weg Nr. 17 in Richtung Brixner Hütte, der uns durch die schöne Landschaft in nördliche Richtung zur **Valler Schramme** führt. Hier hat sich das tosende Wasser tief in die Schlucht eingegraben, und unser Wanderweg verläuft hoch oberhalb davon. Wenig später öffnet sich das Gelände wieder, und wir kommen zu einer Wegteilung, wo wir dem geradeaus führenden Weg folgen, der uns zur unbewirtschafteten **Pfannalm** bringt.

Wir überqueren den Bach und gehen nun auf der rechten Bachseite leicht ansteigend bergauf bis zur **Brixner Hütte** (2282 m), wo wir uns auf die Terrasse setzen und die schöne Umgebung der Pfunderer Berge genießen. Von den Wirten der kleinen, gemütlichen Alpenvereinshütte lassen wir uns mit leckeren Südtiroler Gerichten verwöhnen. Die erste

Milchsteig zur Fane-Alm

Von der Kurzkofelhütte (1422 m) im Valsertal kann man auf dem Milchsteig ebenfalls das Almdorf Fane erreichen. Der mittelschwere Weg verläuft abseits der Almstraße, die wir zweimal kreuzen, und wir erfahren dabei viel Wissenswertes über die Südtiroler Milch und Milchwirtschaft. Für den Anstieg bis zum Almdorf benötigen wir 1.30 Std. (340 Hm); zurück können wir gemütlich mit dem Shuttlebus fahren.

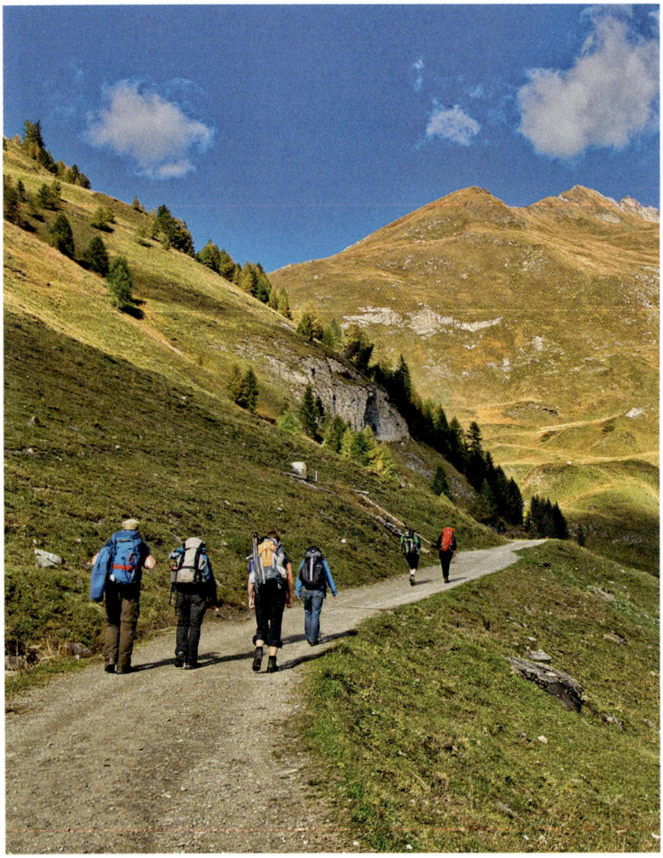

Auf dem Weg zur Brixner Hütte

Hütte stand hier bereits im Jahr 1909, der heutige Hüttenbau wurde 1973 errichtet. Für den Abstieg nehmen wir den Anstiegsweg zurück zum **Almdorf Fane**.

Zwei-Tages-Tour Ein lohnendes Wanderziel im Umfeld der Brixner Hütte ist der Wilde See. Da die Runde mit über 1000 Höhenmetern schon recht anstrengend ist, bietet sich eine Übernachtung in der Hütte an. Am nächsten Morgen steigen wir dann auf gutem Wanderweg hinauf ins Rauhtaljoch (2808 m) unterhalb der Wilden Kreuzspitze, einem tollen Wanderdreitausender. Wir ignorieren aber den Gipfelanstieg und steigen hinunter zum Wilden See (2532 m), der idyllisch im Tal liegt. Nach einer Pause am See wandern wir auf dem Weg Nr. 18 zu einer Wegteilung, gehen hier links und folgen der Markierung Nr. 18 zur Labesebenalm (2138 m), die im Sommer einfach bewirtschaftet ist. Dort beginnt ein breiter Weg, der hinunter zum Hüttenanstieg führt. Auf diesem wandern wir durch die Valler Schramme zurück zum Almdorf Fane, wo wir noch einmal einkehren und die Tour ausklingen lassen können.

Wichtiges zur Tour

Tourencharakter

Leichte Wanderung auf guten Wegen mit sanften Steigungen. Die Wege verlaufen durch aussichtsreiches, baumloses Gelände und sind sehr sonnig.

Ausgangs-/Endpunkt

Parkplatz unterhalb der Fane-Alm (1739 m)
GPS: 46.880420, 11.620850

Anfahrt

ÖPNV: Mit dem Zug nach Brixen, weiter mit dem Bus über Mühlbach nach Vals und von dort mit dem Shuttlebus zur Fane-Alm
Auto: A22 bis Ausfahrt Pustertal, weiter nach Mühlbach, dort abbiegen nach Vals und bis zum Parkplatz. In den Sommermonaten fahren Shuttlebusse zur Fane-Alm; vor 9 und nach 17 Uhr kann man mit dem Auto zum Parkplatz hochfahren.

Einkehr

Almschenken an der Fane-Alm, Brixner Hütte (Tel. +39/0472/677001, www.brixnerhuette.it), evtl. Labesebenalm

Informationen

Gitschberg-Jochtal,
Tel. +39/0472/886048,
www.gitschberg-jochtal.com

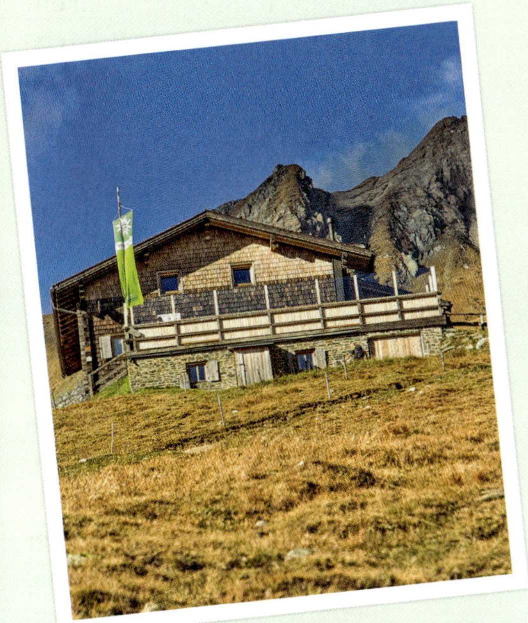

Die Brixner Hütte

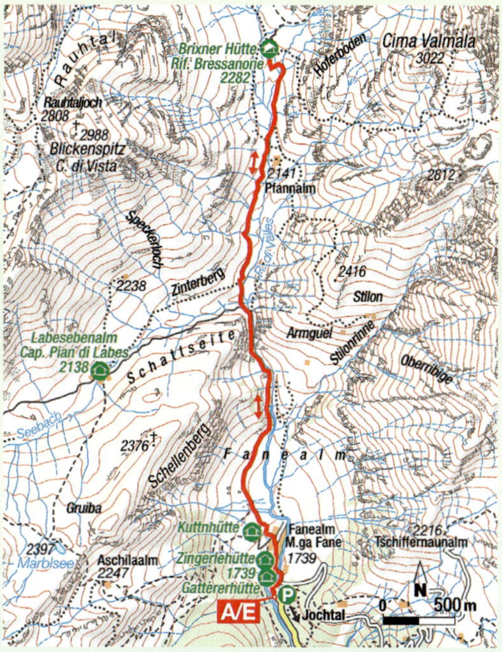

27 Speikboden und Sonnenklar Nock

Panoramawege über Sand in Taufers

mittel

3.15 Std.

250 Hm Aufstieg,
700 Hm Abstieg

7 km

ja

Ein Panoramaberg par excellence und mit Hilfe der beiden Bergbahnen noch dazu ein einfach erreichbares Vergnügen, das auch den Wanderspaß mit Gipfel, Felsen, Zirben, Alm und Bergsee nicht zu kurz kommen lässt. Dazu drei Stunden lang Aussicht nonstop!

Aufstieg leicht gemacht Am Speikboden gibt es zahlreiche Wanderwege und sogar Klettersteige. Aber man sollte sich bereits im Tal für eine der von uns vorgeschlagenen Wanderrouten entscheiden (s. Tipp), denn für den längeren Weg benötigen wir zusätzlich zum Ticket der Gondelbahn auch ein Ticket für den Sonnklar-Sessellift. Die **Auffahrt mit der Gondelbahn** gönnen wir uns aber definitiv, denn das spart über drei Stunden Aufstieg aus dem Tal. So fahren wir gemütlich in den kleinen Gondeln bergauf und dürfen dabei schon mal beste Aussichten auf das Ahrntal genießen.

Oben angekommen, ähnelt der **Speikboden** dem Talboden eines Kraters: Er ist ein großflächiges Areal mit Bergwiesen, Restaurants und Skiliften, das von einem sehr lang gezogenen Bergrücken umgeben ist. Ein großartiger Panoramaweg führt über den gesamten Bergrücken, beginnend beim Kleinen Nock bis zum Hühnerspiel. Das ist jedoch eine weite Tour mit einigen Höhenmetern im Auf- und

Speik

Als Speik bzw. Speick werden mehrere Pflanzen bezeichnet. Am bekanntesten ist der Echte Speik, ein Baldriangewächs, aus dessen Wurzel ein starker Duftstoff für die Seifenproduktion gewonnen wird. Aber auch andere Pflanzen werden Speik genannt, und wo sie häufig vorkommen, wird gern der Name Speikboden vergeben. Im Ahrntal handelt es sich jedoch nicht um den Echten Speik, sondern um den Roten Speik, gemeinhin auch als Klebrige Primel bekannt, eine ebenfalls stark duftende bezaubernde Bergblume, die kalkarme Schutthalden liebt.

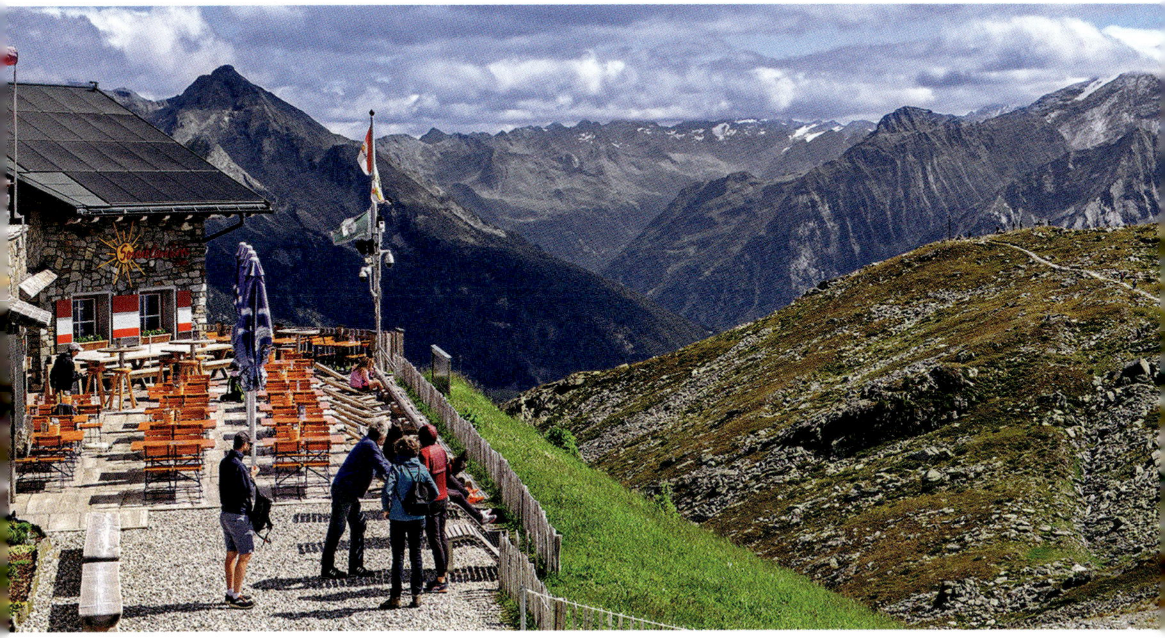

Die aussichtsreich gelegene Sonnenklarhütte

Abstieg, deshalb werden wir heute nur einen Teil davon begehen.

Aussichtsfreuden Dafür steuern wir von der **Bergstation** leicht links haltend die **Talstation des Sonnklar-Sessellifts** an, den wir leicht ansteigend in 10 Minuten erreicht haben. Dann schweben wir erneut ein gutes Stück höher und haben an der **Bergstation** den **Panoramaweg** auf einfachste Art und Weise erreicht. Absolut überwältigend präsentiert sich das Panorama der Zillertaler und der Ahrntaler Alpen sowie der Pustertaler Berge. Im Süden reicht der Blick bis weit in die Dolomiten hinein, bis zu den hohen Gipfeln von Lavarela und Marmolada. Auf keinen Fall versäumen sollte man den Aufstieg auf den **futuristischen Turm**, der gleichzeitig die Bergstation des Lifts ist – oben gibt es eine Aussichtsterrasse mit einer sehr genauen 360°-Beschilderung der umliegenden Gipfel.

Kleiner Gipfel gefällig? Wer jetzt im Angesicht majestätischer Felsgipfel vor Energie überschäumt, steigt vor der eigentlichen Wanderung nach rechts hinauf zum **Gipfel**

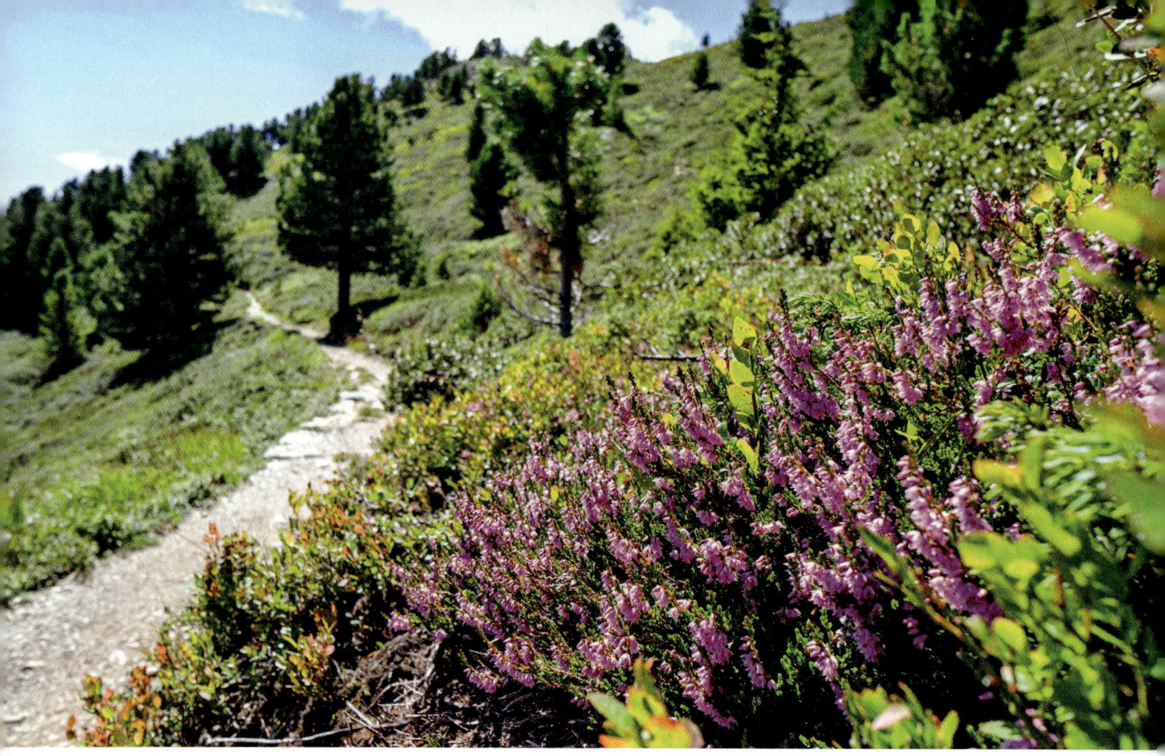

Beim Abstieg erreichen wir die Baumgrenze und genießen im Herbst Erika zwischen den Zirben.

Speikboden, mit 2517 Metern der höchste Punkt, den man an diesem Berg erreichen kann. In gut 30 Minuten und mit 180 Höhenmetern Aufstieg ist dieser auf einem sehr gut angelegten Weg leicht »mitzunehmen«. Aber man sollte seine Kondition nicht überschätzen, denn auch der Weiterweg ist noch relativ lang.

Sonnklarhütte und Sonnenklar Nock Egal ob mit oder ohne Speikbodengipfel, für die eigentliche Wanderung geht es für uns von der Bergstation nach links. Nach wenigen Schritten sind wir an der **Sonnklarhütte** (2400 m), in die wir uns natürlich schon einmal für eine aussichtsreiche Einkehr hinsetzen könnten – die Hütte ist nämlich etwas ganz Besonderes: 2014 wurde sie zur beliebtesten Skihütte Südtirols gewählt, was natürlich nicht nur am Panorama liegt. Das Essen ist wirklich vom Feinsten: Kaspressknödel, Schlutzkrapfen, Bier und Buttermilch konkurrieren mit Spaghetti aglio e olio, Tagliata und Affogato samt einem guten Tropfen Lugana. So lässt es sich auf über 2000 Metern Höhe sehr gut leben.
Von der Hütte sind es nur wenige Minuten auf dem Panoramaweg Nr. 26 bis zum **Sonnklar Nock** (2390 m). Auch

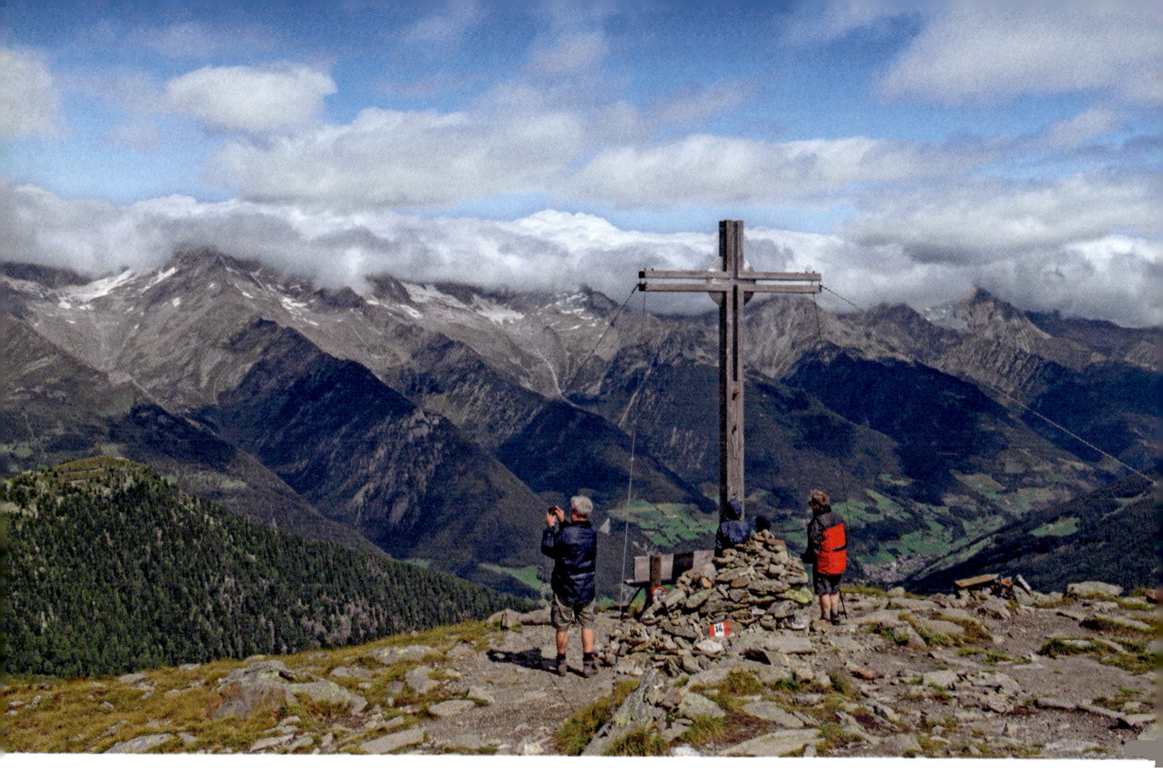

Vom Sonnenklar Nock erleben wir ein herrliches Panorama.

wenn dieser Gipfel um einiges niedriger ist als der Speikbodengipfel, tut das der herrlichen Aussicht keinen Abbruch. Ein Gipfelkreuz ist ebenfalls vorhanden, und ein paar Rastbänke lassen die Wandererherzen höherschlagen.

Am Panoramaweg Nach so viel Genuss wollen wir jetzt wirklich wandern, und so folgen wir weiter dem Weg Nr. 26, der uns an ein paar Steinmännchen vorbei zunächst in südliche Richtung führt. Der Weg ist sehr geschickt angelegt und leitet über viele Steinplatten, die für uns Wanderer akribisch und z. T. als Stufen angelegt wurden. Im Abstieg geht es nun auf dem Bergkamm in östliche Richtung. Wir genießen die Aussichten, freuen uns über pfeifende Murmeltiere und knallbunte Flechten auf den Steinen.

Nach gut 30 Minuten bleiben wir in Wanderrichtung und umrunden die Bergflanke weiterhin nach Osten. Genau genommen sind wir nun auf dem Weg Nr. 26B unterwegs, der das Ahrntal vom Mühlwaldertal trennt. Wer die Landschaft betrachtet, erkennt, dass sich hier oben am Berg ein kleines **Moor** befindet. Stellenweise sieht man eine Torfschicht sowie ein paar wenige Wollgrasbüschel, dazu viel

Kurze Alternative

Wanderer mit weniger Kondition können die fantastische Aussicht bei einer deutlich kürzeren Variante ebenfalls genießen. Dafür benötigt man nur das Liftticket der Gondelbahn und steigt dann von der Bergstation in Richtung Sessellift auf. Dort hält man sich rechts, passiert einen Streichelzoo und folgt dem Zirbenweg bergan. Man quert eine Skipiste und hält sich leicht links weiter bergauf. Der Weg wird nun steiler und führt im Zickzack und kurzweilig vorbei an einigen netten Tierskulpturen hinauf zum Hühnerspiel (2110 m). Auch von dort ist die Aussicht überwältigend, und es gibt bequeme Rastbänke. Dann steigt man hinab zur gemütlichen Trejer Alm (Einkehr). Wer zuvor noch Lust auf einen Abstecher hat, biegt rechts ab zu einer kleinen Runde um den idyllischen Trajer See. Der Rückweg führt dann bequem von der Alm über die kleine Straße, die am Fuß des Hühnerspiels entlangführt und uns zurück zur Bergstation der Gondelbahn bringt (insg. 1.45 Std., 220 Hm, 5 km).

Heidekraut, Blaubeeren und Moorbeeren. Bald steigen wir steiler über Kurven abwärts, und die Latschen rücken näher.

Zur Trejer Alm Kaum erreichen wir die ersten Zirben, stoßen wir auf eine kleine Wegkreuzung. Geradeaus würde der Weg in einem sehr langen Abstieg hinunter nach Sand in Taufers führen – für uns geht es hier aber nach links auf dem Panoramaweg weiter in Richtung Trejer Alm, die auf einigen Schildern auch als Äußere Michlreis-Alm bezeichnet wird. Der schmale Weg führt nun zunächst fast eben nach Norden. Die schöne Aussicht begleitet uns, ebenfalls der Duft der Zirben. An einem kurzen Stück fällt der Weg rechts von uns steil ins Tal ab, aber die anstehenden Bäume verhindern ein größeres Schwindelgefühl. Dann senkt sich der Weg nochmals, und wir steigen zum kleinen **Trajer See** hinab, der mittlerweile bereits ziemlich verlandet ist. Auf breitem Weg sind wir kurz darauf an der **Trejer Alm** (1960 m), einem beliebten Einkehrziel hier oben am Berg. Hier können wir nun ebenfalls einkehren, denn der restliche Weg ist nicht mehr weit.

Knieschonend folgen wir dem leicht bergab führenden Almsträßchen weiter und umrunden damit den Hühnerspiel, zu dem wir in der kurzen Wanderalternative (s. Tipp) aufsteigen könnten. Zum Abschluss wandern wir gemütlich zurück zur **Bergstation der Gondelbahn** und dürfen wieder ins Tal schweben.

Wichtiges zur Tour

Tourencharakter

Rundtour auf gut ausgeschilderten Bergwegen und Pfaden, die Trittsicherheit und Kondition verlangt. Nach der ersten Hälfte des Abstiegs können Wanderer mit sehr starkem Höhenschwindel leichte Probleme haben – die Stelle ist jedoch nur sehr kurz. Der Zusatzgipfel Speikboden kann ausgelassen werden. Wer Bergabsteigen scheut, wählt die sehr einfache, kurze Alternative.

Ausgangs-/Endpunkt

Talstation der Speikbodenbahn (940 m)
GPS: 46.932982,11.937533

Anfahrt

ÖPNV: Mit dem Zug nach Bruneck im Pustertal, weiter mit dem Bus ins Ahrntal und über Sand in Taufers bis zur Haltestelle Speikbodenbahn

Auto: Ins Pustertal nach Bruneck, von dort nach Norden durchs Ahrntal und über Sand in Taufers weiter bis zum Parkplatz an der Speikbodenbahn

Einkehr

Sonnklarhütte (Tel. +39/0474/687797), Trejer Alm (Tel. +39/0347/3516693), Bergrestaurant Speikboden (Tel. +39/0474/678330)

Informationen

Tourismusverein Sand in Taufers, Tel. +39/0474/678076, www.taufers.com; www.ahrntal.com

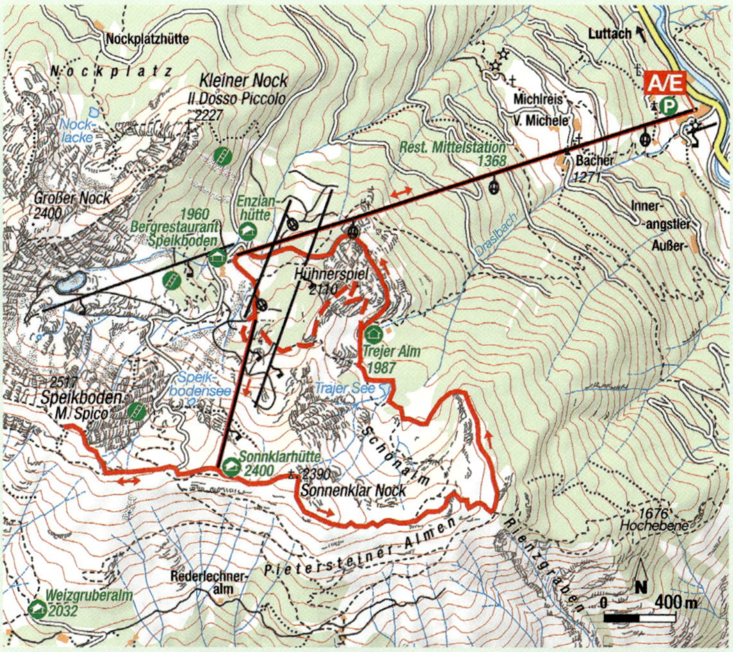

28 Zu den Erdpyramiden von Percha

Vergängliche Schönheiten

- mittel
- 2 Std.
- 250 Hm
- 5,5 km
- nein

Zwischendurch genießen wir immer wieder Aussichten über das Pustertal zum Kronplatz.

Auf das Naturphänomen Erdpyramiden kann man in Südtirol mehrmals treffen, aber keine sind so schön wie die in Percha bei Bruneck. Ganz nahe kommt man den fragilen Wunderwerken auf dieser familientauglichen Wanderung für Groß und Klein und Jung und Alt.

Angenehm schattig Am **Parkplatz** der Erdpyramiden brechen wir auf. Ein steinerner Nachbau einer Erdpyramide und natürlich die Beschilderungen zeigen uns den Beginn des Wegs, der gleich am Anfang kräftig ansteigt. Zum Glück ist es schattig im Wald, und da die Wanderung insgesamt nicht sehr lang ist, dürfen wir uns wirklich Zeit lassen. Und versprochen, es bleibt nicht so anstrengend,

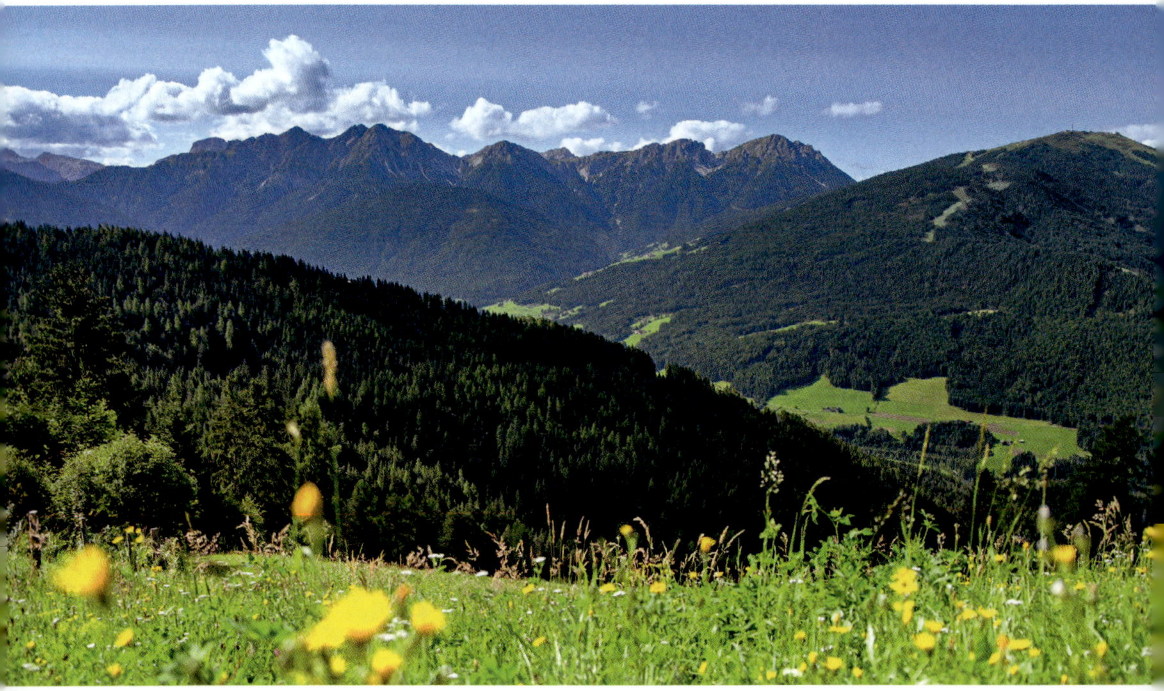

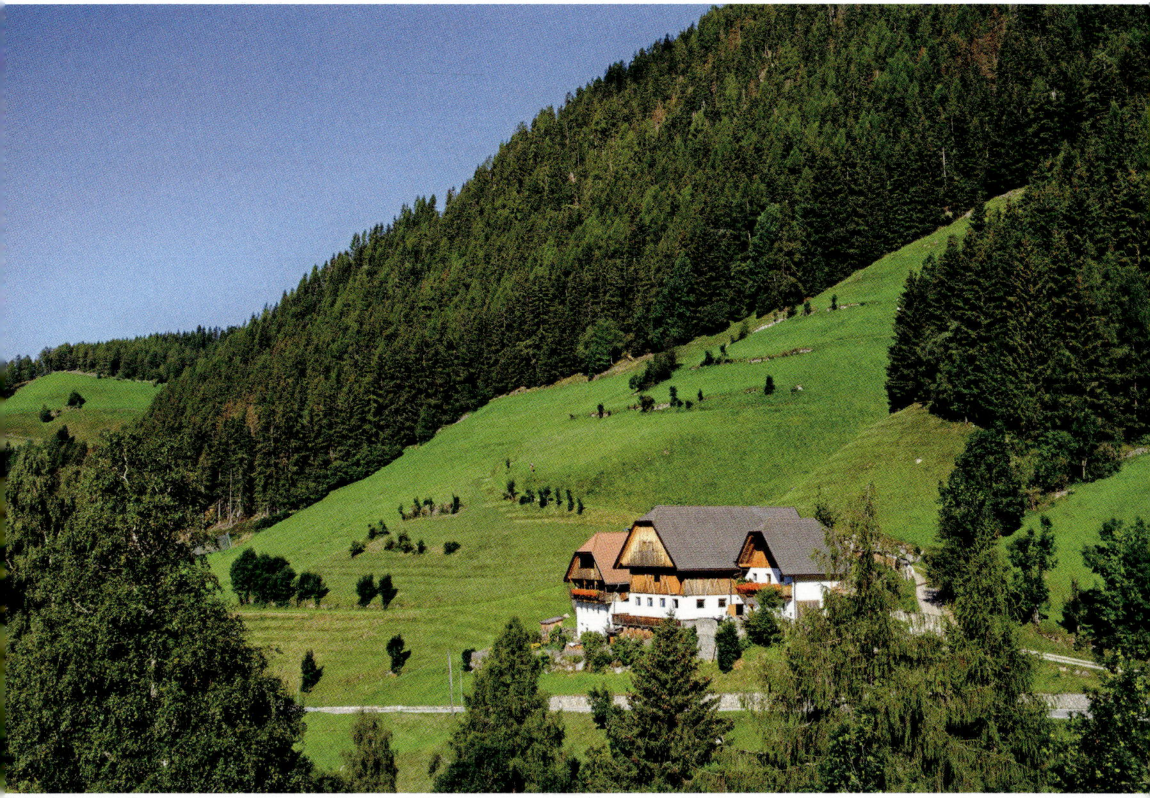

Oberwielenbach hat einige schöne alte Bauernhöfe.

bald wird es wieder deutlich flacher. Außerdem sorgen viele Informationstafeln für Abwechslung, und auch die ersten Rastbänke und Ruheliegen lassen nicht lange auf sich warten. Der **Piramidi-Lehrpfad** ist natürlich vor allem für Familien mit Kindern geeignet, aber auch uns gefällt der Weg, und für Spaß und Spiel bei der Wanderung ist man nie zu alt.

Zu den Erdpyramiden Langsam wird der Weg flacher, der Wald lichtet sich, und wir wandern am Rand einer Almwiese zu einer kleinen Bergstraße. Dieser Wegabschnitt ist gleichzeitig ein **Geologie-Lehrpfad**, der uns viel über die Südtiroler Gesteinswelt erzählt. In die Bergstraße biegen wir dann links ein und wandern mit schönster Aussicht auf das Pustertal und den Kronplatz ein letztes kurzes Stück bergauf. Schon in der Linkskurve verlassen wir die Straße und biegen rechts ab zum Waldrand.

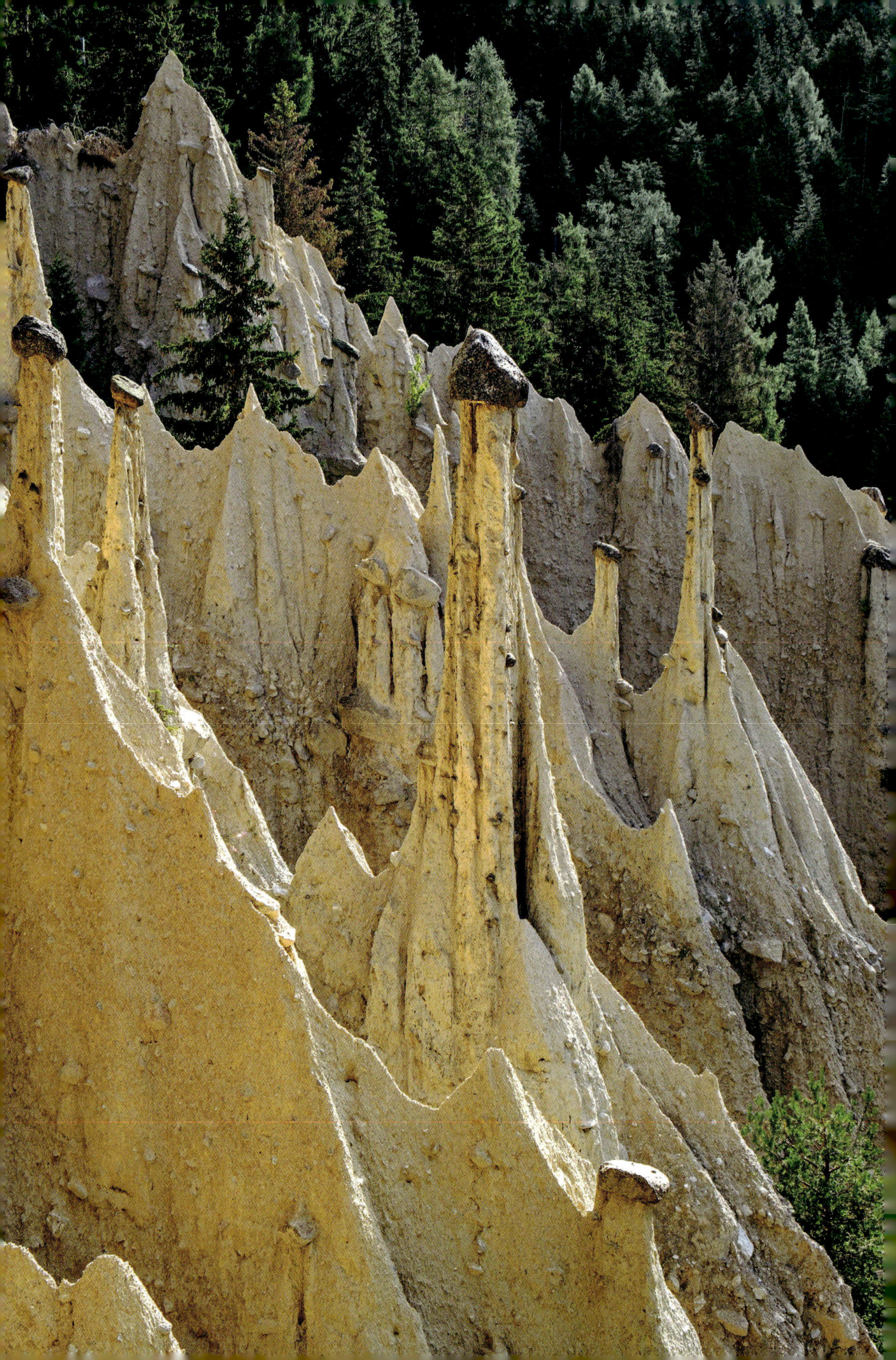

Nun sind wir eigentlich schon bei den **Erdpyramiden** (1560 m) angekommen, und mit wenigen Schritten durch den Wald erreichen wir das Naturwunder. Mit Geländern gesicherte Aussichtspunkte verteilen sich entlang der Abbruchkanten. Egal von wo wir auf die Erdpyramiden schauen, es ist ein einzigartiger Anblick: Große und kleine Säulen wehren sich wild und entschlossen, kühn und fragil zugleich, gegen den Verfall durch die Zeit. Im schnellen Farbwechsel zwischen Sonne und Wolken können wir vom Anblick der architektonischen Naturmeisterleistung nicht genug bekommen. Es lohnt sich, bis zur untersten Aussichtsplattform hinabzusteigen, und zum Glück gibt es auch einige Sitzplätze zum Ausruhen.

Naturkundliche Besonderheit

Voraussetzung für das Entstehen von Erdpyramiden ist ein feinkörniges Erdmaterial. In Kombination mit Dauerregen, der zu einem Erdrutsch führt, und gepaart mit Schneeschmelze und Erosion zeigen sich nach einigen Jahrhunderten diese kunstvollen Besonderheiten. Die Erdpyramiden von Percha sind noch nicht ganz so alt, aber auch sie entstanden nach mehreren Erdrutschen. Der erste zerstörte einen Karrenweg, der damals entlang des Hangs Aschbach mit dem Thalerhof verband. Er wurde nicht mehr befestigt, und so konnte ein großes Unwetter 1882 den Graben weiter aufreißen. Seitdem nagt und sägt die Natur durch Auswaschungen immer wieder neue Säulen aus dem Erdreich. Sie entstehen, weil sich im lockeren Boden auch einige größere Steine befinden – diese schützen wie ein Schirm die Säulengebilde, bis der Zahn der Zeit dann doch so sehr an ihnen nagt, dass sie zusammenbrechen. Faszinierende, zerbrechliche und vergängliche Kunstwerke, so schön, wie sie nur die Natur erschaffen kann.

Zum Gasthof Schönblick

Schließlich drehen wir um und wandern auf demselben Weg wieder zurück zur Bergstraße, der wir nun bergab folgen. Vorbei an den modernen Almhütten, die eher private Ferienchalets sind, folgen wir der Straße bis zu den nächsten Häusern. Hier verlassen wir die Straße, bleiben geradeaus und wandern über den Wiesenweg Nr. 16A in Richtung Platten; das Gasthaus Schönblick ist schon ausgeschildert. Bergab sind wir rasch im Weiler **Platten**. Wenn wir uns an der kleinen Kapelle rechts halten, stehen wir mit wenigen Schritten auf der sonnigen Terrasse des **Gasthauses Schönblick** und erfreuen uns bald an der Südtiroler Küche.

Linke Seite: Bizarr, einzigartig und nach jedem Regenguss anders sind die Erdpyramiden von Percha.

Einsame Waldwege Für den Rückweg folgen wir zunächst der Zufahrtsstraße nach Platten ein Stück, dann geht es wieder in den Wald und vorbei an einer großen Scheune. Nach einer Weile beginnt vor einer Leitplanke auf der linken Straßenseite ein Wanderweg, der nach Oberwielenbach ausgeschildert ist. Herrlich einsam wandern wir nun sachte bergab und anfangs parallel zur großen Straße durch den Wald und genießen das viele Grün und die Ruhe.

Dann wird der Weg deutlich schlechter. Er wendet sich nach links, quert auf einem Steglein einen Bach und führt dann zu einem **einsamen Bauernhof**. Dort halten wir uns rechts und wandern auf der Zufahrtsstraße zu den nächsten Häusern im Schießstandweg. Jetzt sind wir bereits in einem Ortsteil von **Oberwielenbach**, das Dorfzentrum mit der Kirche sehen wir links von uns hinter den Feldern. Zum Finale geht es noch einmal leicht aufwärts, und in einer Kurve erreichen wir das **Pyramidencafé** – die Kuchen und Torten sind allesamt hausgemacht und immer eine kleine Sünde wert. Links vom Pyramidencafé steigen wir über ein paar Stufen zur Straße hinauf, der Zufahrtsstraße zu den Erdpyramiden-Wanderparkplätzen. Nach rechts kommen wir zum **Parkplatz »P1«**, links zum Ausweichparkplatz zurück.

Alternativlos

Früher gab es einen Weg, der entlang der Abrisskante an den Erdpyramiden abwärts führte. Von der untersten Aussichtsplattform ist er immer noch gut zu sehen. Nach Sturmschäden im Wald und einigen weiteren Hangrutschen ist er aber bis auf unbekannte Zeit vorerst gesperrt.

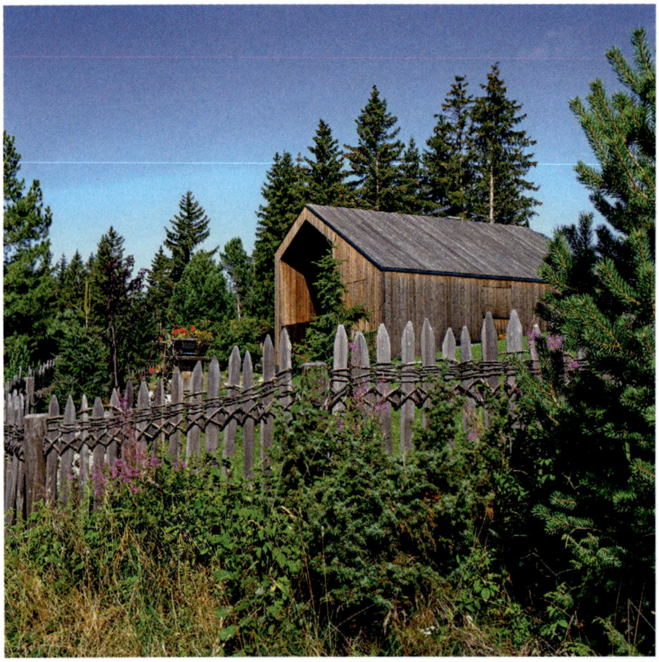

Alm oder Ferienhaus am Berg? Architektonisch gibt es immer wieder Überraschungen in Südtirol.

Wichtiges zur Tour

Tourencharakter
Schöne Rundtour mit etwas Steigung (zum Glück im Schatten). Überwiegend Wald- und Wiesenwege, nur sehr kurz über eine wenig befahrene Straße

Ausgangs-/Endpunkt
Oberwielenbach, Wanderparkplatz »P1/ Erdpyramiden« (1430 m)
GPS: 46.671962, 10.552936

Anfahrt
ÖPNV: Mit dem Zug über Bruneck nach Percha und von dort mit dem Bus nach Oberwielenbach bis Haltestelle Erdpyramiden

Auto: Im Pustertal über Bruneck nach Percha fahren, dort links aufwärts nach Oberwielenbach, den Weiler durchqueren und bis zum zweiten Wanderparkplatz fahren (alternativ am ersten Parkplatz halten)

Einkehr
Gasthof Schönblick (www.schoenblick-platten.it), Pyramidencafé (www.pyramidencafe.it)

Informationen
Tourismusverein Bruneck,
Tel. +39/0474/55 57 22,
www.kronplatz.com; www.pustertal.net

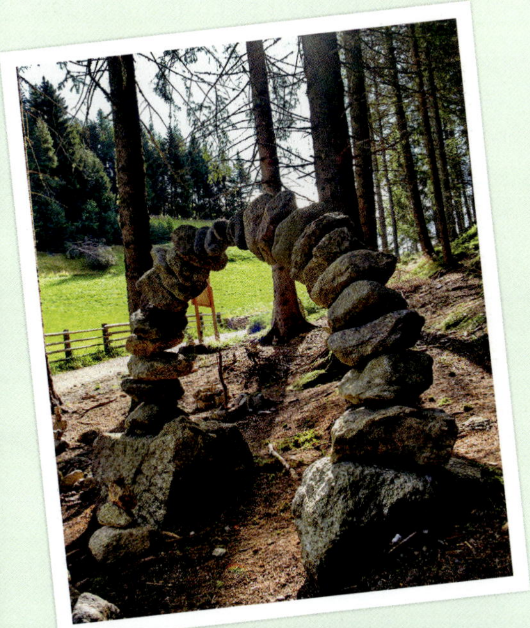

Am Beginn des Geologie-Lehrpfads

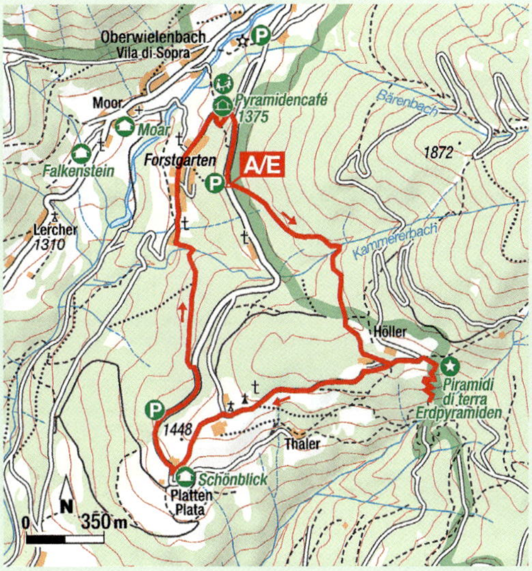

29 Auf dem Kronplatz

Brunecker Hausberg mit Museen

mittel

2 Std.

220 Hm

6 km

ja

Der Kronplatz hat sich eine Krone für seine gigantische Aussicht verdient: Von seinem Gipfelplateau erleben wir einen unvergesslichen 360°-Blick, der seinesgleichen sucht. Daneben gibt es zwei interessante Museen – perfekt für eine kürzere Tour.

Bergmuseen Auf dem Kronplatz, dem Hausberg von Bruneck, befindet sich eines der sechs Südtiroler Messner Mountain Museen (MMM). Der Extrem-Bergsteiger hat sich dafür, wie bei all seinen anderen Museen, einen wirklich außergewöhnlichen Platz ausgesucht. Für die spektakuläre Lage hat die Stararchitektin Zaha Hadid ein echtes Meisterwerk entworfen, in dem sich alles um den

Im Fenster des Messner Mountain Museums spiegelt sich die Bergwelt.

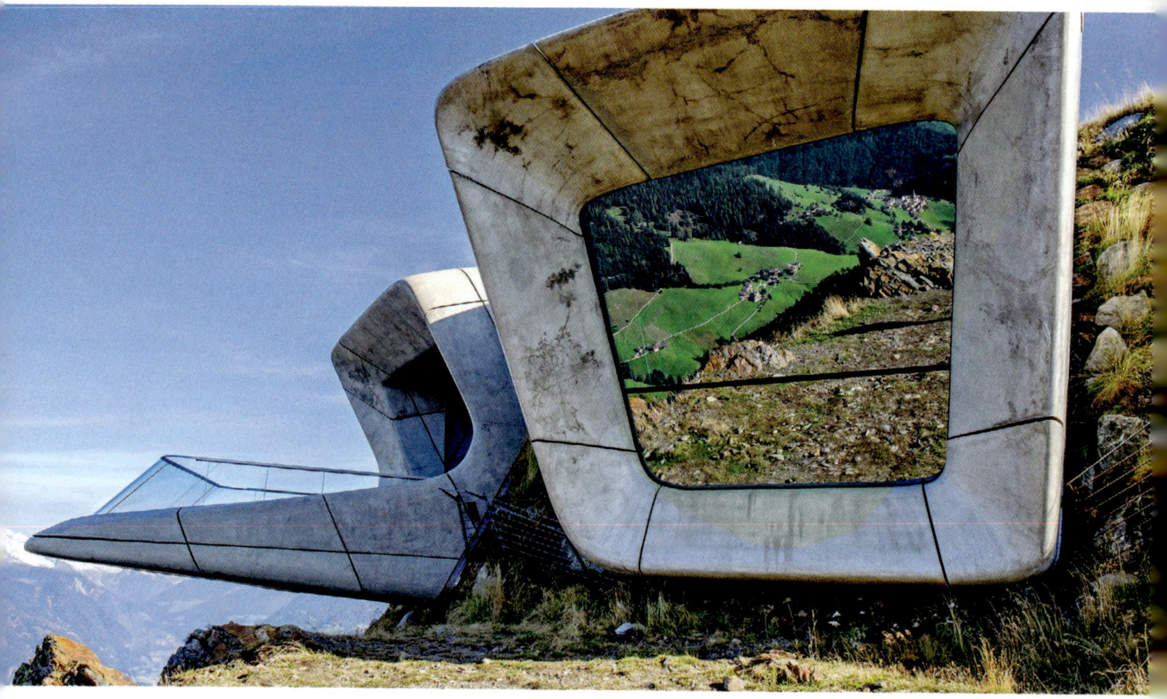

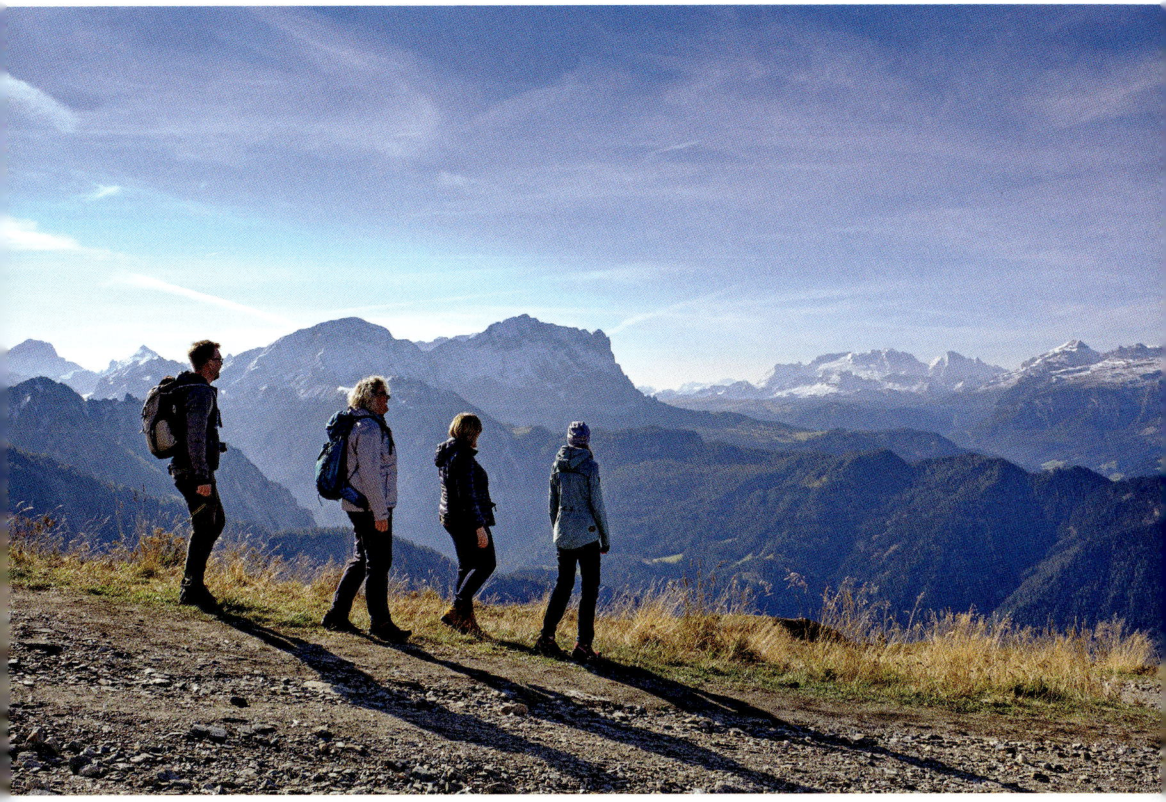

Viele Dolomitengipfel von Rang und Namen reihen sich im Süden des Kronplatzes auf.

traditionellen Alpinismus dreht. In der Nähe davon finden wir das LUMEN Museum, das sich der Geschichte der Bergfotografie widmet und mit seiner schlichten und doch sensationellen Architektur ebenfalls auf einem exponierten Aussichtsplatz steht. Beide Museen sind Grund genug für eine kürzere Wanderung, die uns erlaubt, den Kronplatz in seiner Schönheit zu erleben, und uns trotzdem genügend Zeit für die Museumsbesuche lässt.

Hinauf mit dem Kronplatzlift Wir gönnen uns ein Liftticket für die Berg- und Talfahrt (Achtung, es gibt günstige Kombitickets für Lift und Museumsbesuche), schweben auf über 2300 Meter hinauf und stehen dann auf dem riesigen **Plateau des Kronplatzes**. Hier oben treffen alle Aufstiegshilfen – vor allem die der Skilift-Anlagen – zusammen. Das macht den eigentlichen Gipfel optisch nicht wirklich zu einem Berg-Highlight, aber am Kronplatz dreht es sich vor allem um die Aussicht, und die ist schlichtweg unbeschreiblich. So lohnt es sich, über das Plateau zu spazieren und die große Concordia-Glocke zu besuchen, die den eigentlichen Gipfel markiert. Danach machen wir uns auf direktem Weg zum **Messner Mountain Museum Corones**, das an der Westseite des Berges liegt; dahinter fällt der Kronplatz steil zum Gadertal hin ab. Ob er jetzt oder später das Museum besuchen, darf jeder selbst entscheiden.

Die Concordia-Glocke markiert den Gipfel.

Mitte: Steinsäulen säumen den Panoramaweg auf der Nordseite.

Wacholder, Zirben, Lärchen

Links vom Museum führt unser Wanderweg zum **Aussichtspunkt mit Gipfelkreuz** hinunter. Dort wendet sich der Weg nach links und kreuzt die Trail-Linien der Mountainbike-Downhiller. Kurz darauf weist uns das Wanderschild »Nr. 1 Furkelpass« nach rechts abwärts über die Almwiesen. Mit gigantischer

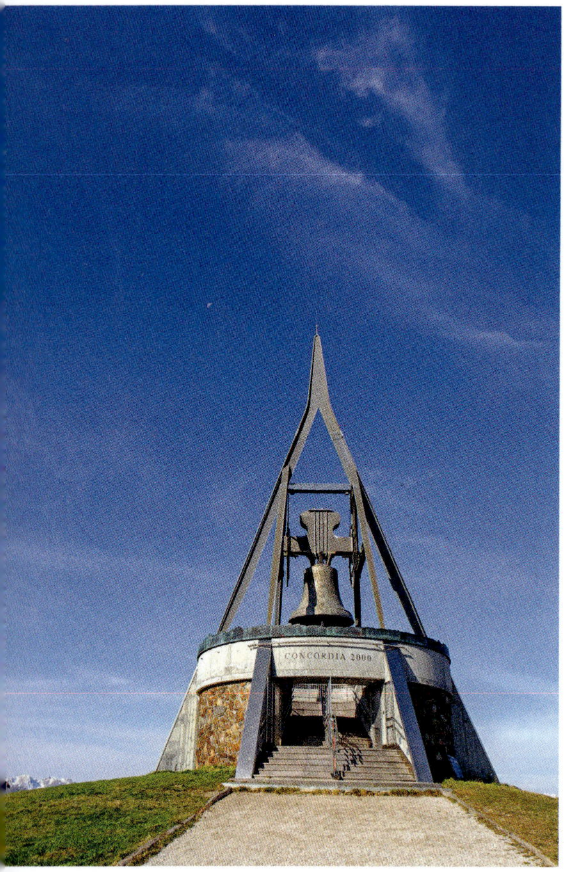

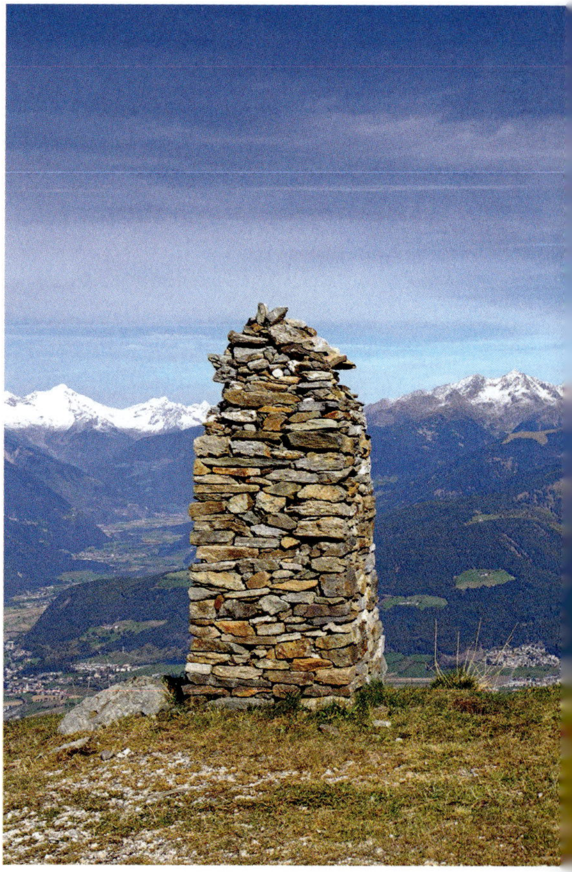

Aussicht auf die schönsten Gipfelspitzen und Felsen der Dolomiten steigen wir abwärts. Der Duft von Wacholderbüschen vermischt sich langsam mit dem von Zirben und Lärchen, denn etwas tiefer erreichen wir wieder die Baumgrenze. Wir werden unter der Bahn der Mountainbiker hindurch gelotst – dass wir ihre Trails nicht betreten, versteht sich von selbst. Auf unserem Bergsteig passieren wir die **Graziani-Hütte** und erreichen über einen Wiesenpfad kurz darauf eine quer verlaufende Almstraße.

Zur Geiselsberger Hütte Nun verlassen wir den Wanderweg Nr. 1 und folgen dem breiten Weg nach links. Dieser führt unterhalb der Panoramahütte vorbei und teilt sich gleich dahinter. Wir halten uns rechts und sind auf dem Panoramaweg unterwegs, auch wenn wir kein Wander-

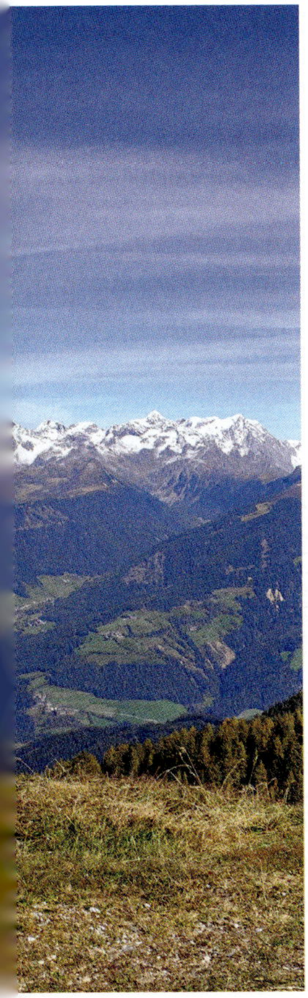

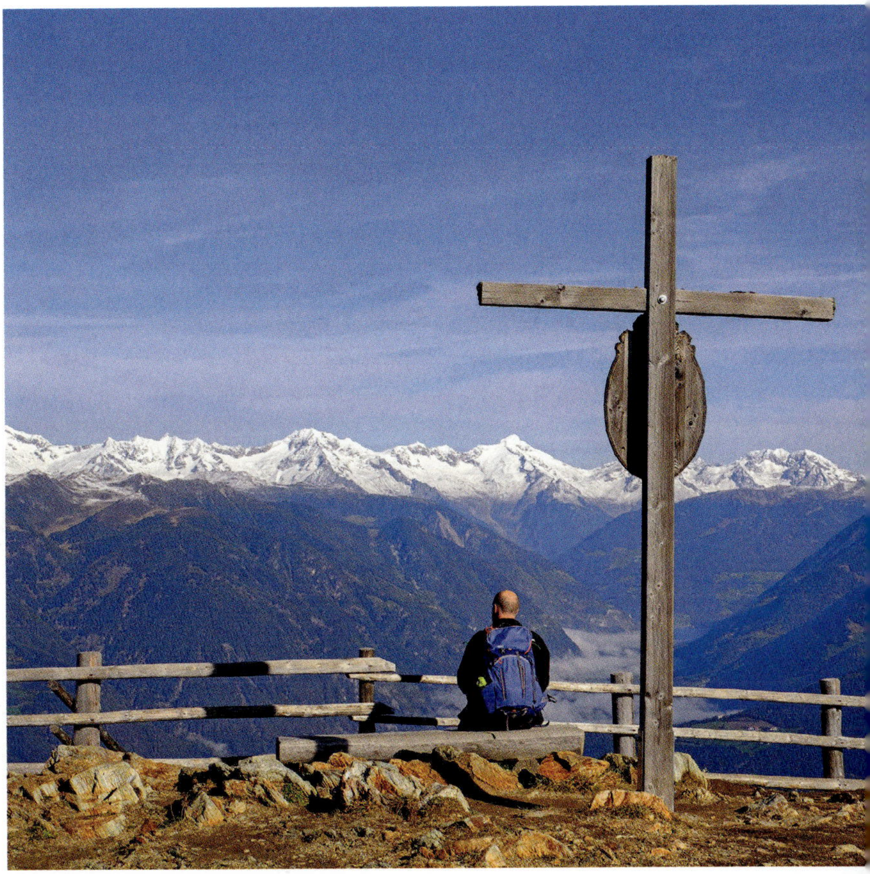

Nördlich des Pustertals erheben sich die schneebedeckten Zillertaler Alpen.

wegschild finden konnten. Der angenehm breite Weg führt minimal abwärts durch den Wald und trifft dann auf eine weitere Almzufahrtsstraße. Dieser folgen wir nach links und wandern gleich darauf schon wieder in der Sonne. Zwei Kurven bringen uns höher, die Aussicht nach Osten auf die Sextener und die Lienzer Dolomiten ist einmalig. Nach einer kleinen Kuppe öffnet sich dann sogar die Sicht nach Norden, und spätestens bei der **Geiselsberger Hütte** (2098 m) haben wir auch einen freien Blick auf die Zillertaler Alpen.

Das LUMEN

Vor allem für die Generation, die das Fotografieren noch aus einem vordigitalen Zeitalter kennt, ist der Besuch im LUMEN, dem Museum für Bergfotografie, eine nostalgische Reise in die Vergangenheit: als man noch ohne Handykameras unterwegs war und so manche Filmpatrone auf den Berg schleppte und manchmal auf dem Südtiroler Bergurlaubfilm noch die Weihnachtsfotos vom vergangenen Jahr zu finden waren ... Infos zu den beiden Museen am Gipfel des Kronplatzes findet man unter www.messner-mountain-museum.it und www.lumenmuseum.it.

Almsträßchen oder Bergpfade? Nach der Geiselsberger Hütte folgen wir der Almstraße nur noch bis zur **Schoflocke**, einem kleinen Rastplatz mit Weiher. Für den direkten Weg könnten wir der Straße weiter bergauf folgen. Viel schöner ist es allerdings, auf einem Bergpfad zu wandern, weshalb wir in der Serpentine einen der Pfade wählen, die rechts davon aufwärts führen. Sie verlaufen parallel zur Straße und stoßen gleich noch einmal darauf. Wir halten uns erneut rechts und wandern an dem **Steinmännchen** vorbei.

Der Weg ist nun wieder als Panoramaweg ausgeschildert und führt uns etwas unterhalb des Gipfelplateaus in bester Aussichtslage nach Osten. Wieder passieren wir die Downhillstrecken der Mountainbiker, die hier auf dem legendären Herrnsteig unterwegs sind. Dann erreichen wir die **Kronplatzhütte** des italienischen Alpenvereins, von wo aus es nur noch ein Katzensprung bis hinauf zum **Museum LUMEN** ist, von dem wir dann zurück zur **Bergstation** des Kronplatzes gehen. Genauso entspannt, wie unsere Wanderung begonnen hat, schweben wir nach einem ausgefüllten Tag wieder hinunter ins Tal.

Wichtiges zur Tour

Tourencharakter
Sonniger Rundweg, der mit einem Abstieg beginnt, der teils etwas steil ist und über Bergpfade führt – Teleskopstecken sind hier nützlich. Der Aufstieg verläuft über breitere Wege. Mit Museumsbesuchen ein tagesfüllender Ausflug

Anfahrt
ÖPNV: Mit dem Zug nach Bruneck und weiter mit dem Bus zur Talstation der Seilbahn im Ortsteil Reischach
Auto: Durchs Pustertal nach Bruneck und dort der Beschilderung zum Kronplatz/Seilbahn folgen

Ausgangs-/Endpunkt
Talstation (950 m) der Umlaufbahn am Kronplatz
GPS: 46.772838, 11.941236

Einkehr
ACI-Hütte unter der Bergstation, Geiselsberger Hütte (Tel. +39/0348/4409645), Bergrestaurant AlpiNN im Museum LUMEN (www.lumenmuseum.it)

Informationen
www.kronplatz.com

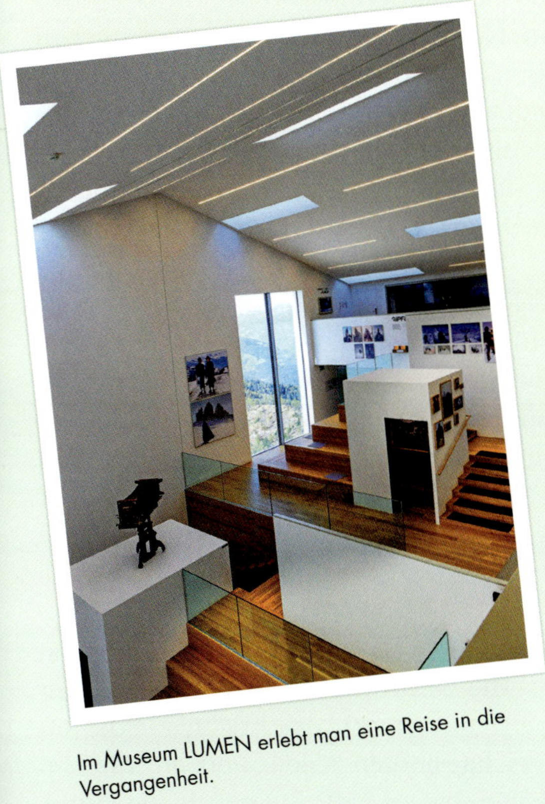

Im Museum LUMEN erlebt man eine Reise in die Vergangenheit.

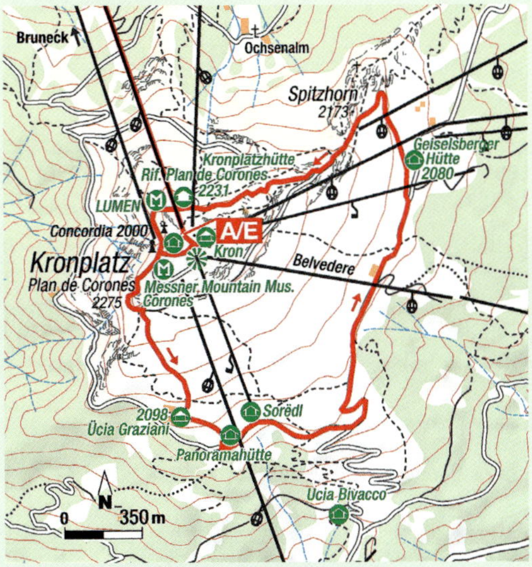

30 Rund um die Drei Zinnen

Berühmtestes Fotomotiv Südtirols

- mittel
- 3.30 Std.
- 415 Hm
- 9,2 km
- nein

Die Drei Zinnen sind das Wahrzeichen der Dolomiten, dementsprechend beliebt ist die Umgebung bei Wanderern. Die Rundtour von der Auronzohütte bei Misurina ist trotz des Trubels traumhaft schön.

Umrundung der Drei Zinnen Der kürzeste Zustieg von der **Auronzohütte** erfolgt über die **Forcella Col di Mezzo** (2315 m). Wir gehen hinauf in die Scharte und steigen dann auf der Nordseite ein wenig ab zur **Langalmhütte** (2283 m). In schönem Auf und Ab wandern wir weiter zur **Drei-Zinnen-Hütte** (2405 m). Nach der Einkehr an der gemütlichen Hütte gehen wir in südlicher Richtung zum **Paternsattel** (2454 m) und steigen von dort hinunter zur nahen **Lavaredohütte** (2344 m). Nun spazieren wir auf dem breiten Wanderweg unter den Südwänden der Drei Zinnen hindurch zurück zur **Auronzohütte**.

Direkter Weg zur Hütte Natürlich können wir auch nur zur Drei-Zinnen-Hütte wandern. Der schnellste Weg verläuft auf dem breiten Weg von der Auronzohütte bis kurz vor die Lavaredohütte. Hier biegen wir nach links ab und steigen hinauf zum Paternsattel. Anschließend wandern wir nach Norden unter dem Paternkofel hindurch zur Drei-Zinnen-Hütte.

Berühmte Hütte Die Drei-Zinnen-Hütte liegt an einem wirklich großartigen Ort: Von hier genießen wir einen herrlichen Blick auf die eindrucksvollen Nordwände der Drei Zinnen. Deshalb müssen wir das Erlebnis leider oft mit zahlreichen Gleichgesinnten teilen, und an schönen Sommertagen besuchen bis zu 2000 Tagesgäste die Hütte. Ein Grund ist neben der einzigartigen Lage auch der ein-

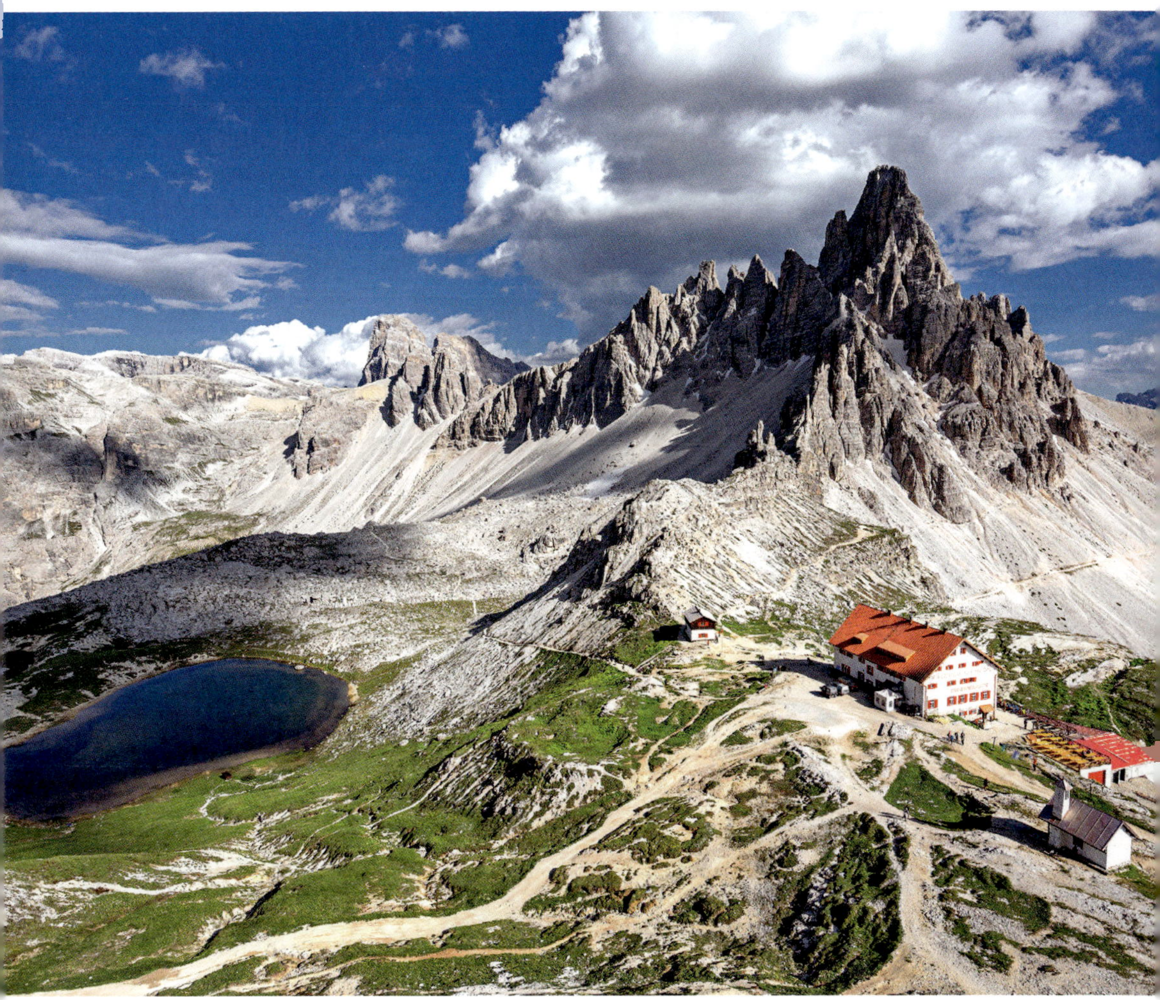

Die Drei-Zinnen-Hütte mit dem Paternkofel dahinter

fache Zugangsweg vom hoch gelegenen Parkplatz an der Auronzohütte. Zum Wanderparkplatz und zur Hütte gelangen wir also aus der Provinz Belluno, die Hütte selbst liegt aber auf Südtiroler Boden. Deshalb nehmen wir die Wanderung trotz der kleinen Grenzüberschreitung in dieses Buch auf.

Die Sektion Hochpustertal des Deutschen und Österreichischen Alpenvereins errichtete 1882 die Hütte. Nach der Zerstörung im Ersten Weltkrieg erbaute der Alpenverein Südtirol 1922 eine neue Hütte, und nach der Enteignung und Übergabe an den CAI entstand 1935 wiederum ein Neubau, der die Hütte in ihrer jetzigen Form zeigt.

Mächtige Drei Zinnen Das Südtiroler Highlight besteht aus der Großen Zinne (2999 m), der Westlichen Zinne (2973 m) und der Kleinen Zinne (2857 m), weist aber mit der Punta di Frida (2792 m) und dem Preußturm (2700 m) noch zwei weitere Gipfel auf. An der Großen Zinne beeindruckt vor allem die Nordwand mit ihren überhängenden Passagen – sie wurde 1958 erstmals durchstiegen, dabei kamen allerdings 180 Normal- und 14 Bohrhaken teilweise auch zur Fortbewegung zum Einsatz. Erst 1987 wurde die Hasse-Brandler-Route (benannt nach den Erstbesteigern) von Kurt Albert Rotpunkt geklettert. Alexander Huber kletterte die Route 2002 free solo, also ohne Sicherungen – sie wird frei immerhin mit dem Schwierigkeitsgrad VIII+ bewertet. Der leichteste Weg auf diesen großartigen Gipfel führt über die etwas unübersichtliche Südseite (Schwierigkeit III).
Beeindruckend ist auch der Preußriss am Preußturm, der 1911 von Paul Preuß und Paul Relly durchklettert wurde. Der legendäre Freikletterer Paul Preuß forderte, alle Kletterstellen hinauf auch wieder abzuklettern.
Dass auch im Gebiet der Drei Zinnen der Gebirgskrieg von 1915–1918 tobte, sieht man u. a. deutlich am Paternkofel und dem benachbarten Toblinger Knoten, die mit Stellungen ausgebaut wurden. Die Drei Zinnen blieben davon unmittelbar verschont.

Klettersteige

Wie bereits erwähnt, gab es am Paternkofel und Toblinger Knoten Stellungen im Ersten Weltkrieg. Diese Gipfel sind heute auf leichten Klettersteigen zugänglich. Sollten wir diese lieber den jüngeren Bergsteigern überlassen wollen, so können wir die Klettersteigler auf den steilen Routen trotzdem aus der Ferne bewundern.

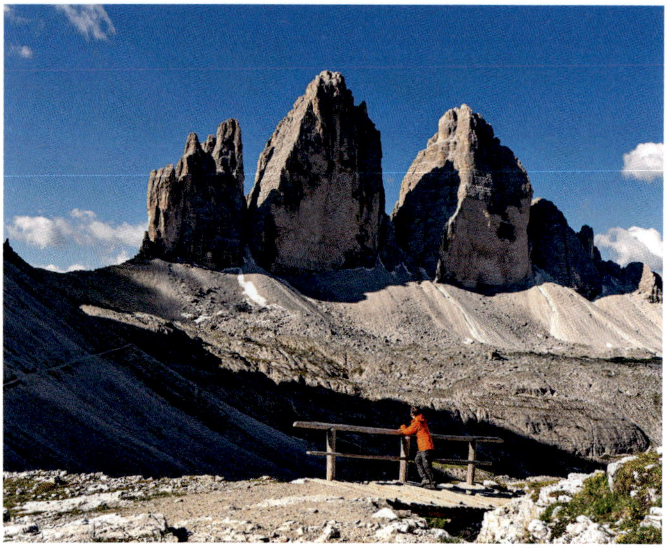

Beliebtes Fotomotiv: die Drei Zinnen

Wichtiges zur Tour

Tourencharakter
Gut markierte Wanderwege und Steige in grandioser Landschaft. Teilweise etwas steinige Wege, sehr sonnig

Ausgangs-/Endpunkt
Parkplatz an der Auronzohütte (2320 m)
GPS: 46.612060, 12.296255

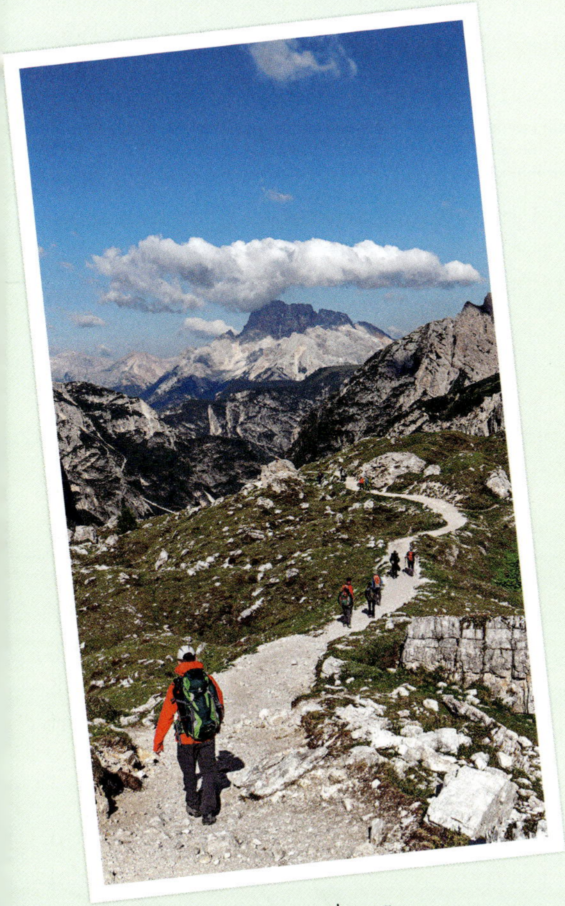

Auf der schönen Rundwanderung

Anfahrt
ÖPNV: Von Toblach mit Buslinie 445 zur Auronzohütte (fährt von Mitte Juni bis Anfang Okt.)
Auto: Von Brixen nach Toblach, dort rechts ins Höhlensteintal, dann links ins Val Popena Bassa nach Misurina, jetzt links und weiter auf schmaler Mautstraße zum Wanderparkplatz

Einkehr
Drei-Zinnen-Hütte (Tel. +39/0474/97 20 02, www.dreizinnenhuette.com)

Informationen
Consorzio Turistico Auronzo Misurina,
Tel. +39/0435/996 03,
www.auronzomisurina.it/de

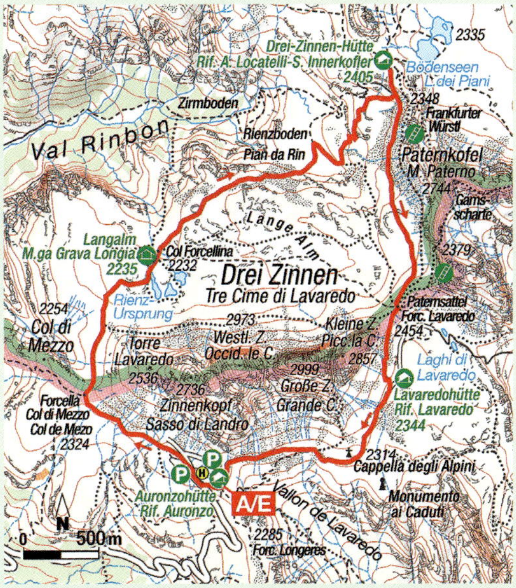

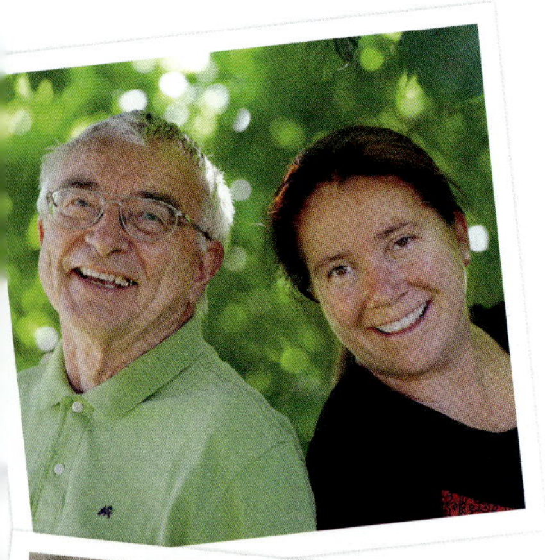

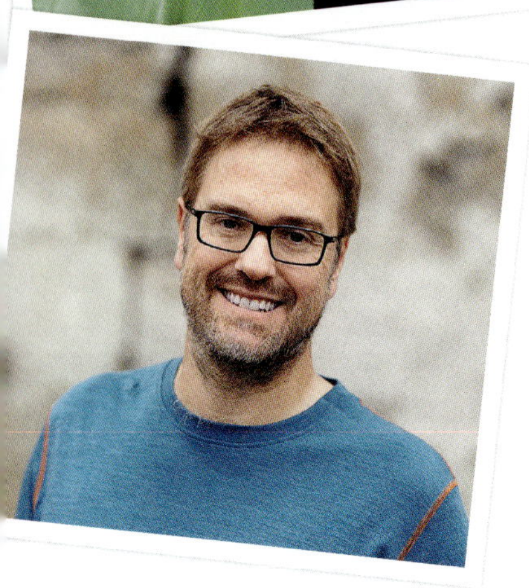

Zugabe

Allein schon *beim Erwähnen des Namens Südtirol fängt die Reiselust zu kribbeln an. Dieser einzigartige Landstrich auf der Südseite der Alpen weckt in jedem von uns die unterschiedlichsten Erinnerungen und Emotionen, wobei sie eines gemeinsam haben: Südtirol steht für atemberaubende Bergwelten und wunderbare Natur.*
Und ganz nach dem Ausspruch von Johann Wolfgang von Goethe: »Nur wo du zu Fuß warst, bist du auch wirklich gewesen«, gehört das Wandern so selbstverständlich zu Südtirol wie das Wasser zum Meer.

Deshalb war es *uns auch diesmal wieder eine ungeheure Freude, neue Touren in der nördlichsten Region Italiens zu recherchieren. Herausgekommen ist eine bunte Mischung von Wanderungen auf nahezu ebenen Waalwegen, durch geheimnisvolle Täler, zu gut erreichbaren Berggipfeln und durch traumhafte Weinberge. Wir genießen Berge, Berge und nochmals Berge, und natürlich sind auch die eine oder andere Speckplatte sowie ein Glaserl Grauburgunder gern mit dabei.*

Selbstverständlich *sind das alles gemütlichere Touren für die »Best Ager«, eine durchaus sympathische Bezeichnung für die Zeit ab 60. Wobei natürlich alle Wanderungen auch generationenübergreifend möglich sind. Hauptsache, wir bleiben in Bewegung und haben daran Freude. So wünschen wir genussreiche Wanderstunden unter der Sonne Südtirols!*

Ihre

Register

Ebenfalls erhältlich ...

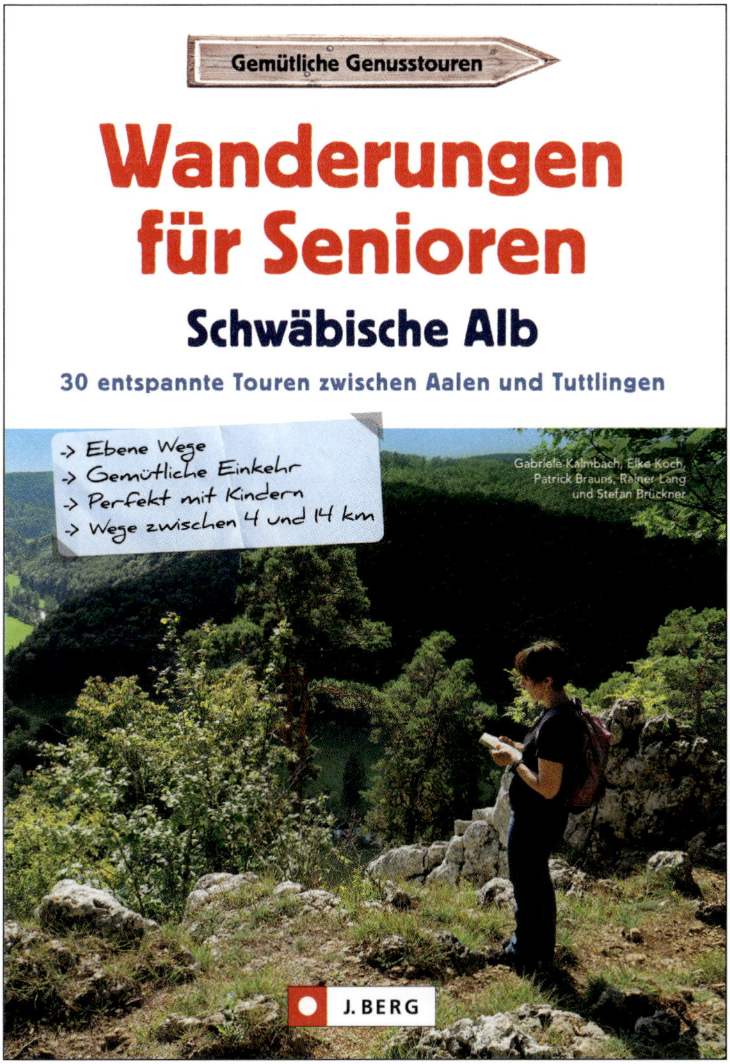

ISBN 978-3-86246-562-0

Leichte, barrierefreie Wanderungen auf der Schwäbischen Alb, speziell für Senioren, mit Tipps fürs Kaffeepäuschen, bietet dieser Wanderführer.

Impressum

Verantwortlich: Sabine Klingan
Lektorat und Redaktion: Anette Späth
Layout: Eva-Maria Klaffenböck
Kartografie: Bruckmann Kartografie, Heidi Schmalfuß
Repro: Frank Schmidt
Herstellung: Bettina Schippel
Printed in Slovenia by Florjancic

★★★★★

Sind Sie mit diesem Titel zufrieden? Dann würden wir uns über Ihre Weiterempfehlung freuen. Erzählen Sie es im Freundeskreis, berichten Sie Ihrem Buchhändler, oder bewerten Sie bei Onlinekauf. Und wenn Sie Kritik, Korrekturen, Aktualisierungen haben, freuen wir uns über Ihre Nachricht an den J. Berg Verlag, Postfach 40 02 09, D-80702 München oder per E-Mail an lektorat@verlagshaus.de.

Unser komplettes Programm finden Sie unter www.j-berg-verlag.de

In diesem Buch wird aus Gründen der besseren Lesbarkeit das generische Maskulinum verwendet. Weibliche und anderweitige Geschlechteridentitäten werden dabei ausdrücklich mitgemeint, soweit es für die Aussage erforderlich ist.

Bildnachweis: Alle Bilder im Innenteil und auf dem Umschlag stammen von den Autoren.

Umschlagvorderseite: Am Tschermser Waalweg (Tour 13)
Umschlagrückseite: Panorama vom Sonnenklar Nock (Tour 27)

Die Deutsche Nationalbibliothek verzeichnet diese Publikation in der Deutschen Nationalbibliografie; detaillierte bibliografische Daten sind im Internet unter http://dnb.d-nb.de abrufbar.

ISBN: 978-3-86246-847-8